퍼펙트 피치

이 도서의 국립중앙도서관 출판시도서목록(CIP)은 e-CIP홈페이지(http://www.nl.go.kr/ecip)와 국가자료공동목
록시스템(http://www.nl.go.kr/kolisnet)에서 이용하실 수 있습니다.(CIP제어번호: CIP2010004859)

퍼펙트 피치

완벽 프레젠테이션

존 스틸 지음 | 조성숙 옮김

PERFECT PITCH

THE ART OF SELLING IDEAS
AND WINNING NEW BUSINESS

이콘

• •

캐머런과 한나에게
이 아이들이 진정한 스토리가 가득한 세상에서 자라나기를

• •

ㄹ))) C O N T E N T S

PERFECT PITCH

들어가며 스티브 잡스를 만나다

이것은 굵은 글씨로 쓰인 과장된 제목 아래 내용이 빽빽이 들어차 있고 따분한 그림이 삽입되어 있는, 어디에서나 볼 수 있는 시시껄렁한 프레젠테이션 슬라이드입니다.

- 이 굵은 점은 첫 번째 불릿포인트(bullet-point)이며,
  그 아래로 몇 개의 서브불릿(sub-bullet)이 제시됩니다.
  - 안녕하세요
  - '퍼펙트피치'에 오신 것을 환영합니다
- 두 번째 불릿포인트는 그림과 연결되는 링크를 제시합니다.
  - 이 책을 통해 여러분이 많은 아이디어를 얻기를 바랍니다.
- 세 번째 불릿포인트는 몇 가지 쓸데없는 데이터를 제공합니다.
  - 이 책은 84,850개 단어와
  - 1,238개의 문단과
  - 6,774개 줄로 구성되어 있습니다.
- 마지막 불릿포인트는 다음 슬라이드로 넘어가는 링크로,
  이제부터 서문이 시작됩니다.

스티브 잡스를 만나다

스티브 잡스를 만났다.

1997년, 애플컴퓨터의 CEO로, 혹은 그가 즐겨 부르듯 iCEO(임시 CEO)로 돌아온 직후였다. 회사를 구해야 한다는 막중한 사명감을 부여받은 그는 이를 위한 방법의 하나로 애플의 광고대행사를 교체해야 한다고 생각했다.

그는 광고대행사 두 곳에 미팅을 요청했다. 한 곳은 내가 파트너 겸 플래닝 디렉터로 일하는 굿비 실버스타인 앤드 파트너스(Goodby Silverstein & Partners)였고, 다른 한 곳은 잡스가 전에 같이 일한 경험이 있으며, 광고상을 수상한 전설적 광고인 애플의 〈1984〉를 기획한 TBWA(TBWA\Chiat\Day)였다. 우리는 잡스가 이미 TBWA를 낙점했을 것이라고 확신하고 있던 데다가 굿비 실버스타인이 애플의 경쟁사인 휴렛팩커드의 광고대행사라는 사실도 결코 무시할 수 없는 문제였기 때문에 잡스의 요청이 조금은 당황스러웠다.

"그 점은 걱정 마세요." 잡스는 전화 통화로 제프 굿비(Jeff Goodby)에게 말했다. "저는 HP의 회장과 아는 사이입니다. 그 문제라면 어떻게 해볼 수 있습니다."

그 말을 전적으로 믿을 수는 없었지만 그 유명한 스티브 잡스를 만날 기회를 놓치고 싶지 않았기에 우리는 어쨌든 미팅에 참석했다.

로비에서 우리를 맞아준 마케팅 중역 중 한 명이 우리를 어두컴컴한 회의실로 안내하며 입을 열었다. "스티브는 좀 늦을 겁니다. 기다리는 동안 상황을 설명해드리지요."

방에는 네 개의 회의 테이블이 아귀가 조금씩 엇물린 채 놓여 있었고, 우리는 그중 하나에 둘러앉았다. 마케팅 중역이 테이블 끝에 놓인 노트북과 프로젝터를 향해 가더니 전원을 켰다.

그리고 여느 회의처럼 비주얼 자료를 보여줄 준비를 했다. 그러나 프로젝터는 한참 뒤에야 작동을 했고, 프로젝터에 신호가 들어온 후에도 그는 파일을 찾느라 정신이 없었다. 그가 자신의 데스크톱에 접속해서 파일 수백 개를 스크롤하는 동안 우리는 그저 가만히 앉아서 지켜볼 수밖에 없었다. 마침내 원하는 파일을 찾아낸 그 중역은 스크린에 파일을 불러왔다. 제목은 '에이전시 브리핑'이었다.

"슬라이드 몇 장이 준비되어 있습니다." 그가 아주 진지하게 말했다.

우리 모두는 '브리핑'을 받는다는 사실에 조금 놀랐다. 스티브 잡스와의 전화 통화도 있었기에 우리는 비교적 가벼운 대화만을 예상하고 참석했었다. 하지만 그런 가벼운 대화는 스티브 본인이 나타나야 가능한 일일 듯싶었다. 브리핑을 이끄는 중역은 그가 언제 올지 전혀 짐작도 못한 채 "스티브는 지금 아주 바쁩니다"라고만 말했다.

1시간 30분이 지났는데도 여전히 모습을 드러내지 않는 것을 보니 실제로도 그는 대단히 바쁜 모양이었다. 그동안 우리는 지루한 파워포인트에 의해 아주 천천히 사살당하고 있었다. 커피가 제공된 덕에 목숨이 아직 붙어 있음을 실감할 수 있었지만, 그나마도 단 한 잔뿐, 더이상은 없었다. 프레젠터는 우리의 고통쯤은 염두에도 없는 듯했다. 어슴푸레한 불빛을 받으며 그는 끊임없이 슬라이드와 그래프와 표를 선보였는데 그 각각에는 엄청난 숫자와 설명이 달려 있었고, 그는 친절하게도 그것들을 하나하나 읽어주었다. 마치 컴퓨터산업이나 애플의 제품 라인업에 대한 강의에 참석한 기분이었다.

나는 빌어먹을 커피나 더 제공되기만을 바랐다. 그는 핵심 역량이나 주요 학습, 각종 네트워크, 윈윈(win-win)에 대해서 설명할 생각이었겠지만 불행하게도 내 눈에는 전혀 그렇게 보이지 않았다. 쉴새없이 이어지는 차트에서 윈윈의 증거가 그나마 존재한다 하더라도 그것은 애플이 아닌 다른 회사들의 몫이었다. 우리는 애플의 상황이 별로 좋지 않다는 사실을 잘 알고 있었다. 언론 자료를 통해 이미 분명히 드러난 데다 잡스 역시 비틀거리는 회사를 구할 영웅 대접을 받으며 금의환향하지 않았던가. 하지만 지금 진행되는 프레젠테이션은 문제 회피까지는 아니더라도 상황을 정확히 파악하지 못하게 만들 요량으로 구성된 듯 보였다. 우리와 마주하고 있는 두 중역은 애플의 '정상 재탈환'을 위한 새로운 전략과 패러다임을 매우 낙천적으로 떠들어대고 있었다.

회의실에서 두 중역의 끔찍한 강의를 들으며 '저 둘을 확 묻어버릴까 아니면 그냥 내 목을 조를까' 고민할 무렵, 마침내 문이 열렸다. 청바지에 목까지 올라오는 검은 폴로 스웨터를 입은 남자가 방으로 들어왔다.

"안녕하세요, 스티브입니다." 그 말이 없어도 그가 누구인지쯤은 알 수 있었다. 잡스는 우리 모두와 악수를 나누었다. 하지만 두 시간이나 우리를 기다리게 했다는 것에 대해서는 별로 미안하지 않은 기색이었다.

"지금 브리핑을 하고 있었습니다, 스티브." 잡스가 우리와 인사하자 마케팅 중역 중 한 사람이 말했다.

"실없는 소리 듣느라 고생 잔뜩 하셨다는 소리군요." 잡스가 우리에게 말했다. 그를 처음 만나는 자리니 확신할 수는 없었지만, 완전히 농담만은 아닌 듯했다.

"자료를 보여드리려고 준비해왔습니다." 동료 리치 실버스타인(Rich Silverstein)이 가라앉은 분위기를 밝게 바꾸기 위해 말을 건넸다.

"이미 봤습니다." 잡스가 말했다. "일부는 마음에 들더군요."

리치는 무언가 더 말하고 싶지만 마땅한 말을 못 찾은 눈치였다.

"좋습니다." 그렇게 말하고 잡스는 프로젝터 전원을 끈 뒤 회의실 벽에 고정된 화이트보드 쪽으로 성큼성큼 걸어갔다. 그는 마커 하나를 집어든 다음 우리의 얼굴을 쳐다보면서 그것을 공중에 대고 가볍게 톡톡 치는 시늉을 했다. 그가 말을 이었다.

"지금 우리 회사의 상황은 정말로 안 좋습니다. 하지만 우리가 몇 가지 단순한 일을 아주 잘 처리한다면 회사를 구하고 성장시킬 수 있을 것이라고 저는 믿습니다. 제가 여러분을 보자고 한 이유는 도움이 필요해서입니다. 하지만 우선 제가 하려는 일에 대해 먼저 말하겠습니다. 이쪽은 처분할 사업입니다."

그는 마커로 화이트보드에 열세 개 정도 되는 상자를 그린 다음, 각각의 상자는 애플이 수백만 달러에서 심지어는 수억 달러를 투자한 사업을 의미한다고 설명했다. 손으로 쓴 글씨를 컴퓨터상의 텍스트로 전환해주는 뉴턴(Newton)을 제외하면, 사이버독(Cyberdog), 오픈독(Opendoc), G4, 아이맥(iMac) 등 대부분 처음 듣는 사업이었다.

잡스는 상자 위에 차례대로 빗금을 그었다. "지난 며칠 동안 저는 이걸 없애고, 이걸 죽이고, 이걸 치워버렸습니다⋯⋯." 그가 말을 마쳤을 때 남은 상자는 단 두 개였다.

다시 우리 쪽으로 얼굴을 돌리며 그가 말했다. "우리는 우리가 가장 잘할 수 있는 일로 돌아가야 합니다." 그가 잠시 말을 멈췄을 때, 나는 신에게 감사했다. 지금은 꿀 먹은 벙어리처럼 가만히 앉은 마케팅 중역들이 그 무수한 설명과 도표를 덧붙이며 전하려던 핵심 역량에 대한 설명을 그는 지극히 평범한 말로 설명하고 있었다.

더 이상 커피 생각이 간절하지 않았다. 잡스가 커피였다. 방 안에 떠도는 에너지를 분명히 느낄 수 있었다. 그가 말을 이었다.

"남은 두 프로젝트는 우리가 G4와 아이맥이라고 부르는 제품에 대한 것입니다. 이들은 우리가 회사의 방향에 대해 항상 원해왔던 것을 잘 보여줍니다. 기술적으로 우수할 뿐 아니라 시각적으로도 끝내줍니다. 저는 이 두 제품에 회사의 미래를 걸 생각입니다."

우리가 본 G4와 아이맥은 화이트보드에 검은 마커로 아무렇게나 그려진 두 개의 상자에 불과했지만 그럼에도 우리는 그가 말하는 것을 이해할 수 있었고, 그가 하는 말을 느낄 수 있었다.

"이게 제가 지금껏 해온 일이자 지금도 하고 있는 일입니다. 그럼 제가 여러분에게서 원하는 것은 무엇일까요?"

우리와 같이 테이블에 앉은 뒤 스티브는, 애플이 '감사합니다'라고 말하는 법을 배워야 한다고 했다. 어떤 정신 멀쩡한 인간이 조만간 애플이 망할 것이라고 말하고 다니는 동안에도 회사와 회사의 제품에 끝까지 애정을 유지해준 모든 사람들에게 감사한다고 했다.

"애플은 인습을 타파하는 회사입니다. 그리고 우리 고객들 역시 우리와 같습니다. 그들은 달라지는 것에 대해 신경 쓰지 않습니다. 오히려 달라지는 것을 즐기지요. 우리는 그 점을 분명히 인정하고 감사해야 하며 그들이 우리를 버리지 않은 것에 감사해야 합니다."

진짜 그랬다. 잡스는 우리가 자신과 거래할 것인지를 물어보는 대신, 애플을 제시하고 있었다. 그는 5분도 안 되는 시간 동안 회사의 전략을 설명했으며, 불과 60여 초 동안 커뮤니케이션의 역할에 대해 말했다. 그가 이용한 비주얼 장치라고는 즉석에서 마련한 화이트보드와 마커가 전부였다. 하지만 그것들은 지금껏 보아온 그 어떤 값비싼 슬라이드나 근사한 사진과 비디오보다도 훨씬 생생한 호소력을 지니고 있었다.

광고계에서 20년 남짓 일했지만 그보다 더 초점이 분명하고 열정적이며 영감을 주는 프레젠테이션은 본 적이 없었다. 최소한 회의실 내에서는 처음이었다.

"그가 똑똑하다는 건 분명히 알겠어." 몇 분 뒤 차를 향해 걸어가며 동료 하나가 말했다. "하지만 몹쓸 사람이기도 하더군. 그가 두 중역을 어떻게 다루는지 자네들도 봤지?"

"우리가 준비해온 비디오는 볼 생각도 안 하더군." 실버스타인이 침울하게 말했다.

잡스는 마음이 따뜻하거나 사려 깊은 인물은 아니었다. 하지만 그 누구보다도 현명하고 인상 깊은 사람이라는 것에는 우리 모두 동의했다. 그는 우리가 준비한 비디오보다 더 많은 것을 자신의 머리에 담고 있었고, 먼저 초대의 손길을 내밀 만큼 우리를 많이 배려했다는 것도 분명했다. 게다가 두 마케팅 중역의 프레젠테이션에 대해서는 그의 생각이 전적으로 옳았다. 그가 와서 브리핑이 어때야 하는지 몸소 보여주지 않았더라도, 그 프레젠테이션이 쓸데없는 짓이라는 사실에는 의문의 여지가 없었다.

"HP는 우리가 잡스와 일하는 걸 원치 않을 거야." 철저한 실리주의자인 콜린 프로버트(Colin Probert) 사장이 말했다. 그가 말한 방식이 흥미로웠다. 그는 '애플'이 아니라 '잡스와' 일한다고 말했던 것이다.

제프 굿비가 어깨를 으쓱하며 말했다. "그렇겠죠. 하지만 우리가 지금 당장 해야 할 일은 애플 주식을 사는 겁니다."

스티브 잡스는 내가 만난 최고의 프레젠터 중 하나였다. ⓒ 연합뉴스/EPA

그날 오후 애플 주가를 확인하니 주당 12~13달러 사이를 오가고 있었고 몇 달도 지나지 않아 5배 이상 뛰었다.

나머지는 알려진 대로였다. 휴렛팩커드 경영자들은 우리가 애플과 일할 수도 있다는 사실에 심한 난색을 표했고 결국 TBWA는 애플 광고를 따냈다. 그들은 'Think Different'라는 슬로건과 함께 의심쩍어하는 대중에게 애플 브랜드의 이미지를 새롭게 각인시켰다. 60초짜리 광고는 '미친 짓을 하는 사람들, 세상의 기준에서 벗어난 사람들'을 찬양하는 내용이었는데 아인슈타인이나 피카소 같은 스스로의 의지로 군중과 다르게 행동하며 모두가 불가능하다고 생각했던 일을 했던 사람들을 애플의 이용자들과 동일시하고 있었다. 잡스가 우리에게 말했던 것은 애플 고객에 대한 찬양이자 대중에 대한 감사였다.

현재의 애플은 1997년 우리가 보았던 모습과는 완전히 달라져 있다.

애플이 그토록 엄청난 성공을 거둘 수 있었던 것은 자신이 세운 회사의 미래를 열정적으로 믿은 한 남자 덕분이라고 말해도 절대로 과장이 아니다. 애플의 성공은 그가 자신의 비전을 성취하도록 도와줄 최적의 사람들을 끌어들일 수 있었기에, 그리고 사람이든 다른 무엇이든 앞길을 가로막는 그 어떤 장벽도 제거했기에 가능한 일이었다.

물론 잡스의 인격은 극단적인 모습을 보인다. 하지만 스티브 잡스라는 한 개인에 대해 어떻게 생각하든, 그가 똑똑하지 않다고 생각할 사람은 아무도 없을 것이다. 빌 번벅*은 이렇게 말한 바 있다. "현실 세계에서 선은 악을 몰아내지 못하며, 악도 선을 몰아내지 못한다. 하지만 활력 넘치는 사람은 소극적인 사람을 쫓아낼 수 있다."

우리에게 '브리핑'을 해주었던 애플의 두 마케팅 중역은 그로부터 일주일도 지나지 않아 회사를 떠나야 했다. 아마도 자신들의 파워포인트 슬라이드도 같이 챙겨갔을 것이다.

두 사람은 세상에서 가장 고리타분한 방법으로 사실을 제시했을 뿐이었고, 스티브 잡스는 열정적인 태도로 매우 특별한 가능성을 보여주었다. 마치 한 편의 드라마와도 같았다. 같은 날 오후, 같은 회의실, 같은 회사에 대한 내용이었다. 나는 내 생애 최악의 프레젠테이션과 최고의 프레젠테이션을 한날한시에 맛보았다.

■ Bill Bernbach: DDB 창시자이며 폴크스바겐 비틀 캠페인을 지휘한 광고계의 전설적인 인물

전 세계에서 매일 수백만의 사람들이 프레젠테이션을 한다. 이들은 정보를 나누고 아이디어를 팔려는 정치가나 스포츠 감독, 군 장교, 교사일 수도 있고, 노점상일 수도 있다. 그들의 프레젠테이션은 정형화된 형식은 없지만, 팔려는 상품은 과일이나 채소, 짝퉁 롤렉스 시계, 심지어 자신들의 몸에 이르기까지 구체적인 형태를 띤다.

내가 지난 20년간 몸담았던 광고계에서도 새로운 고객과의 거래를 성사시키기 위해 프레젠테이션(광고계에서는 이를 피치pitch라고 한다)을 한다. 기존 고객이 우리의 광고 캠페인 아이디어를 선택하고 계약을 연장하게 만들기 위해 피치를 하며, 고객과 동료에게 시장의 움직임과 경쟁 환경, 소비자의 구매 동기를 이해시키기 위해 무수한 프레젠테이션을 한다. 성공적인 프레젠테이션은 수백만 달러를 벌어들일 수 있는 반면 실패한 프레젠테이션은 인사과 직원들이 점잖게 고쳐 말하는, 소위 '다운사이징'의 결과를 불러온다. 심지어 실직과 소득 감소, 자긍심 상실로까지 이어지기도 한다. 실패한 프레젠테이션에는 정말 많은 위험이 따른다.

나는 지난 20년 동안 수백 번의 프레젠테이션을 해봤다. 성공적인 프레젠테이션을 위해 나는 우리 회사가 새로운 프레젠테이션을 준비할 때마다 전략적 핵심을 제공했고, 최근 몇 년 동안은 피치팀장(pitch leader)의 역할을 맡아왔다. 유니레버, 화이자, 나이키, 소니, 펩시, 안호이저-부시, 삼성, 스타벅스, 휴렛팩커드와 같은 글로벌 대기업을 대상으로 프레젠테이션을 하고 거래를 성사시켰으며, 포르셰(Porsche), 벨 헬멧(Bell Helmets), 포스터스 라거(Foster's Lager), 폴라로이드, DHL, 메이저리 그, NBA와 같은 미국 내 굵직한 기업이나 단체를 비롯해, 셰비스 프레시멕스레스토랑(Chevys Fresh MexRestaurants), 북캘리포니아 혼다 딜러(Northern California Honda Dealers), 캘리포니아 유가공협회(California Milk Processor), SBC 통신(SBC Communications), 서터 홈 와인(Sutter Home Winery) 같은 지방 기업이나 단체에도 성공적인 프레젠테이션을 행했다. 나는 90% 이상의 피치 성공률을 거두었고 총 10억 달러가 넘는 거래를 성사시켰다. 아무리 성공적인 광고회사여도 잘나가는 타자들의 타율보다 성공률이 낮은 이 바닥에서 이것은 대단히 놀라운 결과였다.

하지만 이러한 성공은 나 혼자 거둔 것이 결코 아니다. 비틀즈의 드러머 링고 스타와 마찬가지로 나 또한 때와 장소를 잘 만난 덕이 무척 컸다. 훌륭한 광고대행사*에서 근무했고 최근에는 런던의 J. 월터 톰슨(J. Walter Thompson, JWT)에서 일했다. 이들 광고회사에서 나는 대단히 훌륭한 인재들과 함께 일하며 많은 것을 배울 수 있었다. 앞에서 내 성공을 언급한 이유는 내가 훌륭한 프레젠터라는 사실을 과시하고 싶어서가 아니라, 직접 몸으로 겪으며 성공적인 프레젠테이션을 하는 방법에 대해 알게 되었기 때문이다.

직접 프레젠테이션을 한 것도 수백 번에 달하지만, 반대 입장이 되어 다른 사람들의 프레젠테이션을 들을 기회는 더욱 많았다. 나는 고객의 입장이 되어서 홍보대행사의 피치들을 심사할 수 있었고, 고객이 리서치회사를 선택하는 것을 돕기도 했다. 또, 「포천」지가 선정한 글로벌 500대

★ 런던의 보스 매시미 폴리트(Boase Massimi Pollitt, BMP), 샌프란시스코의 굿비 실버스타인 앤드 파트너스, 뉴욕의 벌린 캐머런/레드 셀(Berlin Cameron/Red Cell)

기업의 경영자들이나 그들 마케팅 부서의 직원들이 행하는 프레젠테이션을 보기도 했고, 광고 크리에이티브 프레젠테이션, 전략 프레젠테이션, 리서치 프레젠테이션, 트렌드 프레젠테이션, 재무 프레젠테이션, 심지어 프레젠테이션 방법에 대한 프레젠테이션까지 온갖 종류의 프레젠테이션을 직접 볼 수 있었다.

그러나 내가 경험한 그 수많은 프리젠테이션 중 정말로 훌륭한 피치는 겨우 손에 꼽을 정도이다. 좋게 말해 대부분은 들은 즉시 잊어버렸고, 나쁘게 말하면 즉시 그 자리에서 일어나고 싶을 정도로 끔찍했다.

내가 이 책을 쓰는 이유는 두 가지이다.

첫째, 이 책은 이기적이고 금전적인 이유 때문에 세상에 나오게 되었다. 『퍼펙트 피치』의 목적은 사람들이 더 훌륭한 프레젠테이션을 할 수 있도록, 다시 말해 설득력이 있으며 사업 성장에 직결되는 프레젠테이션을 할 수 있도록 돕는 것이다. 이를 이기적인 행동이라고 말하는 것은 여러분 마음대로이다. 하지만, 주식회사나 개인회사나 사업을 하는 이유는 분명 성장에 있으며, 그런 까닭에 많은 사람들이 이 책에 손을 대려 할 것이다. 이 책의 내용은 거의 모든 프레젠테이션과 관련되어 있지만, 새로운 비즈니스를 위한 프레젠테이션에 가장 큰 비중을 둘 것이라는 사실을 미리 밝힌다. 새로운 비즈니스 프레젠테이션을 가장 중요하게 다루는 이유는 아주 약간만 개선해도 정말로 큰 효과를 거둘 수 있기 때문이다.

둘째로, 당신이 프레젠테이션을 하는 입장이 아니라 받는 입장일 때 조금이라도 고통을 덜어주기 위해서이다. 잘못된 프레젠테이션에서 세상을 구한다는 것은 지나친 포부일지도 모르지만 그것이 내가 지금 이 순간 컴퓨터 앞에 앉아 있는 진짜 이유이다. 솔직히 말해서 다른 사람들의 빌어먹게 재미없는 프레젠테이션에 이제는 신물이 날 지경이다. 좋지 못한 말을 써서 미안하지만 솔직히 그 외에는 그런 프레젠테이션을 표현할 적당한 말이 생각나지 않는다. 애플의 두 중역을 포함해 매일 프레젠테이션을 하는 사람들 모두 커뮤니케이션이 본업인 사람들이다. 스스로를 커뮤니케이션의 달인이라고 생각하는 사람들마저도 그런 악행을 저지르게 되는 사태는 생각하기도 싫다. 내가 이 책을 쓰는 동안에도 많은 사람들이 프레젠테이션을 하며, 당신이 이 책을 읽는 동안에도 무수한 프레젠테이션이 행해진다. 하지만 그들에게 있어서 프레젠테이션 기법이란 살인마 잭에 대한 의학 연구처럼 쓸모없는 것이다. 그들을 멈춰 세워야 한다는 데에 여러분도 동의하리라 믿는다.

단순하고 인간적인 커뮤니케이션

광고장이가 프레젠테이션에 대한 견해를 피력한다고 해서 이 책이 광고업계 종사자들에게만 해당되는 것은 절대 아니다. 이 책은 고객이나 동료 앞에서 자신의 입장을 피력해야 하는 모든 사람들에게 중요한 메시지를 전한다. 광고 캠페인을 팔려고 하든, 새로 나온 뮤추얼펀드를 팔려고 하든, 경주마를 선택하는 기술을 팔려고 하든, 코털을 다듬는 가위를 팔려고 하든 프레젠테이션을 한다는 것은 결국 아이디어를 파는 것을 의미한다. 다시 말해 사업 성장에 대한 새로운 아이디어를, 재정적 안정에 대한 아이디어를, 말을 고르는 방법에 대한 아이디어를, 코털 다듬는 방법에 대한 아이디어를 판다는 뜻이다.

어떤 일에 종사하든 사업의 일차 목표는 같다. 광고나 투자, 말, 개인 미용 등에 대한 바람직한 반응이 사람마다 다를 수는 있지만, 성공을 이루기 위한 핵심 특징은 모두가 똑같다. 성공적인 프레젠테이션은 사람들의 이성과 감성 전부를 매혹하며 성공적인 프레젠터는 호감과 신뢰를 얻는다. 프레젠터의 말 한 마디 행동 하나에 청중은 믿고 싶다는 마음을 먹게 되며, 모든 것이 계획대로 진행된다면 프레젠터가 요청하기도 전에 청중이 자진해서 아이디어를 살 것이다.

이 책을 통해 여러분이 비즈니스 프레젠테이션을 프레젠테이션이 아닌 인간적인 커뮤니케이션의 한 장으로 보기를 바란다. 또한 프레젠테이션에 대한 역할 모델을 살피기 위해 다른 사업가들을 관찰할 것이 아니라 실생활에서 훌륭한 커뮤니케이션 능력을 발휘하는 주변 사람들을 관찰하기를 바란다.

왜 그래야 하는지를 말하기 전에 한 가지만 묻겠다.

지금껏 살아오면서 가장 감동적이고, 설득력 있고, 강력했던 주장은 무엇이었나? 곰곰이 생각해보라. 당신이 생각을 바꾸도록, 행동을 취하도록, 완전히 새로운 방법으로 당신을 설득한 사람들을 만났던 순간을 떠올리라. 그들의 설득으로 당신의 마음이 완전히 바뀌었던 순간을, 그리고 그들의 설득이 당신의 마음에 조금도 와 닿지 않았던 순간을 생각해보라.

장담컨대, 가장 설득력 있는 주장을 접했던 장소가 회의실이라고 답할 사람은 거의 없을 것이다. 슬픈 일이지만 사실이다. 매일 3,000만 개가 넘는 파워포인트 프레젠테이션이 행해지고 있지만 대부분이 끔찍한 돈 낭비, 시간 낭비인 것이 현실이다.

내 경우 비즈니스 세계에서 이런 질문에 딱 맞는 사람은 단 하나, 스티브 잡스밖에 없다. 하지만 그의 주장은 공식적인 프레젠테이션과는 거리가 먼 것이었다. 비즈니스 세계를 벗어나면 강력하고 설득력 있는 주장을 펼치는 사람들을 수없이 볼 수 있다. 윈스턴 처칠 경과 마틴 루서 킹 목사의 연설에서부터 제인 구달* 박사의 조용한 설득, 런던 매춘부의 광고지, O. J. 심슨의 변호를 맡았던 고故 조니 코크런(Johnnie Cochran), 소년 시절의 꿈을 발전시켜 올림픽 2연패를 하고 더 나아가 2012년 런던 하계올림픽 유치를 이끄는 데 막대한 공헌을 했던 세바스천 코(Sebastian Coe)에 이르기까지 수도 없이 많다. 이들이 들려주는 이야기는 내가 회의실에서 들었던 그 어떤 프레젠테이션보다도 훨씬 흥미진진하고 강렬한 메시지를 전달한다. 『퍼펙트 피치』는 스토리 전달을 통해 사람들의 마음을 움직이는 방법에 대한 책이다. 그렇기에 비즈니스계뿐만이 아니라 우리 주변의 사람들 속에서 펼쳐지는 무수한 경험들 속에서 그 예시를 찾는다.

이 책은 파워포인트 프레젠테이션을 근사하게 작성하는 방법을 알려주지 않는다. 프레젠테이션의 화법이나 자세, 오른손을 움직이는 방법, 슬라이드를 위해 근사한 템플릿을 꾸미는 법을 알고 싶었다면, 미안하지만 이 책은 도움이 되지 못한다. 회사를 대표해서 프레젠테이션을 해야 하는 사람들은 당당하게 앞으로 걸어나가야 하고, 청중이 이해할 수 있도록 크고 명확하게 말해야 하며, 발표하는 동안 두 손을 바지 앞섶에 엉거

■ Jane Goodall. 침팬지 연구로 유명한 영국의 동물학자

주춤하게 놓지 말아야 한다는 사실쯤은 이미 잘 알고 있을 것이다. 그리고 '근사한 템플릿'에 대해서라면, 그런 것이 과연 있기나 한지 자체가 의문이다.

『퍼펙트 피치』는 더 훌륭한 프레젠터가 되기 위한 단계별 가이드북이 아니다. 도움이 될 수는 있겠지만, 이 책은 프레젠테이션 기법을 단정해서 알려주지는 않는다. 그 대신 훌륭한 커뮤니케이션 능력을 지닌 사람들을 관찰한 결과를 제시함으로써 지금까지와는 다른 방식으로 프레젠테이션을 바라보도록 하는 데 초점을 맞추고 있다. 실험을 해보고 아이디어와 접근 방식을 이리저리 조합해보며 특정 상황과 당신의 능력과 인격에 딱 맞는 프레젠테이션 방법을 찾기를 바란다. 그리고 이 책의 내용에 충분히 공감이 간다면, 훗날 형편없는 프레젠테이션을 듣게 되었을 때 그 죄악을 저지른 사람에게 이 책을 한 권 내밀어도 좋다. 그러면 우리 모두가 공공의 이익에 일조하는 셈이 되는 것이다. 물론, 내 아이들의 대학 학자금을 마련하는 데 도움을 준 것도 대단히 고맙지만 말이다.

이 책의 1장 '프레젠테이션의 범죄'에서는 대다수 프레젠테이션이 실패하는 이유에 대해 알아본다. 실패의 근본적인 원인은 프레젠터가 자신이 프레젠테이션을 하는 목적을 제대로 이해하지 못하고, 청중을 파악하지 못하고, 단순하고 논리적인 주장을 펼치지 못하기 때문이다. 사실 대부분의 프레젠터들은 청중과 대화를 나누기보다는 그들을 가르치려 들며, 양으로 밀어붙이면 성공 가능성이 높아진다고 생각한다. 나는 이러한 프레젠테이션 방식에 대한 잘못된 믿음에 대해서 짚고 넘어갈 것이다. 2장 '불완전한 피치'에서는 프레젠테이션에 대한 잘못된 기본 전제와 오해들이 결합된 결과, 그 유명한 오렌탈 제임스(O. J.) 심슨 재판에서 캘리포니아 주 검찰이 패배하게 된 이유가 무엇이었는지를 살펴볼 것이다. 이 재판은 일종의 새로운 비즈니스 프레젠테이션으로 비유할 수 있다. 검찰과 변호인단은 경쟁 프레젠테이션을 벌이는 두 회사이고, 청중인 배심원단은 유무죄를 판결한다는 점에서 최종 의사결정자들이다.

3장에서는 세계 최고 프레젠터들의 예를 든다. '빌 클린턴, 조니 코크런, 런던의 매춘부'라고 제목을 지은 이유는 이들이 훌륭한 프레젠터의 특징과 방법을 공유하고 있기 때문이다. 그들은 단순함, 개인화, 놀라움, 그리고 가장 중요하게는 프레젠터의 신념을 확고히 보여줌으로써 청중의 참여를 유도하고 그들에게 감동을 주었다. 또한 O. J. 심슨 재판에서 변호인단이 보여준 성공적인 전략과 변론에 대해서도 탐구할 것이다.

나는 광고계에서 수십 년 동안 전략 플래너(strategic planner)로서 일해왔다. 전략 플래너는 청중의 생각을 광고 아이디어 개발 작업에 반영하는 일도 한다. 4장 '연결 관계 만들기'에서는 프레젠테이션을 계획하고 준비하는 기본 원칙을 설명할 것이다. 광고장이가 그렇듯, 프레젠터 역시 청중의 심리를 확실히 파악할 수 있어야 한다. 프레젠터는 방대한 정보를 단순하고 매력적인 아이디어로 바꿀 수 있어야 하며, 이러한 아이디어를 토대로 청중의 니즈를 거의 완벽하게 반영하는 약속을 할 수 있어야 한다. 마지막으로, 프레젠터는 극작가의 능력을 갖추고 스토리를 전달할 수 있어야 한다.

훌륭한 프레젠테이션을 가로막는 가장 막강한 적은 시간이 부족하다고 생각하는 것이다. '생각하는'이라는 말을 썼다는 사실에 주목하자. 사실 시간 부족은 우리 스스로의 생각에 의해 만들어진 문제이다. 이를 해결하는 것 역시 생각에 달려 있다. 5장 '트레버의 망치'에서는 이메일이나 휴대전화, 개인 인터넷단말기 등 우리가 일에 집중하는 것을 가로막는 현대의 필수품들을 내던지라고 말한다. 그리고 더 훌륭한 생각을 해내고, 더 훌륭한 프레젠터가 되기 위해 시간과 공간을 창조하는 방법들을 제시한다.

6장 '우리는 이사회실에서 그들과 맞서 싸울 것입니다'에서는 효과적인 프레젠테이션을 가로막는 비교적 최근에 생긴 장벽들에 대해 알아볼 것이다. 프레젠터 본인이 허용한 이러한 기술 장벽은 오히려 완벽한 메시지 전달을 가로막는다. 6장에서는 모두가 선호하는 프레젠테이션 프로그램의 허점을 짚어볼 것이다. 데드라인과 전달가능성(deliverables)에 짓눌린 오늘날의 기업 문화에서, 사람들은 파워포인트야말로 모든 문제를 해결하고 훌륭한 아이디어를 창출하는 데 결정적인 역할을 하는 만병통치약이라고 생각한다. 하지만 내 생각은 다르다. 파워포인트는 쉬운 길인 동시에 게으름으로 가는 지름길이기도 하다. 파워포인트의 전달 방식이 현명한 통찰력을 어떻게 손상시키는지를 보면 알 수 있다. 그러나 파워포인트를 보다 건설적으로 사용하는 방법을 익히고 더 신중하게 생각하며 창의력을 발휘한다면 프레젠테이션에 훨씬 도움이 되는 방법으로 그것을 이용할 수 있다.

7장 '온화한 독재'의 내용 대부분은 프레젠터 개인에게 해당되지만, 프레젠테이션 팀 전체를 이끄는 방법에 대해서도 자세히 설명한다. 어떤 식의 피치가 적절한지를 결정하는 단계에서부터 팀을 구성하고 책임을 분담하는 단계에 이르기까지 피치의 전 과정을 분석한다. 결정을 내리는 방법이나 리허설의 의미를 묻는 질문 외에도, 언제 어떻게 긴장을 푸는지 그리고 징크스의 긍정적인 효과가 무엇인지 등 부차적인 문제들에 대해서도 살펴볼 것이다.

　새로운 비즈니스 프레젠테이션을 준비할 때, 사람들은 프레젠테이션 당일을 결전의 날로 생각하며 이날만을 위해 총력을 쏟는다. 거나하게 뒤풀이할 장소를 물색하는 것 외에는 프레젠테이션이 끝난 뒤의 계획은 전혀 마련하지 않는다. 8장 '프레젠테이션 그 너머'는 프레젠테이션을 끝이 아닌 새로운 시작으로 다루어야 한다고 말한다. 프레젠테이션 공간을 확보하고 프레젠테이션을 행하고 질문을 받고, 어떤 후속자료(leave behind documents)를 남기며, 뒤에 어떤 절차를 밟아야 하는지를 설명한다.

　8장까지는 각 장마다 내가 직접 겪었던 프레젠테이션이나 내 요점에 맞는 프레젠테이션을 여러 개씩 보여주지만, 9장에서는 2012년 올림픽 유치를 위한 런던의 프레젠테이션에만 초점을 맞출 것이다. 솔직히 말하면 그 프레젠테이션의 일원이 되지 못한 것이 아쉬울 정도다. 그것은 800억 달러의 가치가 있는 것이었다. 물론 두바이의 인공 섬 건설 프로젝트처럼 몇몇 프레젠테이션은 이보다 더 가치가 높을 수도 있다. 그러나 언론에 대대적으로 공개되는 프레젠테이션 중에서 올림픽 유치만큼 커다란 가치를 지니는 비즈니스 프레젠테이션은 없다고 장담한다.

　2012년 올림픽 유치를 위한 런던의 프레젠테이션이야말로 '퍼펙트 피치'라는 칭호가 전혀 아깝지 않다. 런던은 프레젠테이션을 완벽하게 준비하고 진행한 반면, 파리와 같은 다른 후보 도시들은 실수를 저질렀다. 런던의 프레젠테이션은 영국의 바람과 신념, 통찰력과 헌신을 완벽하게 보여주었다. 그리고 2012년 올림픽 경기를 보면서 꿈과 희망을 키워갈 영국 아이들에 대한 완벽한 이야기를 들려주었다.

이 책을 마칠 때까지 당신이 흥미진진한 여행을 계속하기를 바란다. 그리고 당신이 앞으로 진행할 프레젠테이션에도 많은 도움이 되기를 바란다. 물론 앞으로 나와 같은 프레젠테이션을 두고 경쟁할 다른 광고회사 직원은 예외지만 말이다. 내가 한두 가지 비결은 비밀에 부친 것을 용서해주기를. 사실 캘리포니아산 카베르네 소비뇽(Cabernet Sauvignon) 와인만큼은 밝히고 싶지 않았다. 프레젠테이션 전날 이 와인을 마신 적이 몇 번 있었는데, 지금까지 백전백승의 결과를 보여주었다.

건배!

2006년 4월

존 스틸

PERFECT PITCH

CHAPTER 01

프레젠테이션 범죄

왜 대부분의
프레젠테이션이
실패하는가

곰보다 빨리 뛰기

1990년대 중반, 샌프란시스코에 있는 굿비 실버스타인 앤드 파트너스에 몸담고 있을 때였다. 어느 날 회의 중에, 공동 창업자인 제프 굿비가 일어서서는 새로운 비즈니스 프레젠테이션을 설명하며 한 가지 이야기를 들려주었다. 여러분도 익히 들어본 이야기일 것이다.

두 남자가 숲에서 하이킹을 하다가 곰을 만난다. 곰은 당연히 두 남자를 뒤쫓아온다. 그들은 죽어라 뛴다. 아직 곰하고는 거리가 꽤 떨어져 있는 편이지만, 다리 두 개보다는 네 개가 더 빠른 법, 거리가 점점 좁혀진다. 갑자기 남자 하나가 멈춰 서더니 배낭을 내리고는 통나무 위에 걸터앉는다.

"지금 뭐하는 거야?" 멈출 생각이 전혀 없는 친구가 묻는다. 이제는 곰의 털이 하나하나 흩날리는 것까지 선명하게 보일 정도다. 곰이 이빨을 드러내며 으르렁댄다. 까닥하다가는 잡힐 것만 같다.

"신발 바꿔 신을 거야." 그가 조용히 대답하고는 무거운 하이킹 부츠를 벗은 뒤 날렵한 나이키 운동화로 갈아 신는다.

"미쳤어!" 친구는 비명을 지르며 커다란 나무 뒤의 장소로 뛰어가며 외친다. "아무리 그래도 곰보다 빨리 뛸 수는 없어!"

"곰보다 빨리 뛸 필요는 없어." 남자가 말하면서 자리에서 일어나 친구와 같이 달리기 시작한다. "너보다 빨리 뛰기만 하면 되거든!"

회의실의 긴장감이 순식간에 사라졌고, 제프는 논점을 다시 한번 강조했다. 우리의 잠재 고객이 처한 경쟁 상황은 눈에 보이는 것과는 다르다. 특정 경쟁사가 시장의 판도를 바꿔놓을 수는 있지만 실제로는 그리 눈에 띄지 않는 경쟁사에 이기는 것이 오히려 고객의 성공에 결정적인 역할을 할 수 있다는 내용이었다. 적어도 나는 제프의 말을 그렇게 이해했다. 우리는 고객의 경쟁 환경을 재창조해줌으로써 그 거래를 따낼 수 있었고, 이는 고객에게도 분명 많은 도움이 되었다.

하지만 제프가 들려준 우화에는 보다 고차원적인 의미가 숨어 있었다. 그것은 우리가 프레젠테이션을 준비할 때뿐만 아니라 모든 기업들이 새로운 비즈니스를 추진할 때 반드시 유념해야 할 내용이었다.

새로운 비즈니스 프레젠테이션을 할 때, 고객에게 한 회사만 프레젠테이션을 하는 경우는 없다. 거의 대부분이 그렇다. 동종 업계의 회사들이 같은 거래를 두고 경쟁 프레젠테이션을 해야 하며, 이러한 구혼자들이 같은 종류의 산업에 종사하는 것은 지극히 당연한 일이다. 광고회사들은 고객의 산업 범주와 경쟁 환경을 이해하고 있음을 보여주어야 하고 적절한 광고 전략을 제시해야 하며, 이 광고 전략에 맞는 광고 캠페인을 만들 능력이 있음을 보여주어야 한다. 이는 광고업에만 국한되지 않는다. 조경사는 과거의 작품 사진을 가지고 자신의 조경 설계 철학을 보여주는 동시에 새로운 고객에게 맞는 새로운 정원도 구상해줄 수 있어야 한다. 부동산 중개인은 기업이나 주택 구입자들이 마음에 드는 부동산을 고를 수 있도록 적절한 가격 전략과 마케팅 계획을 마련해야 한다. 어떤 일을 하든지, 경쟁할 수 있는 시간은 항상 제한적이다. 시간이 너무 빠듯하다고 말하는 것은 뻔한 변명에 지나지 않으며, 사실이 아닌 뻔한 변명은 진부

한 말조차 되지 못한다. 광고사 중역이든, 조경사이든, 아니면 부동산 중개인이든 그들 모두는 성공이 가져다줄 특별한 소득과 명성에 마음이 끌리며 또한 패배가 가져올 결과를 두려워한다. 실패하면 명성이 무너지고 일자리를 잃게 되며 크리스마스 파티를 열 돈이나 아이들의 치과 치료비를 마련할 수 없다. 전과 똑같은 생활을 누릴 수가 없게 되는 것이다.

　이러한 압박감 때문에 많은 사람들은 프레젠테이션을 처음 준비할 때부터 가장 치명적인 실수를 저지른다. 곰에게 쫓길 때와 똑같은 실수를 저지르는 것이다. 그들은 잔뜩 성이 난 배고픈 곰보다 빨리 뛰기 위한 가장 좋은 방법은 적절한 답을 알아내는 것이며, 정답을 알아내는 것이라고 착각한다.

정답만이 최선은 아니다

문제 해결을 원하는 사람들을, 기존의 구태의연한 답에 안주하지 않고 정답을 찾아내고자 하는 사람들을 비난할 생각은 조금도 없다. 완벽주의는 존경받아 마땅한 특징이다. 하지만 새로운 비즈니스 프레젠테이션을 할 때 완벽주의는 치명적인 위험요소가 될 수 있다. 미래의 고객과 새로운 거래를 맺기 위해 다른 회사들과 경쟁 프레젠테이션을 해야 한다면 완벽해야 할 필요가 없다. 경쟁자들보다 더 적절한 답을 제시하기만 하면 된다. 심지어는 더 적절한 답을 제시하는 것처럼 보이기만 해도, 아니면 더 적절한 답을 제시할 가능성이 있음을 보이는 것으로도 충분하다.

　아리스토텔레스는 내가 태어나기 2,283년 전에 죽었고 광고계에 종사한 적도 없었지만, 분명 설득의 속성을 아주 잘 아는 사람이었다. 확실한 불가능이 불확실한 가능보다 더 좋다는 사실을 설파했으니 말이다. 다시 말해, 이렇게 말해도 될지 모르지만, 승리를 이끄는 것은 정확성이 아니다.

영국에 있는 광고회사인 BMP에 입사하면서 나는 광고계에 발을 들였다. BMP는 20년 흐른 지금, 도일 데인 번벅(Doyle Dane BernBach, DDB)의 런던지사로 바뀌었다. 1960년대 말에 설립된 이 회사는 소비자를 고려하지 않으면 훌륭한 광고를 만들 수 없다는 신념을 가지고 있었다. 그래서 타깃 소비자의 심리와 행동을 보다 자세히 이해하고 이를 아이디어 개발의 모든 단계에 적용하는 일을 하는 어카운트 플래너(account planner)라는 새로운 직분을 만들어냄으로써 광고계의 판도를 뒤바꿨다. BMP는 현명한 전략과 번뜩이는 아이디어를 독특하게 결합한 덕분에 영국 광고사에 길이 남을 뛰어난 작품을 많이 선보일 수 있었다. 캐드베리스 스매시(Cadbury's Smash), 소니, 존 스미스(John Smith's), 커리지 베스트 비터(Courage Best Bitter), 호프마이스터 라거(Hofmeister Lager), 가디언(Guardian)지와 같은 유수 브랜드의 광고가 모두 이 회사의 작품이었고, 광고계의 많은 사람들이 BMP를 '광고대학'이라고 언급할 정도였다.

BMP는 대단한 성공을 거두었다. 1980년대 초 BMP는 규모 면에서 영국에서 열 손가락 안에 꼽히는 광고회사였으며, 타의 추종을 불허하는 광고 품질로 좋은 평판을 얻고 있었다. 하지만 1980년대 중반쯤부터 성장세가 둔화되었다. 대규모의 새로운 비즈니스 프레젠테이션을 많이 하고 있었지만 타율은 보잘 것 없었다. 계속해서 피치를 했지만 고객에게서는 계속해서 '노'라는 대답만이 돌아왔다.

무엇이 문제일까? 광고 전략이 훌륭하다는 평판을 더 많이 들을수록, BMP는 독이 되는 줄도 모르고 그러한 평판에 스스로 도취되기 시작했다. 마치 모든 피치의 첫 번째 숙제는 자신들이 고객보다 얼마나 똑똑한지를 보여주는 것이 되어버린 듯했다. 고객의 생각이 틀렸어, 우리 BMP가 이를 입증하는 거야. 이렇게 새롭게 개선된 피치 기법을 고안한 BMP는 고객의 시시콜콜한 문제에 대해서까지 해결책을 제시하는 전략을 선보였다.

전국 규모의 슈퍼마켓 회사를 상대로 하는 중요한 프레젠테이션을 앞둔 어느 날, BMP의 광고전략 기획자(strategic thinker) 하나가 40일 밤낮을 두문불출하며 지내다가 돌아와서 크리에이티브 디렉터(creative director)에게 '정답'을 적은 서류뭉치 한 다발을 내밀었다. 현명하다 못해 질릴 정도로, 그 서류뭉치에는 소매사업의 모든 문제점에 대한 해결책이 일일이 다 담겨 있었다. 만약 슈퍼마켓 산업의 전략 설정에 대한 노벨상이 있다면, 상은 그 사람이 떼어 놓은 당상일 정도였다.

크리에이티브 디렉터는 관심을 보이며 서류더미를 읽고는 이렇게 말했다. "이걸로 광고를 어떻게 만들라는 소리야!"

며칠 뒤, 슈퍼마켓 중역 역시 떨떠름하다는 반응을 보였다. 그는 BMP의 프레젠테이션을 들으면 들을수록 그들이 자신을 바보 취급한다는 생각을 멈출 수가 없었고, 결국 BMP가 아닌 다른 광고회사와 계약을 맺었다.

이 경우를 비롯해 BMP가 실패한 수많은 피치들을 관찰하며 나는 이 회사의 관점 자체는 옳을지도 모른다고 생각했다. 다만, 자신이 맞고 고객이 틀리다는 것을 강조하는 실수를 저질렀다는 것이 BMP의 문제였다. 모든 것에는 적절한 시기와 장소가 있는 법이다. 새로운 비즈니스 프레젠테이션은 고객이 틀렸음을 지적할 만한 적절한 도구가 아니다. 또, 학습 속도가 아무리 빠르다 할지라도 새로운 비즈니스 프레젠테이션을 할 때 대부분은 프레젠터보다 프레젠테이션을 받는 고객 쪽이 문제를 더 많이 알고 있기 마련이다. 요행이든 실력 때문이든 완벽한 피치를 한 뒤에 회의실 이곳저곳에서 당신을 칭찬하는 소리가 하늘까지 울려 퍼질지라도, 그 사람들이 당신 말을 곧이곧대로 믿을 가능성은 거의 없다는 것을 기억하자.

완벽주의자의 프레젠테이션

프레젠터들이 흔히 저지르는 두 번째 실수는 정답을 추구하려는 나머지 완벽한 프레젠테이션을 하려 한다는 점이다.

책 제목이 『퍼펙트 피치』인데 완벽한 프레젠테이션을 위해 노력하는 것이 실수라고 말하다니, 이상하게 들릴 수도 있다. 하지만 나는 방법이 아니라 결과야말로 프레젠테이션의 성공 여부를 판가름하는 잣대라고 생각한다. 조지 부시 1세와 레이건 대통령의 연설문 작성자로 유명한 페기 누넌(Peggy Noonan)은 『말 잘하는 방법에 대해(On Speaking Well)』라는 유쾌한 책에서 코코 샤넬을 예로 들며 이 중요한 사실을 훌륭히 설명하고 있다. 샤넬은 사람들이 옷에만 관심을 쏟는다면 훌륭한 옷이 되지 못한다고 생각했다. 예를 들어 한 여자가 새 옷을 입고 방에 들어왔는데 사람들이 "옷 정말 근사해요!"라고 한다면 그녀는 옷을 잘못 선택한 셈이고, 그녀를 보며 사람들이 "오늘 정말 아름다워요!"라고 말해야 성공한 옷차림이라는 것이다. 이와 마찬가지로 사람들이 "프레젠테이션 정말 훌륭했습니다!"라고 말한다면 이는 실패한 프레젠테이션이다.

1983년 노팅엄 대학에 다니던 시절, 나는 당시 영국 노동당 당수인 닐 키녹(Neil Kinnock)이 연사로 참석하는 토론회의 사회를 맡은 적이 있었다. 그는 명쾌하고 열정적인 연설가였고, 25분의 연설 동안 나를 포함해 강연장에 있던 대다수 사람들을 완전히 사로잡았다. 몇 시간 뒤 키녹의 연설이 어땠냐는 질문을 받았을 때 나는 그렇게 감동적인 연설은 처음 들어봤다고 대답했다. "연설 내용이 뭐였는데?" 사람들이 물었다. 그러나 아무 대답도 할 수 없었다.

많은 사람들은 미국의 빌 클린턴 전 대통령이 연사로서는 훌륭하지만 프레젠터로서는 꽝이라고 말한다. 요점을 분명하게 짚어주지 못하기 때문이라는 것이다. 내가 닐 키녹의 연설에 감동 받았듯 클린턴의 청중들도 그의 연설에 감동을 받지만, 정작 내용은 청중이 알아서 이해해야 한다. 페기 누넌은 이렇게 말한다. "클린턴의 가장 큰 단점은 흥미진진한 지식이 담긴 내용을 말하는 경우가 없다는 것이다. 클린턴은 깊이 있게 생각하는 사람이라는 인상을 강렬하게 주지만, 정작 생각하는 사람의 전유물인 깊이는 가지고 있지 않다." 페기 누넌은 공화당원이긴 하다. 하지만 나는 그녀의 말에 충분히 공감한다.

빌 클린턴이 요점을 정확히 짚어주는 대신 불특정 다수의 마음에 들기 위해 모든 것을 다 포함해서 말하는 경향이 있는 것은 사실이다. 하지만 그가 세계에서 가장 열정적이고 설득력 있는 프레젠터에 속한다는 점

또한 인정해야 한다. 어쨌든 지금은 훌륭한 프레젠테이션이었다는 찬사를 듣는 것만으로는 부족하다는 사실을 분명히 새기고 넘어가자.

이보다는 "덕분에 유심히 생각해볼 수 있었습니다!"라거나 "당신이 제 생각을 완전히 바꿔놓았습니다!" 혹은 그저 간단히 "당신과 일하겠습니다!"라는 말을 듣는 편이 훨씬 더 좋다.

키녹이나 클린턴의 서투른 면을 지적한 내용을 보면서, 다른 사람들처럼 대중 앞에서 말을 잘할 수가 없기 때문에 자신은 훌륭한 프레젠테이션을 하지 못할 것이라고 생각하는 독자들 모두가 마음의 위안을 얻기를 바란다. 사람들 앞에서 능수능란하게 말하는 능력은 목적을 위한 수단일 뿐, 결코 그 자체가 목적은 아니다. 물론 말을 잘하는 능력이 도움이 되기는 하지만, 프레젠테이션에 알맹이가 없거나 요점을 명확하고 단순하게 전달하지 못한다면, 말쑥하게 발표하는 것만으로는 흡족한 결과를 얻을 수 없다는 사실을 분명히 명심해야 한다.

이는 프레젠터 개인뿐 아니라 프레젠테이션 전체에도 해당되는 진실이다. 광고업계는 '피치 무대(pitch theater)'를 마련하는 것으로 유명하다. 때로는 화려한 세트를 짓고 라틴계 관악합주단을 고용하는 등 고객에게 깊은 인상을 주기 위해 많은 돈을 쓰는 것도 마다하지 않는다. 하지만 아이디어 전달에 별 도움이 되지 못하는 무대를 마련하는 데 돈을 쓴다면 이는 낭비일 뿐이다. 브리티시항공의 임원들에게 프레젠테이션을 하기 위해 회의실을 공항 라운지로 꾸민다거나, 열대 해변의 바로 꾸미는 것 등은 좋은 아이디어라고 볼 수 있다. 하지만 구두약 회사 임원진에게 프레젠테이션을 하기 위해 회의실을 열대 해변의 바로 바꾸는 것은 지나친 감이 없지 않다. 많은 돈을 들여 찍어낸 후속자료도 마찬가지이다. 어떤 후속자료는 광고 아이디어에 대한 흥미진진하고 매력적인 실천 방안을 담고 있으며, 감동하며 읽은 고객이 고이 모셔둘 정도로 대단히 멋지게 잘 만들어진 반면, 고객에게 깊은 인상을 주기 위해서라는 오직 단 하나의 목적만을 위해 많은 돈을 들여 찍어낸 후속자료도 있다.

훌륭한 프레젠테이션! 훌륭한 무대! 훌륭한 후속자료!

하지만 요점은 무엇인가?

요점은 무엇인가?

프레젠테이션은 프레젠터가 일어서서 "안녕하세요, 오늘 이 자리에 저희를 불러주셔서 무척 감사드립니다"라는 상투적인 말로 포문을 여는 순간부터 시작되는 것이 아니다. 적어도 훌륭한 프레젠테이션은 그렇지 않다. 나는 '프레젠테이션'을 단순한 일회성 행사로서 탐구할 생각은 없다. 대신 프레젠테이션 요청이 들어온 순간부터 최종 결정이 나기까지의 기간 전체를 프레젠테이션으로 봐야 한다는 개념에 근거해 설명할 것이다. 이 기간은 몇 달 혹은 몇 년이 될 수도 있다.

지난 2년 동안 나는 두 개의 비즈니스 프로젝트를 진행했는데, 각 프로젝트를 준비한 기간은 4개월 남짓이었다. 최종 프레젠테이션이 끝난 후, 한 고객은 보름 만에 결정을 해주었고 다른 고객은 넉 달 후에야 결정을 내렸다. 두 프로젝트 모두 프레젠테이션이 끝난 시점은 후속자료를 넘겨준 시점이 아니었다. 우리는 프레젠테이션 당일에 회의에 참석했던 사람과 불참했던 사람들에게 핵심 아이디어를 계속 전달해야 했으며, 처세

술을 발휘하며 고객의 의사결정 과정에 긍정적인 영향을 미치기 위해 계속 노력해야 했다.

고객 회사의 핵심 의사결정자를 결정권을 쥔 상태에서 당신이 원하는 위치로 옮겨가게 만드는 것, 이것이 바로 모든 프레젠테이션의 목적이다. 그들로 하여금, 당신을 모르고 이해하지 못하며 신뢰하지 않았던 A지점에서 당신을 알고 이해하고 신뢰하며 당신의 생각을 행동에 옮길 준비가 돼 있는 B지점으로 옮겨가게 하는 것이 목적이며, 당신과 거래하지 않았던 A지점에서 당신과 거래하는 B지점으로 옮겨가게 하는 것이 목적이다. B지점이 당신의 목표이자 승리를 거두는 장소이다.

고객을 A지점에서 B지점으로 옮기기 위해서는 비행기 파일럿처럼 두 지점의 위치를 정확히 파악해야 한다. 고객 회사의 의사결정자가 당신의 프레젠테이션을 요청한 이유가 무엇인지, 당신이 선택 받으려면 그들에게 어떤 내용을 보여주고 들려줘야 하는지를 이해해야 한다. 그리고 두 지점 간의 거리가 얼마나 되는지를 파악한 다음에는 고객을 목적지까지 데려가는 적절한 방법을 찾아내야 한다. 고객에게 목적지를 알려주기만 해서는 안 된다. 신중하면서도 합리적인 방법으로 그들을 목적지까지 안내해야 한다. 정보를 알려주기만 해서도 안 된다. 승리를 원한다면 그들을 설득해야 한다.

대다수 사람들의 생각과 달리 의사소통과 설득의 가장 중요한 관건은 능숙한 화술이나 달변 능력과는 상관이 없다. 최고의 설득자나 의사소통자는 언제나 '귀 기울여 듣는 사람(listener)'이다. 입이 하나이고 귀가 두 개인 데에는 그만한 이유가 있다. 아무리 말 잘하기로 소문난 사람들이라도 말하는 것보다는 듣는 것이 중요하다는 사실을 반드시 유념해야 한다.

간단한 얘기처럼 들리지만, 놀랍게도 많은 기업과 많은 사람들이 이 중요한 사실을 간과한다. 한 가지 예를 들어보기로 하자.

내가 여전히 캘리포니아의 마린 카운티(Marin County)에 살고 있다고 생각해보자. 교외에 사는 동료 하나가 오클랜드까지 가는 방법을 알려달라고 부탁하며 시간이 얼마나 걸릴 것 같은지 물어본다. 이것은 일종의 브리핑이다. 나는 여러 방법으로 이 브리핑에 답할 수가 있다. "리치몬드-산 라파엘 브리지 쪽으로 가. 베이 브리지보다는 그쪽이 전망이 훨씬 좋고, 길도 덜 막혀. 돈도 덜 들고."

그러나 실제로 리치몬드-산 라파엘 다리를 통해서 오클랜드에 갔다 온 사람들은 내 말에 거의 찬성하지 않을 것이다. 이 길은 마린 카운티에서 출발할 때에만 좋은 방법일 뿐, 내게 길을 물은 친구의 출발점은 샌프란시스코이기 때문이다. 또한 그는 고소공포증이 있기 때문에 다리를 건너는 것을 별로 내켜하지 않으며 주위를 직접 살피면서 건너는 것에는 더더욱 질색한다. 게다가 종교 때문에 자동차 여행을 별로 좋아하지도 않는다. 이런 점들을 다 감안하면 내가 가르쳐준 길은 전혀 도움이 되지 않는다. 그것은 그저 내 개인의 취향을 반영했을 뿐, 동료에게 필요한 방법이 아니다. 좀더 깊이 생각을 했었다면, 대답을 해주기 전에 최소한 그에게 한두 가지 질문은 던져보았을 것이다.

이렇게 말할 수도 있다. "오클랜드에는 가지 마! 길도 엄청 막히고 사람들도 불친절하단 말이야." 이번에도 이 말은 내 생각일 뿐이다. 물론 맞는 말일 수도 있지만, 그 친구에게는 도움이 되지 못한다. 어쨌든 내 동료는 오클랜드에 가야만 한다. 내가 그곳을 좋아하는지 아닌지는 중요하지 않다.

내가 그 친구의 출발지를 알고 있고 그가 오클랜드로 가는 것에도 별로 반대하지 않는다고 치자. 그 친구에게 오클랜드 시내 약도를 자세히 그려준 다음 페리 티켓을 사는 방법과 이스트베이에서 택시를 타는 방법은 물론 샌프란시스코의 페리 선착장에 오는 방법까지 친절하게 다 알려줄 수도 있다. 그러나 이걸 다 알려줄 생각만 해도 머리가 지끈거린다. 그 친구도 언제 다 듣고 일일이 기억하겠는가 싶다.

베이브리지의 역사와 건축 방법과 다리 중간에 놓인 트레저 섬의 지형과 기후에 대해, 그리고 샌프란시스코에서 오클랜드 방향으로 다리를 건너는 사람이 리히터 규모 4.5 이상의 강진을 만날 확률에 대해 알려준다면 어떨까? 덧붙여서 다리를 건널 때 야생 조류들을 다양하게 만날 수 있다는 사실까지 친절하게 알려준다. 내가 이 설명을 다 해주느니 차라리 그 친구가 오클랜드까지 갔다 오는 편이 시간이 더 적게 들 것이다.

마지막으로 좀더 합리적인 방법을 택한다. 그 친구에게 몇 가지 질문을 던진다. 어디서 출발하지? 거기에 몇 시까지 도착해야 하지? 자동차, 기차, 배, 어느 쪽으로 여행하는 편이 더 좋아? 이런 몇 가지 질문을 던짐으로써 나는 그가 원하는 사항들을 정확히 설명할 수가 있다. 그리고 그가 샌프란시스코만의 야생 조류들에 대해 더 자세히 알고 싶어한다면, 생일 선물로 책 한 권을 사줄 수도 있다.

세계 곳곳에서 사람들은 매일 프레젠테이션을 하며, 그중 어떤 것은 그들 자신의 경력과 인생 또는 회사의 사활이 걸린 대단히 중요한 프레젠테이션이다. 하지만 프레젠터들은 내가 앞에서 동료를 대한 것과 같은 방식으로 청중을 다룬다.

- 청중이 정말로 원하고 필요로 하는 내용을 파악하지 못한다.
- 아이디어를 전달하는 것이 아니라 강의를 한다.
- 프레젠테이션에 명확한 흐름이 존재하지 않는다.
- 자세히 설명할수록 성공할 확률이 더 높다고 믿는다.

이것을 '프레젠테이션 범죄(presentation crimes)'라고 생각하자. 이것은 곧 청중에 대한 범죄이며, 비즈니스 성사 여부에 따라 경력과 생계가 좌우되는 사람들에 대한 범죄이다. 한 가지 범죄만 저질러도 실패할 가능성이 크다. 두 가지 이상을 저지른다면, 실패는 거의 따놓은 당상이다. 2장으로 넘어가기 전에 이 네 가지 범죄 유형을 하나씩 자세히 살펴보아야 한다. 2장에서는 1994~95년에 있었던 그 유명한 O. J. 심슨 재판의 검찰 측 주장을 통해 잘못된 프레젠테이션이 얼마나 큰 참패를 불러올 수 있는지 알아볼 것이다.

청중의 니즈를 이해하지 못한다

몇 년 전 샌프란시스코에서 비행기를 탄 적이 있다. 평상시와 달리 그날은 기장의 안내 방송을 유심히 들은 다음, 앞좌석 주머니에 들어 있는 안전수칙 카드를 읽었다. 비상 상황이 발생했을 때 승객이 지켜야 할 내용 중 한 문장이 유독 눈에 들어왔다.

통로 쪽 좌석에 앉아 계시거나 이 카드를 읽을 수 없는 분은 승무원에게 문의해주시기 바랍니다.

승객이 맹인이나 문맹자라면 이 지시사항을 읽을 수나 있을까? 게다가 지시사항에 따라서 승무원에게 도움을 요청할 가능성은 과연 얼마나 될까? 이것은 고객을 고려하지 않는 전형적인 예다. 이 항공사가 승객 안전수칙을 이 정도로만 여긴다면, 비행기 정비사들에게 안전 교육을 얼마나 시키고 있을지는 생각만 해도 끔찍하다.

프레젠터도 마찬가지이다. 대다수가 청중의 니즈를 무시하는 실수를 저지른다. 아리스토텔레스는 『수사학(Rhetoric)』에서 청중과 성공적으로 감정을 교감하는 능력인 '페이소스(pathos)'의 중요성을 역설했다. 그는 청중이 웅변가를 좋아하지 않으면 그의 말을 따르기는커녕 이야기에 귀를 기울이지도 않을 것이라고 생각했다. 청중을 파악하지 못한다면 연설자는 그들과 감정적 교감을 나눌 수 없다. 그들이 당신의 프레젠테이션을 받기로 한 이유가 무엇인지를 정확히 이해해야 한다. 다시 말해 그들이 현재의 사업 파트너에게 만족하지 못하는 이유가 무엇인지, 밤 새워 일하는 이유가 무엇인지, 당신에게서 어떤 말을 듣기를 원하는지, 당신에게서 어떤 말을 들을 것이라고 예상하는지, 당신에게서 어떤 말을 들어야 하는지를 이해해야 한다. 청중을 만나기 전에 철저히 준비를 해야 하며, 만났을 때에는 적절한 질문을 제시할 수 있어야 하고 또한 그들의 대답을 귀 기울여 들어야 한다.

곰곰이 생각해보면 성공적인 프레젠테이션은 성공적인 첫 데이트와 공통점이 많다. 둘 다 상대방에게 좋은 인상을 심어주고 다음 번 만날 약속을 잡는 것이 목표이다. 그리고 다른 조건이 동일하다면, 내 생각만을 말하기보다는 상대방 생각에 귀 기울이는 태도를 보이는 것이 훨씬 신뢰할 만한 전략이다. 상대방에 대해 알게 된 정보를 적절히 이용할 수 있어야 함은 물론이다. 가령 첫 데이트를 나갔는데 상대방이 주말마다 동물보호소에서 자원봉사를 한다는 사실을 알게 되었다. 그렇다면 당신이 어릴 때 시골 농장에서 토끼나 새, 가끔은 야생고양이를 잡곤 했던 경험담을 밤새 얘기하는 것은 그리 좋은 행동이 아니다. 데이트 상대가 어패류 알레르기가 있다면, 굴 요리를 주문하지 않는 것이 좋다. 마찬가지로, 청중이 전형적인 미국 중산층 가치관을 지니고 있으며 대부분이 50세 이상이라면 그들은 슉슉 소리와 뿡뿡 소리가 난무하는 요란한 광고는 좋아하지 않을 것이다. 또한 고객이 독실한 가톨릭 신자라면 식사가 끝나고 수녀복 차림의 무용수가 연출하는 스트립 춤을 별로 달가워하지 않을 것이 분명하다.

이 예들이 말도 안 되는 이야기라고 생각할 것이다. 실제로도 어리석기 짝이 없는 행동이다. 하지만 놀랍게도 모두 실화이다. 실제 사례의 주인공들은 자신들 이름을 밝히지 않은 것에 대해 내게 고마워해야 할 것이다. 앞에서 언급한 첫 데이트의 주인공은 당연히 그날이 마지막 데이트가 되었다. 그것도 상대방의 음식 알레르기로 인해 병원 응급실에서 막을 내려야 했다. 그리고 해외 사업 검토 차 이탈리아에서 온 르노자동차 임원들을 위해 런던에서 열린 환영식 겸 디너파티에서의 수녀복 차림 스트립쇼 사건은, 현장에 있었던 사람들을 통해 쫙 퍼져서 아직도 광고계에서 두고두고 입에 오르내리는 사건이 되었다. 우연의 일치인지는 알 수 없으나, 그후 그 광고회사 직원들 중에서 르노자동차와 큰 거래를 맺은 사람은 아무도 없었다.

프레젠터는 자신의 말과 행동을 청중 한 사람 한 사람의 입장에서 듣고 관찰하는 훈련을 해야 한다. 그러지 못하면 프레젠테이션을 통해 목적지인 B지점까지 청중을 성공적으로 인도할 수 있는 가능성 역시 현저히 줄어든다. 다시 한번 강조하지만 이는 처음 브리핑이 시작될 때부터 최종 프레젠테이션, 그리고 그 너머의 과정 모두에까지 적용되는 진리이다. 당신의 말 하나하나, 행동 하나하나에 청중은 자신들의 경험과 기대치를 바탕으로 편견, 희망, 두려움 등의 다양한 여과 장치를 통과하게 될 것이다. 그렇기에 당신이 무슨 말을 하는지는 중요하지 않다. 그들이 당신의 말을 어떻게 받아들이는지가 중요하며, 그들이 그것을 어떻게 처리하는지가 중요하다.

커뮤니케이션을 하는 것이 아니라 강의를 한다

많은 프레젠터들은 정보를 나눠주는 것이 프레젠테이션의 목적이라고 생각하고, 자신이 발표를 하면 상대방이 무조건 잘 듣고 그대로 믿고 따를 것이라고 여긴다.

그렇기만 하다면 얼마나 간단하겠는가.

1991년, 나는 굿비 벌린 앤드 실버스타인의 한 팀에 소속되어서 전미 농구연합(NBA)을 대상으로 새로운 비즈니스 프레젠테이션을 준비하고 있었다. 앤디 벌린(Andy Berlin)이 피치팀장이었는데, 그의 역할은 NBA 회장인 데이비드 스턴(David Stern)과 다른 사람들에게 우리를 소개하고 계획 중인 광고 캠페인에 대한 간략한 정보를 주는 것이었다. 당시 그는 성공률 95%를 달리는, 내가 본 프레젠터 중에서 가장 열정적이고 성공적인 프레젠터였다. 하지만 그날따라 평상시와 달리 잔뜩 긴장한 앤디는 프레젠테이션에 대한 프리뷰를 하는 것으로만 그치지 않고 세부적인 것까지 장황하게 설명하였다. 무려 40여 분의 인사말이 끝난 뒤 그는 청중에게 내가 이번 광고 전략에 대한 프레젠테이션을 담당할 것이라고 말했다.

긴장한 앤디가 내가 할 말까지 다한 반면, 나는 완전히 얼어붙어서 할 말도 제대로 못하고 있었다. 두서없이 더듬거리며 간신히 두 문장 정도를 말했을 즈음, 데이비드 스턴이 큰 목소리로 과장되게 말했다. "지금 나더러 영국인하고 농구에 대해 말하라는 거요?"

나는 칼 말론(Karl Malone)과 모지스 말론(Moses Malone), 벅시 말론(Bugsy Malone) 정도는 구분할 줄 안다면서 적절하게 농담으로 응수했다.■ 열혈 농구팬은 아니지만 벅시 말론이 NBA 스타가 아니라 영화 주인공이라는 사실 정도는 알고 있었다. 하지만 남은 시간 동안 완전히 얼어붙은 나는 비지땀을 흘리며 머릿속으로만 할 말을 이리저리 생각하고 있었다. 하지만 앤디 벌린이 점점 더 초조해하고 있다는 것을 알아차릴 정도의 정신은 있었다. 우리는 뭔가가 잘못 돌아가고 있음을 알았지만 어떻게 바로잡아야 할지 알 수 없었다.

내가 못 보는 사이 앤디는 카피라이터인 데이브 오헤어(Dave O'Hare)에게 메모를 건넸다. 오헤어는 내 전략에 맞추어 광고 캠페인을 발표할 임무를 맡고 있었다. 메모 내용은 이러했다.

■ 칼 말론은 1985년부터 2003까지 유타 재즈에서 활약했던 농구선수로 최고의 포워드 중 한 명으로 손꼽히고 있으며, 모지스 말론은 1970년대 후반에 활약했던 농구선수로 역대 5위의 리바운드 기록을 가지고 있다. 벅시 말론은 알란 파커 감독의 동명 영화 주인공.

To. 오헤어 :

열정을 보이게. 우리 광고 캠페인이 얼마나 훌륭한지 저 사람들한테 말하게. 아주 열심히 설득해보란 말이야. 최선을 다해.

오헤어는 그럴 수 없다는 신호를 보냈다. 무언가를 열심히 설명하는 행동은 그의 스타일이 아니었다. 앤디가 손가락으로 자신이 쓴 단어들을 하나하나 짚어나갔다. '우리. 광고캠페인이. 얼마나. 훌륭한지. 저. 사람들한테. 말하게.' 그를 만나본 사람이라면 앤디 벌린이 풍채도 좋고, 몸동작도 아주 설득력 높다는 사실을 잘 알 것이다.

몇 분 뒤, 마침내 내가 앤디와 똑같은 말로 발표를 마치자 오헤어가 자리에서 일어섰다.

"고맙습니다, 존." 그가 어색하게 굳은 웃음을 지으며 말했다. "여러분을 위해 멋진 캠페인을 준비했습니다. 우리도 놀랄 정도로 멋집니다. 그것이 얼마나 멋진……"

"그만!" 스턴 회장이 자리에서 벌떡 일어서면서 말을 끊었다. "말 할게 있소. 세상에서 가장 재미있는 농담을 말해주겠소. 정말로 재미있지. 아마도 여러분이 들어본 중에서 가장 재미있는 농담일 것이오. 듣고 싶소?"

"무슨 말씀 하시는지 알아들었습니다." 앤디가 재빨리 대답했다. "오헤어, 그냥 캠페인을 바로 보여드려요."

이상한 일이지만 우리는 NBA와 광고 계약을 맺을 수 있었다. 데이비드 스턴과 그의 동료들이 우리의 아이디어를 마음에 들어 했고, 어떤 이유에선지 처음에 우리가 저지른 실수를 기꺼이 용서해주었기 때문이다. 그리고 몇 년 뒤 뉴욕에 새로운 광고회사를 차린 앤디는 NBA와 또다른 광고계약을 맺을 수 있었다. 삐걱거리는 첫 만남을 극복하고 데이비드 스턴과 탄탄한 친분 관계를 쌓은 덕분이었다.

하지만 처음 프레젠테이션만 놓고보자면, 솔직히 말해 우리는 거래를 따낼 자격이 없었다. 프레젠테이션은 형편없었다. 앤디가 데이브 오헤어에게 아주 열심히 설득해보라고 요구했지만, 오헤어 본인은 그렇게 해서는 안 된다는 것을 직감으로 알고 있었다. 청중으로 하여금 직접 결론을 내리도록 유도해야지, 그들에게 무엇을 어떻게 하라고 억지로 설득해서는 안 되는 일이었다.

많은 프레젠터들이 커뮤니케이션에 대한 잘못된 견해를 가지고 프레젠테이션을 진행한다. 그들은 전달자인 자신이 수령인인 청중에게 메시지를 전달하고 수령자가 메시지를 그대로 반영하는 반응을 보여주는 것이 성공적인 커뮤니케이션이라고 생각한다. 앞의 NBA 프레젠테이션을 예로 든다면, 전달자는 앤디 벌린이고 수령자는 데이비드 스턴이며 메시지는 "정말 멋진 광고캠페인입니다"이다. 바람직한 반응이란? 데이비드 스턴이 메아리처럼 똑같은 말을 되돌려주는 것이다. "정말 멋진 광고캠페인이군요!"

하지만 그런 일은 생기지 않았다. 제러미 불모어(Jeremy Bullmore)가 자신의 책『모어 불 모어(More Bull More)』의 흥미진진한 챕터인 '소비자는 위장과 머리를 동시에 가지고 있다'에서 지적한 것처럼 메시지는 양날의 칼이기 때문이다. 다시 말해 메시지는 완전히 다른 두 개의 의미를 지니며 우리가 그 둘을 항상 구분할 수 있는 것은 아니다. 한 메시지라도 전달자가 전하는 의미와 수령자가 받아들이는 의미가 다를 수 있고, 불행히도 프레젠터가 이것을 이해하지 못한다면 두 의미는 일치하지 못할 수도 있다.

내 아들의 반 친구 하나가 좋은 예이다. 부모가 너무 부추겨 세워준 나머지 그 아이는 자신이 스포츠에 있어서는, 특히 럭비만큼은 타의 추종을 불허한다고 믿었다. 그래서 아이는 교실에 들어서면서 "내가 우리 학교에서 럭비를 제일 잘해"라고 말했다. 아이는 반 친구들이 자신의 말을 잘 알아들었으며 자신의 훌륭한 럭비 실력을 의심치 않을 것이라고 생각했다. 문제는, 반 아이들이 그 메시지를 수령하기는 했지만 아이의 의도와는 정반대로 메시지를 처리했다는 사실이다. 머리를 끄덕이며 "그래, 쟤가 우리 학교에서 럭비를 제일 잘해"라고 말해주는 대신 아이들은 인상을 찌푸렸다. 그리고 그 아이가 태클을 잘못하거나 공을 떨어뜨릴 때마다 전에 들은 말을 기억하면서 "쟤는 잘난 체만 하는 얼간이야"라고 생각하게 되었다. 열 살배기 남자아이들은 마음에 안 드는 친구가 전달한 정보를 결코 수동적으로만 받아들이지 않았다. 가만히 앉아 있는 순간에도 주의 깊게 경청한다. 그리고 동시에 그들 나름대로 의사소통에 적극 참여하고 있는 것이다.

『모어 볼 모어』에서 제레미 불모어는 커뮤니케이션이라는 행동은 메시지를 주고받는 행동이 아니라 자극을 제공하는 행동이라고, 즉 상대방의 참여를 유도하고 반응을 이끌어내는 행동이라고 설명한다. 이러한 자극의 형태는 언어가 될 수도 있다. 아니면 미소나 사소한 동작, 옷차림, 목소리가 될 수도 있고, 또는 앞의 열 살짜리 남자아이처럼 허풍을 떨어서 상대방으로부터 억지로라도 "럭비 진짜 잘하네!"라는 소리를 듣는 것일 수도 있다. 인간은 일상생활에서 매우 복잡하고 대단히 미묘하게 정보를 주고받으며 의견을 형성한다. 일단 회의실에 들어오면 사람들이 일상생활에서 굳어진 방식을 털어버릴 것이라고 생각한다면 큰 오산이다.

나는 사람들에게 자극과 반응의 구조를 복잡하게 생각하지 말고 프레젠테이션을 일종의 문장부호로 바라보라고 권한다. 많은 프레젠테이션이 마침표의 형태로 이뤄진다. 마침표는 완전한 끝을, 생각의 끝을 의미한다. 이러한 프레젠테이션은 듣는 사람이 수동적으로 메시지를 받아들일 것이라고 가정한다. 하지만 훌륭한 프레젠테이션은 물음표의 형태를 띤다.

$$?$$

물음표는 새로운 생각의 시작을 의미하는 초대장이다. 물음표는 문제를 제시함으로써 청중의 참여를 유도하며 능동적으로 커뮤니케이션을 벌이도록 자극한다. 어떤 식으로든 청중의 참여를 끌어내야 한다면 가능하면 당신에게 유리한 방향으로 이끄는 것이 좋지 않겠는가? 불모어의 말처럼, 당신은 청중이 프레젠테이션에 적극 가담하게 하는 것을 목표로 삼아야 한다.

아마도 이 주제에 대해서 프레젠터들은 일본 철학자 사키의 말을 가장 유념해야 할 것이다. '쥐덫에 치즈를 놔둘 때에는 항상 쥐가 들어갈 공간을 남겨두어야 한다.'

명확한 흐름이 부족하다

청중은 프레젠테이션의 내용이 아니라 프레젠터가 왜 특정 주제를 말했는지를 곰곰이 생각하는 데 더 많은 시간을 보낼 것이다.

프레젠테이션의 시작은 A지점이고 끝은 B지점이며, 프레젠터는 목적지로 가는 방법을 한 번에 하나씩 알려주며 사람들을 이끌어야 한다.

파워포인트에만 의지한다면 프레젠터는 파워포인트에 맞춰서 프레젠테이션의 체계와 내용을 구성할 수밖에 없다. 형편없는 프레젠터는 사람들에게 아무런 지도도 이정표도 제시하지 않는다. 당신은 프레젠테이션을 하면서 "우리는 도대체 '여기까지' 어떻게 온 것일까?"라는 질문을 몇 번이나 던져보았는가?

훌륭한 프레젠테이션은 좋은 영화와 마찬가지로 기승전결이 분명하다.

NBA와의 만남에서 앤디 벌린의 인사말은 방향 제시를 목표로 삼았다. 하지만 그는 방향을 벗어나서 팀원들이 말해야 할 부분까지도 인사말에 포함했기 때문에 혼동을 일으켰다.

프레젠터가 방향을 잃고서 이런저런 아이디어를 두서없이 말하기 시작하는 순간, 청중은 혼란에 빠지고 만다.

바로 지금처럼.

지나치게 자세히 설명한다

프레젠터가 흔히 저지르는 마지막 중범죄는 지나치게 자세히 설명하는 것이다. 그들이 이런 범죄를 저지르는 이유는, 자신이 아는 지식을 반드시 다 전달해야 하며 청중이 듣고 싶어하고 알고 싶어하는 지식을 하나도 빠짐없이 다 설명해야 한다고 착각하기 때문이다.

이러한 착각은 숫자와 자세한 기술적 분석, 온갖 설명이 빼곡하게 들어찬 수십 장의 차트를 쉴새없이 떠들어대는 프레젠테이션을 만들어낸다. 하지만 이러한 내용의 대부분은 목표 달성에 그다지 도움이 되지 않는다. 어쩌면 오히려 역효과를 불러올 수도 있다.

당신도 이러한 프레젠테이션 범죄의 피해자가 되어본 경험이 분명 한두 번 정도는 있을 것이다. 이 부분에 대해서는 O. J. 심슨의 예를 통해 자세히 설명할 것이므로 여기서는 이 정도로만 끝내기로 하자. 마지막으로 루트비히 미스 반데어로에[■]의 명언을 짚고 넘어가자.

Less is more.

지금부터는 효과적인 커뮤니케이션과 설득의 예를 충분히, 하지만 지나치게 많지는 않게 제시할 것이다. 이를 통해 프레젠테이션에 있어서 미스 반데어로에의 말이 절대적으로 옳음을 다시금 확인할 수 있을 것이다.

■ Ludwig Mies van der Rohe: 20세기 초중반에 활동한 유명 건축가

PERFECT PITCH

CHAPTER 02

불완전한 피치

캘리포니아 주 검찰
VS
O.J. 심슨

10여 년 전, 미국 시민 수백만은 CNN 속보를 지켜보았다. O. J. 심슨이 흰색 포드 브롱코를 타고 남캘리포니아 고속도로를 통해 도망치고, 그 뒤를 경찰차와 언론사 차량 여러 대가 쫓고 있었으며, 양쪽 갓길과 출구 및 고가도로에는 구경 나온 수많은 인파가 환호성을 지르고 있었다. 이것은 시작에 불과했다. 그후 몇 달 동안 O. J. 심슨 재판으로 미국 전역이 들썩거렸는데, 아마도 미국 법조 역사상 그토록 세간의 뜨거운 관심을 받는 재판은 없었을 것이다. 재판 관련 인물들은 집집마다 화젯거리였다. 풋볼 선수 시절 힘과 속도로 이미 전설적인 유명세를 얻은 피고뿐 아니라, 판사, 검사인단, 피고 측 변호인단, 피해자, 주요 증인들 모두가 관심의 대상이었다. O. J. 심슨을 영화 〈네이키드 건〉에 출연했던 배우로만 알고 있던 사람들도 역시 흥분에 휩싸였다. 유럽에 사는 친구와 전화 통화를 할 때 "재판은 어떻게 돼가고 있어?"라는 말이 안 나오면 오히려 이상할 정도였다.

많은 사람들의 관심사는 카토 카엘린(Kato Kaelin)이 잘 생겼다든가 아니면 검사인 마샤 클라크(Marcia Clark)의 옷 입는 센스에 대한 것 등이었지만, 내 관심사는 전혀 다른 쪽이었다. 내게 있어 그 재판은 모든 면에서 새로운 비즈니스를 위한 프레젠테이션으로 비춰졌다. 예를 들면 검찰 측과 피고 측은 서로 경합하는 두 회사나 마찬가지였고 배심원단은 프레젠테이션이 끝난 뒤 가장 중요한 의사결정을 좌우하는 청중이었으며, 평결은 최종 목적지인 B지점이었다. 1년여가 넘는 기간 동안 벌어진 재판 과정 역시 전부는 아니더라도 새로운 비즈니스 프레젠테이션과 거의 다르지 않았다. 물론 매우 까다로운 프레젠테이션인 것은 사실이었지만 한쪽이 승리하고 다른 한쪽이 패배한 이유는, 광고사나 조경사, 헤어제품 세일즈맨이 잠재 고객에게 프레젠테이션을 한 뒤에 거래를 성사시키는 이유 또는 그렇지 못하는 이유와 다를 게 전혀 없었다.

이번 장에서는 마샤 클라크가 이끄는 검찰 측이 이용한 전략과 방법을 집중적으로 살펴볼 것이다. 물론 전적으로 검찰 측 행동 때문에 무죄 판결이 나온 것이라고 말할 수는 없지만, 그들의 행동에 '프레젠테이션 범죄'라고 부를 수 있는, 프레젠터들이 흔히 저지르는 실수가 여러 번 있었음은 분명하다. 게다가 고故 조니 코크런 및 그의 변호인단이 사용한 현명한 전략과 거의 완벽하고 일관적이었던 변호 방법까지 더해져, 검찰 측은 최악의 결과를 맛봐야만 했다. 코크런과 그의 변호인단이 보여주는 긍정적인 교훈에 대해서는 3장에서 자세히 살펴볼 것이다.

그럼 지금부터 클라크와 그녀의 동료들이 O. J. 심슨 재판을 진행하며 저질렀던 심각한 실수들을 살펴보자. 이는 프레젠터들이 반드시 피해야 할 실수이기도 하다.

첫 번째 실수 : 청중의 말에 귀 기울이지 않는다

1994년 6월 17일에 체포된 O. J. 심슨은 전처 니콜 브라운 심슨(Nicole Brown Simpson)과 그녀의 남자친구 로널드 골드먼(Ronald Goldman)을 살해한 혐의로 기소되었고, 석 달 뒤인 9월 26일 랜스 이토(Lance Ito) 판사의 진행으로 본 사건에 대한 재판이 시작되었다.

　재판 첫 단계는 900명 이상의 후보들 중에서 배심원을 선택하는 일이었다. 심슨이 체포되고 3개월 동안 검찰 측과 피고 측은 배심원 선정 컨설턴트를 고용하는 등 자신에게 가장 유리한 배심원을 구성하기 위해 총력을 기울였다. 이 과정에서 가장 중요하게 불거진 것이 바로 민감한 인종 문제였다. 초기 여론조사는 심슨 사건을 두고 여론이 흑백으로 첨예하게 나뉘어져 있음을 보여주었는데, 백인 응답자들은 일반적으로 심슨이 유죄라고 생각한 반면 흑인 응답자들은 그의 무죄를 확신했던 것이다.

　흑인들이 심슨을 무죄로 생각한다는 사실에도 불구하고 마샤 클라크는 크게 걱정하지 않았다. 제프리 투빈(Jeffrey Toobin)이 1996년 9월 「뉴요커」지에 실은 '마샤 클라크 평결'이라는 기사에서 지적하다시피—"여러 재판에서 클라크는 그들이 미소 짓고 고개를 끄덕이면서 동감을 표하는 것을 볼 수 있었다"—그녀는 자신이 지난 여러 해 동안 흑인 여성 배심원들 사이에서 특별한 호감을 키워왔다고 믿고 있었다.

　또 지금까지 담당해온 여러 재판에서 그녀는 피해자의 인간적 측면과 그들이 받은 고통을 상기시킴으로써 피해자와 배심원 그리고 검사인 자신 사이에 감정적 유대감을 만드는 전략을 이용해왔으며, 심슨 사건에서도 이 방법이면 승리할 수 있다고 확신했다. 그녀는 배심원단에서 흑인 여성이 높은 비율을 차지하기를 원했는데, 누구보다도 가정 폭력의 최대 피해자들이 바로 흑인 여성들이기 때문이었다. 과거의 경험을 바탕으로 클라크는 흑인 여성들이 니콜 브라운 심슨의 고통을 자기 자신의 것으로 생각해주리라 믿었다. 실제로 O. J. 심슨은 가정 폭력 전과가 있는 인물이었던 데다가 살해 현장에는 그를 진범으로 볼 수밖에 없는 증거가 많았다. 클라크는 이 두 가지 사실만으로도 흑인 여성 배심원들의 감성에 직접 호소해서 유죄 판결을 얻어낼 수 있을 것이라고 확신했다.

배심원들의 마음에 직접 호소하려 한 클라크의 의도는 이론적으로는 아무 잘못이 없었다. 하지만 이번 재판은 그녀가 전에 다루었던 사건들과는 그 성격이 달랐다. 그녀가 과거 재판에서 흑인 여성 배심원들의 마음을 얻을 수 있었던 까닭은, 배심원들의 눈에도 피고가 아주 위험한 살인마임이 분명했기 때문이었다. 하지만 전직 풋볼 영웅이자 영화배우였던 O. J. 심슨은 지금까지의 다른 살인 용의자들과는 달랐다. 게다가 재판이 진행될 당시의 사회 문화적 배경이 과거와 달라졌다는 점도 대단히 중요한 문제였다.

법정에서든, 기업에서든, 아니면 의회에서든 진공 상태에서 행해지는 프레젠테이션은 없다는 중요한 진리를 잊지 말아야 한다. 외부의 사회적, 경제적, 문화적 요인이 미치는 영향에 관심을 기울이는 프레젠터는 승리할 확률이 높지만 이런 요소들을 무시하거나 거스르는 프레젠터는 실패하기 마련이다. 마샤 클라크는 이 중요한 교훈을 무시했다.

O. J. 심슨이 체포되기 불과 2년 전 미국은 폭력적이고 파괴적인 소요 사태를 겪어야 했다. 1863년 뉴욕에서 발생한 드래프트 폭동▪(Draft Riots) 이후 최악의 사건이었다. 로스앤젤레스에서 발생한 이 소요 사태는 사망자 50여 명, 부상자 수백 명, 체포 7,000여 명 및 10억 달러 이상

▪ 남북전쟁에 내보낼 병사를 징집하기 위해 1863년 미 의회가 새로운 징집법을 가결한 뒤 빈민들이 일으킨 폭동 사건. 부자들은 대부분 면제를 받은 반면, 가난한 사람들은 대거 징집 대상에 포함된 것이 폭동의 원인이었다.

의 재산 피해를 낸 뒤에야 진화되었다. LA 경찰서 소속 경찰관 네 명이 로드니 킹(Rodney King)이라는 무방비 상태의 흑인을 구타하는 장면이 비디오카메라에 그대로 포착되었음에도 무죄 판결을 받고 풀려난 것이 폭동 사태의 발단이었다. 누가 보더라도 그 네 사람이 유죄임은 명백했다. 네 사람의 신원은 쉽게 파악되었고 텔레비전은 구타 장면을 담은 비디오를 매일같이 보여주었다. 또, 여론조사도 LA 주민의 90% 이상이 경찰관들이 '공권력을 지나치게 남용했다'고 생각하고 있음을 보여주었지만 백인이 다수를 차지하는 시미밸리(Simi Valley) 재판정의 배심원들은 그들에게 무죄 판결을 내렸고, 이에 분노한 흑인들은 거리로 뛰어나와 항의 시위를 벌였다. 비록 이후 이어진 재판에서 경찰관 두 명은 결국 연방 민권법 위반으로 유죄 판결을 받았지만, 로드니 킹 사건과 첫 번째 사실심 재판은 로스앤젤레스 흑인들의 가슴에 LA 경찰서와 사법제도가 인종 차별을 하고 있다는 믿음을 심어주었다. 결코 쉽게 사라지지 않을 감정적 앙금을 남긴 것이다. 흑인 배심원 비중을 높이려는 전략을 고집하던 마샤 클라크가 해결해야 할 문제도 바로 이런 감정적 앙금이었다.

심슨이 체포되고 한 달 뒤인 1994년 7월, 배심원 선정 컨설턴트는 심슨 사건의 결정적 증거에 대한 배심원단의 반응을 평가하기 위해 모의재판을 마련했는데, 이 자리에는 클라크도 참석했다. 제프리 투빈이 「뉴요커」지에서 설명하듯, 그것은 여론조사 결과보다도 훨씬 첨예하고 압도적인 결과를 보여주었다. 모의 배심원들 중에서 백인은 유죄 판결을, 흑인은 무죄 판결을 내렸던 것이다. 심지어는 실험 삼아 흑인 모의 배심원 네명에게 추가 증거를 제시했어도 결과는 마찬가지였다. 살해 현장에서 발견된 심슨의 피가 묻은 장갑은 그가 진범이라는 결정적 증거였음에도, 넷

중 셋은 여전히 심슨이 무죄라는 생각을 바꾸지 않았다. 클라크의 예상과 달리, 이번 모의재판이나 나중에 열린 모의재판에서도 흑인 여성 배심원들은 심지어 심슨의 가정 폭력 전과까지 두둔하는 태도를 보였다. 그들은 '따귀 때리기' 정도는 부부싸움을 하다보면 간혹 일어나는 일이며, 아내를 구타했다고 해서 그를 살인범으로 단정할 수는 없다고 말했다. 그들은 심슨의 전처보다는 심슨에게 더 많은 동정심을 보였고, 심지어 여전히 그를 존경한다고 말하는 사람도 있었다. 실제로 니콜 브라운 심슨에 대한 흑인 여성 배심원들의 태도는 거의 반감에 가까웠는데, 그녀처럼 아름답고 부유한 백인 여성은 그들에게 피고보다도 더 막강한 위협감을 주는 존재였기 때문이었다.

모의 배심원들이 마샤 클라크에 대해 어떻게 생각하느냐는 질문을 받았을 때 대부분은 그녀를 불쾌하고 신경에 거슬리는 사람이라고 답했다. 아마도 이는 대다수 흑인 여성 배심원들이 O. J. 심슨을 정열적이고 성공한 흑인 남성의 화신으로 바라보기 때문이었을 것이다. 반면 마샤 클라크는 시기심 많은 다른 백인들과 마찬가지로 심슨을 깎아내리지 못해 안달하는 존재로 보일 뿐이었다.

흑인 여성 배심원들 대다수는 클라크한테 딱 어울리는 말은 하나라고 생각했다. **암캐.**

마샤 클라크는 이 사실을 잘 아는 상태에서 1994년 9월 26일 랜스 이토 판사가 주재하는 재판정에 들어섰고, 처음에 계획했던 배심원 선정 기준을 그대로 밀어붙였다. 마침내 최종 선정된 배심원 열두 명은 최후 판결까지 거의 1년 동안 외부와의 접촉이 일체 차단된 생활에 들어갔다. 열두 명 중 흑인 남자는 한 명, 라틴계 남자 한 명, 백인 여성은 두 명이었고 나머지 여덟 명은 모두 흑인 여성이었다. 재판이 열리는 카운티의 전체 인구 중 흑인 여성이 차지하는 비중이 11%이고 전체 배심원 후보 중에서는 30%밖에 되지 않는다는 것을 감안하면 대단히 높은 비율이었다.

재판정에 검찰 측 증거를 제시하기 전부터 마샤 클라크는 이미 실패할 조짐을 보이고 있었다. 솔직히 말해서 그녀의 실수는 새로운 상황에 적절하게 대응하지 못했다는 것이다. 대다수 프레젠터들은 시행착오를 겪으며 자신에게 익숙한 프레젠테이션 방법을 만들어내고, 대체로 그 방법을 대부분의 상황에 그대로 적용하지만 이 방법이 새롭게 변한 환경에 들어맞는지에 대해서는 잘 생각해보지 않는다. 또한 예상 못한 변수가 등장할 수도 있다는 사실도 잘 알아차리지 못한다. 클라크는 O. J. 심슨 재판이 한 남자의 유죄를 입증하는 또 하나의 재판에 불과하다고 생각했지만, 변호인단은 더 넓은 관점에서 재판을 바라보았다. 그들은 눈과 귀를 열어 주위를 신중히 살피고 그 결과에 자신들을 맞추었다. 그러나 클라크를 비롯한 검찰 측은 고결한 이상주의라는 모래 속에 얼굴을 파묻은 채 자신들만의 생각을 고집할 뿐이었다.

재판 2년 전이었다면 이야기가 달랐을 수도 있지만 재판 당시 LA 시민들의 감정이나 미국의 인종 문제를 고려했을 때 클라크가 선택한 배심원들이 O. J. 심슨에게 유죄 판결을 내릴 확률은 희박했다. 이 사실을 깨달은 그녀는 전략을 선회해서 심슨을 가정 폭력의 앞잡이로 보이게 만드는 방법을 이용했지만 이것 또한 배심원들에게는 먹혀들지 않았다. 사전 모의재판에서 모의 배심원들의 마음을 끌어오지 못한 것처럼, 그녀는 진짜 재판에서도 배심원들의 마음을 얻는 데 실패했으며, 자신의 전략이 효과가 없다는 것이 분명해졌음에도 이를 바꿀 만큼 유연하지도 못했다.

나는 내 입맛에 맞는 청중을 선택할 기회를 얻었던 적이 한 번도 없었다. 심지어는 그런 선택의 기회를 얻을 수 있을 것이라고 상상한 적도 없었다. 무엇보다도 제일 먼저 청중을 이해하지 못한다면 성공적인 프레젠테이션은 결코 불가능하다. 그들의 선입관과 편견, 당신이 그들에게 프레젠테이션을 하게 된 이유, 그리고 그들이 당신의 말을 주의 깊게 들으려 하지 않는 이유를 이해하지 못한다면 절대로 성공적인 결과를 얻을 수 없다. 광고계에는 '광고 메시지를 보거나 듣는 사람의 의견만이 유일하게 중요하다'는 불문율이 존재한다. 하지만 광고계조차도 프레젠테이션을 준비할 때 이 규칙을 무시하는 일이 비일비재하다. 어떤 환경에서 프레젠테이션을 하든지 청중의 감정을 무시하는 것은 매우 위험한 짓이며, 성공적인 프레젠테이션 전략의 기본 토대가 반드시 당신의 기본 신념이나 당신이 옳다고 생각하는 것과 일치한다고는 말할 수 없다. 때로는 청중 모두를 당신이 원하는 목적지까지 데려가는 데 가장 적합한 방법을 기본적인 프레젠테이션 전략으로 삼아야 하는 경우도 있다.

심슨 재판에서 마샤 클라크는 청중을 이끌고 갈 최종 목적지가 어디인지 정확히 식별하지 못했다. 이것이 바로 그녀의 치명적인 두 번째 실수였다.

두 번째 실수 : 진짜 목적지를 인식하지 못한다

1994년 6월 심슨이 체포된 직후, 마샤 클라크는 기자들에게 심슨의 유죄가 분명하다고 단언했다. "우리가 입증할 것은 계획범죄냐, 아니면 우발

범죄냐밖에 없습니다." 로스앤젤레스 형법재판소에 마련된 기자회견장에서의 그녀의 발언이다.

클라크는 자신의 생각을 조금도 의심하지 않았으며, 배심원들 또한 그렇게 믿을 것이라는 확신 속에 후속 전략들을 구상했다. 클라크와 검찰 측 동료들은 이후 23주 동안 O. J. 심슨이 니콜 브라운 심슨과 로널드 골드먼을 가장 잔인하고 계획적인 방법으로 살해했음을 입증할 증거를 제시하기 위해 총력을 기울였다. 하지만 클라크는 재판 전에 포커스그룹이나 모의 배심원들의 반응을 충분히 주의 깊게 관찰했어야만 했다. 그랬다면 니콜 심슨과 로널드 골드먼 살해 현장에서 발견된 칼이 심슨이 직접 휘두른 것이라고 배심원들을 믿게 만드는 것만으로는 충분하지 않음을 알아차렸을지도 모른다.

어떤 프레젠테이션에서든 이것은 대단히 중요한 문제이다. 고객이 당신 생각이 옳다고 믿어주는 것에 만족하면 안 된다. 믿음이 행동으로 바뀔 수 있어야 한다. 광고를 예로 들면, 당신의 광고가 대단히 훌륭하다고 확신한 고객이 기존 거래처를 단호하게 끊고(물론 이렇게 되기는 대단히 어렵다) 물망에 오른 다른 회사들을 다 제쳐둔 채 당신과 거래를 해야 한다. 또는 당신의 능력을 재평가하기 위해 마련한 프레젠테이션에서 당신의 능력을 높이 사서 거래를 연장하는 경우가 될 수도 있다. 이렇게 볼 때, 바람직한 결과는 준비를 가장 잘하거나 프레젠테이션을 가장 훌륭하게 해내는 것이 아니라, '거래를 따내는 것'이다.

내가 똑같은 말을 반복하고 있다는 것은 잘 알지만 이것은 여러 번을 반복해도 모자랄 정도로 대단히 중요한 원칙이다.

정답만이 중요한 것은 아니다.

최상의 프레젠테이션만으로 되는 것도 아니다.

승리하는 것이 가장 중요하다.

1장에서도 말했듯 정답을 찾아내거나 프레젠테이션을 가장 훌륭하게 해내는 것은 감탄할 만한 목표이다. 실제로도 그렇게 하면 열에 아홉은 승리를 장담할 수 있다. 하지만 지금 당장은, 정답이나 훌륭한 프레젠테이션만으로는 결코 승리를 장담하지 못한다는 기본적인 사항을 짚고 넘어가야만 한다. 고객이 계약서에 서명하기 전까지는 결코 성공한 것이 아니라는 점을 명심하자.

O. J. 심슨 재판에서 이길 마음이 있었다면, 마샤 클라크와 검찰 팀은 심슨의 살해 동기에 대한 설명이나, 살해 현장, 흉기, 혈흔, 그 유명한 장갑이 그의 유죄를 입증한다는 것 이상을 보여주어야 했다. 물론 검찰은 심슨이 전처와 그녀의 남자친구를 살해했다는 사실을 배심원에게 논리적으로 설명해야 할 의무가 있었다. 하지만 유죄 판결을 내리도록 배심원을 설득하는 일이 검찰의 더 중요한 임무였다.

바람직한 신념과 바람직한 행동은 완전히 다르다. 이 사실을 명심한다면 검찰은 전혀 다른 전략을 취했어야 했다. 하지만 애석하게도 이 사실을 이해한 사람들은 바로 O. J. 심슨의 변호인단이었다. 그들은 심슨의 무죄를 입증하기 위한 전략을 세우는 대신 배심원들로 하여금 '유죄 판결을 내리기가 상당히 꺼림칙하다'고 믿게 만드는 전략을 사용했다. 재판 결과에서도 드러났듯 이 전략이 결정적인 승리를 이끌어냈다.

인간은 기본적인 속성상 어떤 정보를 들어도 그 정보가 사실이라고 완전히 믿지는 않으며, 상대방이 어떠한 신념을 가지고 열정적으로 주장을 펼친다 해도 듣는 사람이 그것을 확실한 행동 지표로 삼기는 힘들다. 프레젠테이션을 준비할 때 이는 가장 중요한 문제이다.

1990년대 캘리포니아 유가공협회의 got milk? 광고 캠페인을 진행할 때, 나는 전 세계 유제품 광고들이 소비 하락을 막기 위해 사람들에게 우유가 몸에 좋다는 인식을 심어주고자 안간힘을 쓰는 것을 볼 수 있었다. 그런 광고들 덕분인지 우유가 뼈와 피부, 치아, 모발에 좋다고 생각하는 사람들이 점차 늘어났으며 심지어는 앞으로는 우유를 더 많이 마시겠다고 말하는 사람들 또한 늘어났다.

하지만 이러한 태도 개선에 따른 결과는 우유 소비의 지속적인 하락이었다. 우유의 영양학적 효능을 아는 것만으로는 충분하지 않음이 입증된 것이다. 우유를 더 많이 마셔야겠다는 믿음이 생겼다고 해서 소비자들이 즉시 슈퍼마켓으로 달려가지는 않았던 것이다.

이와 달리 우리 회사가 만든 got milk? 광고는 사람들의 행동 변화에 초점을 맞추었다. 우리는 우유를 더 많이 사야 하고 더 많이 소비해야 한다고 사람들을 납득시키는 데 중점을 뒀다. 이를 위해 어떤 방법을 사용하는가는 전혀 중요하지 않았다. 목표가 수단을 정당화해준 것이다. 우리가 제시한 해결책은 피넛버터를 바른 샌드위치, 브라우니, 초콜릿칩 쿠키 등의 음식과 우유를 같이 곁들이면 좋다는 생각을 심어주는 것이었다. 이러한 음식들은 우유가 건강에 좋다는 것을 슬로건으로 내걸었던 과거의 우유 광고에는 절대로 등장하지 않는 것이었다. 하지만 우리는 이들이 우유와 완벽한 궁합을 이룬다고 광고했다. 우리는 사람들이 우유를 더 많이 사도록 자극하기 위해 우유가 없는 상황은 상상할 수도 없는 일이라는 메시지를 강조했으며, 특히 완벽하게 어울리는 음식이 있을 때 우유가 없는 것은 생각하기도 싫은 일임을 보여주었다.

광고가 나간 뒤 캘리포니아의 우유 판매량은 수십 년 만에 처음으로 증가했다. 이는 목표와 전략이 현실에 딱 들어맞았기 때문이었다. 우리는 소비자들에게 지금까지 신물 나게 들어왔던 우유의 장점을 늘어놓지 않았다. 대신 실생활에서 소비자들이 우유를 이용하는 방법을 토대로 메시지를 전달하고 있었다.*

최근에는 유니레버가 글로벌 시장을 겨냥해 내놓은 세제 광고를 위해 프레젠테이션을 한 적이 있었다. 영국의 페르질(Persil)이나 다른 나라들의 오모(Omo) 세제와 같은 브랜드에 대적하기 위해 유니레버는 흙 범벅이 되어 노는 것은 아이들 성장에 꼭 필요한 일이라는 아이디어를 창안했다. 그리고 이 아이디어를 바탕으로 유니레버는 기존의 생각과 정반대되는 이야기를 들려주는 흥미로운 광고캠페인을 벌였다. 다른 세제 브랜드들은 우수한 세척력을 자랑하는 데 여념이 없었지만, 유니레버 광고는 '더러워져도 좋다(Dirt is Good)'라는 카피를 내걸고 흙 범벅이 되어 뛰어노는 행동을 적극 권장했다. 우리가 글로벌 시장을 대상으로 행한 리서치는 주요 타깃 소비자인 엄마들도 이 생각에 기꺼이 동의하고 있음을 보여주었다. 그들은 이렇게 말했다. "아이들은 흙을 묻히며 노는 게 좋죠. 우리도 권하는 바예요."

하지만 아이들의 대답은 엄마들과는 조금 달랐다. "우리가 흙투성이

★ 'got milk?' 광고에 대해서는 『진실, 거짓 & 광고(Truth, Lies & Advertising)』 7장을 참조하기 바란다.

가 되어서 집에 돌아가면 엄마가 정말로 화내요."

'더러워져도 좋다'라는 생각은 머리에만 머무는 듯했다. 모든 엄마들이 그 생각에 전적으로 찬성했지만 이것은 다른 집 아이들에게만 해당될 뿐이었다. 막상 자신의 아이가 무릎에 흙을 잔뜩 묻혀 들어온다면, 이야기는 달라졌다. 우리가 할 일은 명백했다. 세제 광고가 본래의 목표를 완전히 달성하려면, 유니레버는 엄마들이 머리로만 동의하게 하는 데 그치는 것이 아니라 그들이 적극적인 **참여자**가 되게 만들어야 했다. 생각을 행동으로 전환하게 만들어야 했던 것이다.

굳이 업무적인 차원이 아니더라도 내 생활은 이러한 모순들로 가득하다. 어쩌면 당신도 그럴 수 있다. 미국에서는 4,400만 명의 사람들이 담배를 피운다. 그들 대부분은 흡연이 건강에 나쁘다는 사실을 잘 알고 있으며, 금연을 여러 번 시도해보았을 것이다. 그러나 그들은 여전히 담배에 불을 붙인다. 헬스클럽 회원 수가 실제 이용자보다 두세 배 정도 더 많은 이유는 무엇일까? 헬스클럽에 가야 한다는 사실을 잘 알고 있으며 그래야 한다고 믿지만, 행동은 생각과는 전혀 다른 말을 하기 때문이다.

결론적으로 말해 대부분의 사람들은 이성적 증거만을 가지고 결론을 내리지는 않는다. 이는 O. J. 심슨 재판의 배심원들이 1995년 판결을 내릴 때 마샤 클라크가 이끄는 검찰 측 증거만을 토대로 삼지는 않았다는 사실에서도 잘 드러난다. 아주 사소한 결정을 내릴 때에도 사람들은 감정적 요소나 자신들이 처한 문화적 배경의 영향을 받는다.

마샤 클라크는 문화적 환경이 큰 영향을 미친다는 것을 이해하지 못한 상황에서, 심슨의 유죄를 입증하는 것만으로도 승리하기에 충분하다고 착각한 까닭에 심슨 재판의 배심원들을 납득시키지 못했다. 그리고 또한 가지, 클라크가 재판에서 패소한 다른 이유는 그녀가 검찰 측 주장을 행한 방식이 배심원들 대다수의 반감을 샀기 때문이었다.

세 번째 실수 : 청중을 가르치려 한다

마샤 클라크가 대단히 입지전적인 검사라는 사실에는 의심의 여지가 없다. 심슨 재판 전 그녀의 재판 기록은 화려했고 또한 심슨 공판에서 그녀는 모두진술(opening statement)을 통해 "피가 없어야 마땅한 장소에서 핏자국이 발견되었습니다. 심슨의 흰색 포드 브롱코에서 묻은 피가 번디 거리에도 있었습니다. 또한 로킹엄에 있는 심슨의 집에서도 핏자국이 발견되었다는 것은 그가 유죄라는 피할 수 없는 증거입니다"라고 말했다. 경험 있는 법조인이나 해설가들도 대체로 고개를 끄덕일 만한 내용이었다. 하지만 불행히도 클라크는 자만심이 지나친 나머지 재판 전에 배심원 선정 컨설턴트나 조사원들이 해준 충고를 새겨듣지 않았고, 실제 공판에서도 그런 거만한 태도를 그대로 유지했다.

모의재판에서 모의 배심원들은 심슨 재판 관련 뉴스에서 클라크가 나올 때 어떤 느낌을 받았는지에 대한 질문을 받았고, 그들 중 다수는 부정적인 반응을 보였다. 심지어 그녀가 심슨의 유죄가 확실하다고 공공연히 표명하고 다니는 방식이 귀에 거슬리고 무례해 보이기까지 하다는 사람들도 있었다. 옷차림에서 풍기는(그녀는 대부분 검은 슈트 차림을 고수했다) 엄격한 태도나, 지나치게 깔끔하게 손질된 머리(공판 후기에 가서는 조금 부드러운 모양으로 변하긴 했지만, 늦은 감이 없지 않았다), 퉁명스러운 어조

등 여러 요소가 모의 배심원들의 생각에 영향을 미쳤다고 볼 수 있다. 이러한 스타일이 클라크보다 가방끈이 짧은 배심원들에게 위화감을 줄 수도 있으므로, 검찰 측 동료들이나 자문들은 좀더 부드러운 인상을 풍기기 위해 노력하라고 충고했다. 그러나 그녀는 충고를 받아들이지 않았다.

공판 초기부터 검찰은 증거를 한 무더기 제시했다. 이렇게 많은 증거를 내밀면 배심원들이 생각을 바꿀 것이라는 계산에서였다. 하지만 이미 당연시된 사실들을 재차 확인시키기 위해 여러 증인을 내세우며 시간을 과도하게 낭비하고 있다는 것은 누가 보기에도 분명했다. 재판이 끝난 후 피고 측 변호사인 로버트 샤피로(Robert Shapiro)는, 니콜 브라운 심슨과 로널드 골드먼이 칼에 여러 번 찔려 죽었다는 사실을 입증하기 위해 8일 동안이나 계속된 증거 제시야말로 과도한 시간 낭비의 가장 단적인 예라고 설명했다. 배심원들도 분명 같은 생각이었을 것이다. 어쩌면 반대 증거를 대고 싶은 충동까지 일었는지도 모른다.

아이들을 기르는 것과 관련해서 '언제 싸워야 할지 알아라'라는 말을 자주 듣는다. 가장 결정적인 순간을 위해 에너지를 아끼고 평소에는 작은 악동들이 마음대로 행동하게 놔두어야 하는 것이다. 이 충고는 프레젠테이션에도 딱 들어맞는다. 청중이 어떤 지식을 이미 가지고 있다면 당신은 그 사실을 인정하고 다음 단계로 넘어가야 한다. 혹여 그들이 모를지라도 당신 앞에 앉은 이 똑똑하고 현명한 사람들이 알 것이 분명하다고 생각하면서 다음 단계로 넘어가는 것이 상책이다. 생전 처음 들어보는 말이더라도 그들은 고개를 끄덕일 것이다. 반론이 나올 소지가 있는 중요한 문제를 위해 에너지를 아껴라. 확실한 사실을 재차 입증하는 행동은, 청중으로 하여금 당신이 자신들을 얼마나 얼간이로 생각하고 있는지를 새삼 확인하게 하는 계기가 되기 때문이다.

여기서 한 가지 중요한 주제는 존중이다. 보다 구체적으로 말하자면, 청중이 당신에게서 존중받고 있음을 인식하게 하는 것이다. 어떤 프레젠테이션이든지 청중에게 당신이 지금의 프레젠테이션을 가장 중요하게 생각하고 있다는 인상을 심어줘야 하며, 그들로 하여금 당신이 지금 눈앞에 있는 사람들을 가장 중시하고 있다고 믿게 해야 한다. 당신이 하는 모든 말과 행동이 그들에게 이로운 것이라고 믿게 만들어야 하는 것이다.

마샤 클라크는 심슨 재판 초기에는 직접 검사석에 앉아서 증거들을 제시했지만, 이후 3개월 동안 이어진 법의학 증거 제시에서는 다른 검사들에게 그 일을 맡겼다. 그 3개월 동안 그녀는 법정에 지각하는 일이 많았고, 이로 인해 배심원들은 그녀가 자신들을 존중하지 않는다고 생각하게 되었다. 재판 참관인들은 클라크가 지각할 때 배심원들이 그 모습을 차가운 눈길로 쏘아보았다고 말했다. 물론 이것은 사소한 일이며, 재판에서 제시된 많은 증거들과는 무관하다. 하지만 이러한 태도는 매우 큰 차이를 만들어냈다. 거의 모든 상황에서 지각은 부주의하고 무성의한 태도로 해석되기 마련이다.

마샤 클라크가 한두 번 정도만 지각을 했고, 왜 늦었는지 타당한 이유를 댔더라면 배심원들도 납득할 수 있었을지 모른다. 그녀는 직장을 다니는 싱글맘이다. 아무리 경력이 화려한 검사일지라도, 아이가 아플 수도 있고 돌봐줘야 할 가족이 있을 수도 있다. 하지만 그녀는 자신이 늦은 이유를 밝히지 않았다. 그녀는 습관적으로 지각했고, 미안해하는 기색도 전혀 없었다.

재판이 진행될수록 검찰이 주도권을 잃고 있다는 것은 누가 봐도 분명했다. 증거 제시는 장장 24주가 걸렸으며 특히 연달아 제시되는 법의학 및 DNA 증거에 사람들은 지쳐갔다. 한편, 변호사들은 반대 심문에서 배심원들의 관심을 증거가 아닌 인종 문제와 무능한 공권력 문제로 돌리는 데 성공했다.

변호사들은 검찰이 증거를 제시하는 데 걸린 시간의 채 반도 되지 않는 시간 안에 변론을 마쳤지만, 클라크는 반대 심문을 받는 피고 측 증인들에게 자신의 초조한 심정을 모두 쏟아부었다. 마치 심슨이 아니라 범행현장으로 향하는 심슨과 마주쳤던 사람들이 재판을 받는 것만 같았다. 검찰이 말한 범행 시간 15분 뒤에 현장을 지나쳐 걸어서 집에 돌아오고 있었던 젊은 커플은 시신을 보지 못했다고 증언했다. 그러나 클라크는 자신의 완벽한 경력을 지키기 위해, 두 연인이 저녁 때 술을 너무 많이 마셔서 기억력이 흐려졌을 것이 분명하며 유명세를 얻기 위해 모든 사실을 날조하고 있다고 비난했다.

이후 15분 동안 이어진 증인 심문은 실제로 별 성과를 거두지 못했다. 두 연인이 현장을 지나친 다음 심슨이 범행을 저질렀을 수도 있고, 제시 간에 집에 돌아와서 '알리바이 리무진'을 타고 공항에 갔을 수도 있지 않느냐는 식의 질문은 정말로 불필요한 것이었다.

이 장면은 굿비 벌린 앤드 실버스타인이 1990년쯤 했던 비즈니스 피치를 생각나게 한다. 프레젠테이션이 끝나고 고객 한 명이(그는 우리가 말하는 내용을 열심히 들은 사람이었다) 간단한 질문을 했다.

"혹시 다이렉트 마케팅도 가능한가요?"나는 이것이 우리 능력을 떠보기 위해서가 아니라 순전히 흥미에서 나온 질문임을 직감으로 알아챘다. 정말로 대수롭지 않은 질문이었다. 하지만 내 동료는 (여기서는 빌이라고 부르자) 그 질문을 다르게 받아들였다. 빌은 즉시 우리에게는 고객의 사업을 다룰 능력이 있다, 우리는 다른 회사들과 훌륭한 파트너십 관계를 유지해왔다, 귀사가 요구한 것은 다이렉트 마케팅처럼 하찮은 방식과는 어울리지 않는다, 그런 사소한 실행상의 문제가 아니라 보다 중요한 전략적 문제에 관심을 집중해야 한다, 우리가 훌륭한 TV 광고를 만들어야 한다는 사실을 알리기 위해 그토록 노력했는데 다이렉트 마케팅에 대해 질문하다니 무척 놀랐다, 에이전시는 고객에게 최선의 도움을 주는 방향으로 노력해야 한다, 등등의 말을 쉴새없이 쏟아냈다. 그 10여 분 동안 빌은 다른 사람이 말할 틈을 전혀 주지 않았다. 마침내 숨을 고르기 위해 그가 말을 멈추자 앤디 벌린은 얼굴이 딱딱하게 굳은 고객에게 말했다.

"빌은 '못 합니다'라고 말한 겁니다."

마샤 클라크와 달리 벌린은 자신이 패배한 순간을 즉시 알아차렸다.

네 번째 실수 : 청중을 지루하게 한다

1995년 5월 8일, 법률 전문 방송국인 코트TV는 이렇게 보도했다. "월요일, 검찰에서 내세운 DNA 전문가가 배심원들에게 전문 지식을 강의하기 시작했고 법정은 생물학 교실로 변했다."

경종 소리가 들리는가?

광고계에 아주 오랫동안 몸담고 있었지만, 나는 새로운 비즈니스 피치를 할 때 프로듀서가 TV 광고를 제작하는 과정이 얼마나 길고 고된지 고객에게 일일이 설명하는 경우를 한 번도 본 적이 없다. 1985년 파란색

소형 볼보가 망가진 이후 차를 수도 없이 바꿨지만, 나는 자동차 내부의 연소엔진이 어떻게 작동하는지 전혀 모른다. 이런 행동을 부주의하다고 말할 수 있을까? 내가 몸담았던 광고회사들이 능력이 부족해서 TV 광고 제작에 대한 전문 기술을 설명하지 못한 것일까? 또는 내가 자동차 엔진의 작동 원리를 이해하고자 전혀 노력하지 않았다고 해서 그 차들을 산 것이 돈 낭비였다고 말할 수 있을까?

심슨 재판 16주 째. 셀마크 진단연구소(Cellmark Diagnostics)의 연구소장이며 분자생물학과 생화학박사인 로빈 코튼(Robin Cotton)이 증인석에 불려나와 제한효소 단편연결 다형성(Restriction Fragment Link Polymorphism), 줄여서 RFLP 과정이라고 부르는 것을 설명했다. 그녀는 RFLP 방법이 DNA라고도 불리는 디옥시리보핵산을 가장 정확하고 효과적으로 테스트할 수 있는 방법이라고 했으며, 약간의 혈흔 샘플만 있어도 순식간에 실험이 가능한 PCR 테스트라는 것에 대해서도 설명했다. 이러한 설명을 제시하기 위해 그녀는 여러 장의 차트를 이용해서, 이중나선이나 아주 긴 단어들이 적혀 있는 복잡한 표와 그래프를 보여주었다. 증언하는 6일 동안 그녀는 피해자들의 몸에서 발견된 혈흔이 심슨이 아닌 다른 사람의 것일 확률은 1,700만 분의 1 정도밖에 될 수 없는 이유를 아주 자세히 설명했다. 또한 심슨의 양말에서 발견된 혈흔이 전처 니콜 심슨의 것이 아니라 다른 사람의 것일 확률은 97억 분의 1도 채 되지 않는다고 설명했다.

그녀의 증언은 재판 17주째까지 이어졌고, 마침내 그녀가 증인석을 떠나자 이번에는 캘리포니아 사법부 소속 DNA 전문가가 나와서 거의 똑같은 주장을 반복했다. 게리 심스(Gary Sims)는 캘리포니아 연구소에서 행한 제한효소 단편연결 다형성 실험은 코튼 박사의 셀마크 진단연구소에서 행해진 제한효소 단편연결 다형성 실험과는 조금 다른 결과가 나왔다고 설명했다. 그는 두 실험 결과를 결합해서 O. J. 심슨의 양말에서 나온 혈액이 니콜 브라운 심슨이 아니라 다른 사람의 것일 확률은 210억 분의 1이라고 증언하였다.

인상적인 수치들이었다. 하지만 이것은 인종 문제를 자극하는 음모설이나 법의학 전문가들의 무능력, 증거물 오염 등, 피고 측이 재판 초기부터 강력하게 제기한 주장들로 의해 그다지 큰 효과를 발휘하지는 못했다. 만약 백인 우월주의에 물든 경찰관이 증거를 조작했다면 210억 분의 1이라는 확률이 무슨 의미가 있겠는가?

실제로 검찰의 이런 모든 설명과 모든 과학적 증거는 배심원들을 질리게 만들었을 뿐, 판결이라는 가장 중요한 결론에 대해서는 거의 아무 영향도 미치지 못했다. 나는 로빈 코튼과 게리 심스가 심슨 재판에서 했던 역할을 두 문단 정도로 설명하는 데에만 그쳤다. 하지만 여러분이 이 두 문단을 읽으면서 지루해 미칠 지경이었듯이 나 역시도 지루해 죽을 지경이었음은 알아주기 바란다. 그렇다면 딱딱한 의자에 앉아서 하루 종일 그런 내용을 계속 듣는 사람들의 심정은 어땠을지 충분히 짐작하고도 남을 것이다. 다음날도 또 다음날도, 3주 동안을 매일 같이 말이다.

재판이 끝난 뒤 기자 회견에서 로버트 샤피로는 이렇게 말했다. "검찰은 법의학 증거로 배심원들을 지루하게 만들었다. 그들은 증인들이 전문가임을 보여주고 결과에 대해서만 질문했어야 했다. 하지만 그들은 배심원들이 이해하지도 못할 과학 강의만을 잔뜩 늘어놓았다. 배심원을 지루하게 하는 순간, 그들의 마음을 잃는 것이다."

당신이 새로운 비즈니스 프레젠테이션에서 청중을 지루하게 할 때, 그 거래는 물 건너갔다고 봐야 한다.

심지어는 마지막 검찰 주장을 펼칠 때도 마찬가지였다. 마샤 클라크와 크리스토퍼 다든(Christopher Darden) 검사는 지금까지 했던 주장들의 핵심 내용을 그대로 반복하면서, 증거들 하나하나가 서로 연결되어 심슨이 유죄임을 입증한다고 설명했다. 마지막에는 모든 뚜렷한 증거들을 한데 요약해놓은 복잡한 비주얼 자료까지 제시했다. 클라크가 배심원단에 말했다.

"지금 우리가 다루는 것은 명백한 논리이자 증거이며 상식입니다."

이와 달리 변호인단은 거짓말과 부조리와 부패에 대한 이야기를 만들어냈다. LA 경찰서 소속의, 심슨을 증오하는 편협한 경찰관이라면 그에게 살인 혐의를 뒤집어씌우고도 남는다는 것이었다. 조니 코크런은 성서를 인용하면서, O. J. 심슨의 검은 니트 모자를 직접 써보고는 그것으로는 위장이 거의 불가능하다는 것을 보여주었다. 그는 심슨 사건의 증거물을 수집한 경찰관 마크 푸어먼(Mark Fuhrman)을 '거짓말쟁이에다가 선입견에 사로잡힌 인종차별주의자'로 묘사하면서 은연중에 아돌프 히틀러에 빗대기도 했다. 배심원 쪽으로 몸을 기울이며 그는 말했다. "미국에서 나고 자라셨다면, 저 밖에 푸어먼 같은 사람이 얼마나 많은지 잘 아실 겁니다." 그는, 검찰의 요구대로 심슨이 피 묻은 장갑을 껴보았지만 장갑에 그의 손이 채 들어가지도 않았다는 사실을 상기시켰다. 그가 말했다. "장갑이 맞지 않는다면 여러분은 무죄를 선고해야 합니다." 코크런의 동료 배리 셰크(Barry Scheck)는 배심원들에게 스파게티에서 바퀴가 몇 마리가 나와야 먹는 것을 중단하겠느냐고 물었다.

법정에서 니트 모자를 직접 써보는 조니 코크런 ⓒ 연합뉴스/AP

그가 말했다. "이것은 타당한 의심입니다."

클라크가 논리와 증거와 상식에 호소한 것과는 정반대로, 코크런은 최종 변론을 펼치면서 배심원들에게 머리로만이 아니라 가슴과 마음으로도 판결을 내려달라고 부탁했다.

그리고 네 시간 후, 배심원들은 코크런의 요구를 그대로 따랐다.

PERFECT PITCH

CHAPTER 03

빌 클린턴, 조니 코크런,
런던의 매춘부

세계 최고의
프레젠터들에게서
배우는 교훈

『시인을 위한 물리학(Physics for Poets)』에서 로버트 마치(Robert March)는 이렇게 말한다.

> 과학자는 자연의 **진리**를 탐색해야 할 의무를 가진다. 하지만 모든 진리가 동등하지는 않으며, 우리가 **심오하다**고 말하는 진리는 **아름다움**도 가지고 있다. 하나의 아이디어는 옳은 것 이상이어야 한다. 과학계에서 많은 흥분을 자아내려면 그것은 훌륭한 아이디어가 되어야 한다. 진리의 탐색은 단순히 사실을 발견하는 것에 그치지 않는다. 그 의미를 이해해야 하고 그런 다음에는 그것을 바라보는 방식이 타당함을 다른 사람들에게 주지시켜야 한다. 무언가 새로운 아이디어가 아름답기까지 하다면 사람들로 하여금 그것을 더 쉽게 믿도록 설득할 수 있다. 특히 그동안 믿고 있던 신념과 반대될 경우에는 더욱 그러하다.

진실. 아름다움. 흥분. 의미. 설득.

나는 이러한 단어들이 새로운 과학 견해를 '판매'하는 과정에도 사용될 수 있다는 점에 매료당했다. 첫째 이유는 새롭고 중요한 과학적 견해를 팔아야 할 필요가 있다고 생각한 적이 한 번도 없었기 때문이며, 둘째는 내 경험상 과학은 아름다움보다는 사실과 분석, 절차에 따라서 움직이는 학문이었기 때문이다. 내게 있어서 흥미진진했던 과학적 경험이라고는 안전보건에 관한 입법이 제정되기 전 코흘리개 시절에 겪은 것이 전부였다. 그때는 열두 살짜리 초등학생이 화학실험실에서 분젠버너에 불을 붙여서 화염 방사기를 만들어볼 수도 있었고, 염산으로 친구들의 교복 재킷에 구멍을 뚫을 수도 있었다. 화학 선생님이 실험실 안전에 대한 시범을 보이다가 머리를 홀라당 태운 재미난 사건도 빼놓을 수 없다.

하지만 일단 현실 세계로 나와보면 우리 주변에는 로버트 마치가 언급한 것과 같은 혁신적인 과학 발견의 결과들이 수두룩하다. 그리고 이러한 흥미진진한 아이디어는 우리의 생활방식과 업무방식을 완전히 바꿔놓았다. 하지만 처음 생겨났을 때에는 그러한 아이디어를 팔기가 극도로 어려웠던 것도 사실이었다.

혁신적인 아이디어를 인정받는 과정에 대해 노벨상 수상자인 제임스 왓슨(James Watson)은 『이중나선(The Double Helix)』에서 놀라운 통찰력을 제공한다. 이 책을 보면 왓슨 본인은 물론이고 동료인 프랜시스 크릭(Francis Crick) 역시 자신들이 제기한 DNA 구조가 '피상적이면서 따분한 내용이 될지도 모른다. 또한 DNA의 복제 능력이나 세포의 생화학적 특성을 통제하는 기능에 대해서는 아무런 설명도 하지 못할 수도 있다'라고 염려하고 있다. 이중나선 구조의 가능성을 밝혀낸 후 그의 관심사는 '기쁨과 놀라움'을 주기 위해 '단순하고 멋지게' 대답하는 방법을 알아내는 쪽으로 바뀌었다. 왓슨과 크릭은 자신들이 발견한 진실에 존재하는 아름다움이 연구 심사위원들의 마음도 사로잡을 수 있을 것임을 알았다.

가장 성공적인 프레젠터는 대단히 단순하면서도 직설적인 방법으로 성공을 거둔다. 먼저, 그들은 청중의 직접적인 참여(involve)를 유도하는 방법을 이해한다. 훌륭한 프레젠터는 청중을 자기편으로 끌어들인다. 프레젠터 개인의 경험을 마치 청중의 경험인양 느끼게 만들면서 청중 스스로가 감정적이고 논리적인 결론을 이끌어내도록 돕는다. 둘째, 성공적인 프레젠터는 **단순함**(simplicity)을 유지한다. 에이브러햄 링컨(Abraham Lincoln)의 게티스버그 연설은 채 300단어도 되지 않으며 연설 시간도 2~3분에 불과했다. 왓슨과 크릭이 잘 알고 있었던 것처럼, 아름다움과 단순함은 늘 서로의 장점을 살려준다. 셋째, 우리는 아름다움의 바탕에는 **놀라움**(surprise)이 깔려 있고, 그 놀라움 속에는 사람들의 마음을 바꾸고 확신과 영감과 활력을 주고 설득하는 에너지가 깔려 있음을 잘 안다. 위대한 프레젠터는 청중이 이미 아는 사실을 새로운 방식으로 보다 강력한 의미를 담아서 설명할 수 있는 능력을 가지고 있다. 프레젠터가 말하는 친숙한 내용은 편안히 들을 수 있는 분위기를 조성해주고, 독특한 화법은 행동을 위한 촉매가 되어준다. 그리고 마지막으로, 가장 설득력 있는 프레젠테이션의 바탕에는 **믿음**(belief)이 깔려 있다. 20세기 초 미국 하원의원 버크 코크런(Bourke Cochran)은 처칠에게 "웅변의 비법은 연설자 스스로가 자신이 말하는 내용을 열정적으로 믿는 데 있다"고 말했다. 당신이 행하는 프레젠테이션의 처음 청중이자 가장 중요한 청중은 아마도 매일 아침 거울을 두고 마주하는 바로 그 사람일 것이다. 스스로가 자신의 말을 믿지 못한다면, 어느 누가 그것을 믿겠는가?『이중나선』에서 제임스 왓슨은 논문을 발표할 때 '젊은이로서의 오만'을 그대로 드러냈다고 허심탄회하게 털어놓는다. 하지만 이러한 오만은 자신이 가진 열정과 자신이 중요한 일을 하고 있다는 믿음을 그대로 반영한 것이었다. 이러한 열정은 쉽게 감염된다.

미국의 대통령 선거, 조니 코크런의 O. J. 심슨 변론, 그리고 런던 매춘부들의 세일즈 피치(sales pitch)를 이용해서 효과적인 프레젠테이션을 구성하는 네 개의 기둥—청중의 참여 유도, 단순함, 놀라움, 믿음—에 대해 자세히 살펴보자. 프레젠테이션에서 이 네 기둥을 무시한다고 해서 백퍼센트 실패하는 것은 아니다. 하지만 이중 어느 하나라도 무시한다면 성공하기가 대단히, 아주 대단히 힘들어질 것임은 장담할 수 있다.

청중의 참여를 유도하라

1992년, 아칸소 주 주지사인 빌 클린턴은 현직 대통령 조지 H. W. 부시와 대선 경쟁을 하고 있었다. 두 번째 전국 방송 TV 토론에서 조지 부시 대통령과 민주당 후보 빌 클린턴은 스튜디오에 모인 청중으로부터 즉석 질문을 받았다. 그리고 바로 이 TV 토론이 대선 레이스의 향방을 결정지었다.

한 여성이 후보들에게 다소 곤란한 질문을 했다. "국가 채무가 후보들의 생활에 영향을 미쳤나요? 만약 그렇지 않다면, 국가 채무가 개인의 삶에 미치는 영향을 이해하지 못하는 상황에서 서민들의 경제 문제를 해결하기 위해 어떤 방안을 마련할 생각이신가요?"

불쌍하게도 부시 대통령이 먼저 답변을 제시해야 했다. 그는 무대 중앙에 마련된 의자에 앉은 채 대답했다. "저도 분명 영향을 받았다고 확신합니다. 저는 제 손자들을 사랑합니다. 아직은 정확한 답변을 제기할 수가 없군요. 언제 백악관에 한번 방문해주신다면 자세히 답변해드리겠습니다." 그는 한참 동안 이 말 저 말을 둘러댔지만, 정작 질문의 핵심을 찌르는 답은 전혀 제시하지 못했다.

빌 클린턴 차례가 왔다. 그는 앉은 자리에서 일어나 질문을 한 여성에게로 걸어가서 말했다. "본인은 어떤 영향을 받았는지 말씀해주실 수 있나요?"

그 여성은 답을 했고, 이후 그녀가 질문을 제기할 때마다 클린턴은 자신이 마련한 경제 계획을 토대로 답변을 했다. 거창하고 어려운 말이 아니라 질문자의 입장에서 그리고 매일 똑같은 문제를 겪고 있는 미국의 평범한 수백만 유권자들의 입장에서 쉬운 말로 답해주었던 것이다.

많은 정치 논평가들은 바로 그 순간 빌 클린턴이 미국 대통령으로 결정되었다고 믿는다.

그것은 클린턴이 유권자 개인의 마음에 직접 호소했기 때문이다. 오히려 자신이 질문을 던지고 상대방의 생활과 문제에 맞는 답변을 제시함으로써 클린턴은 질문을 한 여성을 비롯해 스튜디오에 참석한 청중과 TV를 지켜보는 수백만 시청자의 마음을 사로잡을 수 있었다. 부시 대통령과 달리 클린턴은, 그녀에게 설명을 하는 대신 그녀와 함께 진솔한 대화를 나누었고 그로써 그녀를 자기편으로 끌어들일 수 있었다. 그 결과, 클린턴은 수백만 유권자들의 가슴에 새로운 아메리칸 드림에 대한 희망과 기대를 심어주었고, 그들은 클린턴에게 표를 던져야만 그 꿈을 실현시킬 수 있을 것이라고 결론지었다.

내 동료였던 리치 실버스타인은 효과적인 광고를 어린이들이 즐겨하는 게임인 점 잇기 놀이에 빗대서 설명하곤 했다. 이 놀이는 숫자가 적힌 점을 차례대로 연결하면서 마지막에 어떤 그림이 나올지를 알아맞히는 게임이다. 점 하나를 잇고, 또 다음 점을 잇다보면 어느 순간 점이 다 연결되면서 그림이 명확히 드러난다. 오소리 그림이 나올 수도 있고 거북이 그림이 나올 수도 있다. 실버스타인은 광고를 만들 때에도 시청자들이 혼란을 겪지 않도록 점을 충분히 연결해주어야 한다고, 하지만 한편으로는 시청자들 스스로가 나머지 점을 직접 연결할 수 있도록 점을 충분히 남겨두어야 한다고 강조했다. 광고에 등장하는 점들을 차례로 연결하는 과정에서 시청자들은 자신의 경험과 희망, 두려움, 기쁨, 슬픔 등을 이입하게 되고, 그렇게 함으로써 그들은 광고 메시지를 충분히 전달받아 자신의 일부로 포용할 수 있게 된다.

필립 칸-패니(Philip Khan-Panni)는 전문 강연자를 위한 책인 『일어서라 그리고 연설하라(Stand and Deliver)』에서 이에 대해 정확히 설명한다. "청중은 결코 당신이 하는 말에 귀 기울이지 않는다. 그들은 당신의 말이 지니는 의미에 귀를 기울인다." 이 말은 프레젠터는 중요한 내용을 전달하는 데 그쳐서는 안 된다는 것을, 내용과 함께 의미를 전달하기 위해서도 노력해야 한다는 것을 의미한다. 평단의 찬사와 사상 최대 흥행이라는 두 마리 토끼를 동시에 거머쥔 영화 제작자 겸 감독인 스티븐 스필버그 역시 이 생각에 동의한다. 그는 이렇게 말했다. "나는 많은 사람들을 위해 영화를 만든다. 하지만 나는 그들에게 한 번에 한 가지만을 얘기한다." 이러한 접근법은 프레젠테이션을 포함해 모든 의사소통에 반드시 필요하다. 프레젠터는 '청중 모두와 한꺼번에' 연결되려고 해서는 안 된다. 청중은 각양각색의 사람들로 구성되어 있기 때문에 청중 한 사람 한 사람의 마음에 직접 연결되기 위해 노력해야 한다.

그러기 위해서는 어떻게 해야 할까?

여러 방법들이 있겠지만 1장과 앞서 언급한 클린턴 주지사의 예에서도 드러났듯이 가장 확실하게 도움이 되는 방법은 마침표가 아닌 물음표로 문장을 끝내는 것이다. 마침표는 생각의 끝을 의미하지만 물음표는 청중의 참여를 유도한다. 물론 모든 문장을 물음표로 끝내라는 뜻은 아니다. 만약 그렇게 하면 정말 우스꽝스러울 것이다. 용의주도하게 선택한 몇몇 질문이 대단히 강력한 도구가 될 수 있다는 것을 기억하자.

1990년대 중반 샌프란시스코에서 새로운 비즈니스 프레젠테이션을 했을 때가 기억난다. 고객은 프레젠테이션에 대비해서 우리가 다뤄야 할 여러 주제를 미리 브리핑해주었다. 우리는 각각의 주제에 대해서는 관점이 명확했지만, 이러한 관점들을 논리적으로 연결할 마땅한 방법을 찾지 못해 고민하고 있었다. 프레젠테이션 날짜를 며칠 앞두고 누군가 우리 대신 고객이 결정하게 하자는 기발한 아이디어를 제시했다. 프레젠테이션 당일, 우리는 회의실 벽에 칠판을 부착하고 거기에 고객이 골라준 주제와 우리가 추가로 고른 두세 가지 주제와 관련된 질문들을 적어넣었다. 그리고 고객에게 가장 관심이 가는 것을 골라 질문해달라고 요청했다. 그는 브리핑에서 우리가 경쟁 환경을 제대로 이해하고 있는지 보여달라고 요구했었다. 우리가 만든 질문은 고객의 견해와는 매우 다른 의미를 담고 있었다.

우리의 진짜 경쟁 상대는 누구인가?

이러한 접근법은 세 가지 효과를 발휘했다. 첫째, 프레젠테이션 내내 고객의 적극적이고 직접적인 참여를 유도할 수 있었다. 둘째, 고객 스스로가 자신이 가장 중요하게 여기는 문제를 자연스럽게 드러내준 덕에 우리는 거기에 더 많은 시간을 할애할 수 있었다. 그럼으로써 고객은 우리의 프레젠테이션이 중요한 내용을 많이 담고 있다고 생각하게 되었다. 셋째, 질문하고 대답하는 형식을 통해 자연스럽게 비공식적인 토론의 장이 마련되었다. 다시 말해 프레젠테이션을 대화로 바꿀 수 있었던 것이다.

물론 때로는 전혀 말이 필요하지 않을 때도 있다. 대통령 선거 방송토론에서 빌 클린턴의 의사 전달에 가장 결정적인 역할을 한 것은 보디랭귀지였다. 청중과 거리를 두면서 의자에 가만히 앉아 있었던 부시 대통령과 달리, 클린턴은 질문자에게로 걸어가서 '질문자 입장'에서 대화를 나눴다. 아마도 이러한 행동은 뒤이어 그가 한 말보다도 훨씬 강력한 효과를 발휘했을 것이 분명하다.

대다수 회의실이나 강당의 무대가 이러한 물리적 유대감을 방해하는 형식으로 설계되어 있는 것은 참으로 안타까운 일이다. 연단이 따로 마련되어 있고, 프레젠터들은 대부분 회의실의 긴 테이블 제일 앞자리에 자리를 배정 받는다. 그리고 청중은 발표자와 떨어져서 넓은 강당 한복판에 앉거나 반지르르한 마호가니 테이블 뒤에 앉는다. 이런 상황에서는 결코 청중의 참여를 유도할 수 없다. 발표장의 형태와 청중과의 거리가 대단히 강력한 프레젠테이션 도구가 될 수 있다는 사실을 유념하고 넘어가자. 여기에 조금만 변화를 가해도 큰 효과를 불러올 수 있다.

이것은 다시 한 번 O. J. 심슨 재판을 떠올리게 한다. 앞 장에서도 설명했듯, 마샤 클라크를 비롯한 검찰 팀은 24주 내내 계속 증거를 제시했다. 증거가 모든 것을 말해준다고 확신하면서, 검찰은 배심원들에게 고통스러울 정도로 자세히 설명했다. 그들은 배심원들이 증거를 보면 심슨의 유죄를 확신할 것이라고 믿었던 것이다. 그러나 검찰의 지나치게 복잡하고 자세한 프레젠테이션 방식은 오히려 배심원들의 마음을 잃거나 그들과의 거리를 더 넓혔을 가능성이 크며, 검찰 측 주장이 배심원들의 참여를 전혀 유도하지 못했다는 것은 분명한 사실이다.

이와 대조적으로 조니 코크런이 이끄는 변호인단의 전략은 여러 차원에서 배심원들의 참여를 유도했다. 앞서 연 모의재판을 보면서 코크런과 그의 동료들은 마샤 클라크가 마치 IQ가 떨어지는 학생들에게 수학 이론을 가르치는 학교 선생님처럼 일일이 설명하며 말하는 버릇이 있다는 것을 알아차렸다. 그래서 변호인단은 배심원들의 호의를 얻기로 결심했다. 또한 그들은 배심원들이 귀 기울여 들을 수 있는 능력에는 한계가 있다는 것을 알아차리고 보다 간략하게 시적으로 변론을 펼칠 수 있는 방법을 찾고자 노력했다. 그들은 심슨의 무죄 입증을 목표로 삼지 않았다. 대신, 대다수가 흑인으로 구성된 배심원단에게 유죄 판결은 심슨뿐 아니라 모든 흑인들에게도 불공평한 처사라는 점을 납득시키는 것을 목표로 삼았다. 중요한 것은 배심원단이 심슨의 무죄를 믿게 만드는 것이 아니었다. 유죄 판결의 부당함을 믿게 하는 것이 중요했던 것이다.

어떤 프레젠테이션에서든 청중이 호감을 가지고 당신의 말을 귀 기울여 듣게 만드는 것이 중요하다. 피치 팀이 고객 회사에 프레젠테이션을 할 경우, 대부분은 사장과 부서장들이 팀을 구성해서 연공서열이 높거나 가장 무난한 사람을 프레젠터로 결정하는 편이다. 직원들이 제반 작업을 위해 열심히 일할 때, 프레젠터는 부하 직원들이 프레젠테이션에 필요한 모든 일을 알아서 해줄 것이라고 생각하고, 그것이 그들의 노고에 대한 보상이라고 생각한다. 직원들에게 있어서 프레젠테이션에서 제외되는 것은 일종의 처벌이나 다름없다. 하지만 이러한 과정을 그대로 따르는 것은 매우 잘못된 일이다. 가장 훌륭한 프레젠터가, 그리고 다음의 질문에 딱 들어맞는 사람이 프레젠테이션을 준비해야 마땅하다.

모든 후보들 중에서 청중의 참여를 가장 잘 유도하고 아이디어를 가장 효과적으로 전달할 능력을 가진 사람은 누구인가?

광고계의 경우 이 질문은 좀더 복잡해지는데, 고객들 대부분은 어느 광고회사를 택하면 프레젠테이션을 했던 팀과 본격적인 광고 캠페인을 진행하기를 원하기 때문이다. 이 문제를 해결하기 위해 나는 팀원 모두에게 새로운 비즈니스와 관련된 작업을 수행하도록 역할을 부여하며, 그중 가장 적극적이며 호감도가 높은 프레젠터에게, 다시 말해 무엇보다도 거래를 성사시킬 확률이 가장 높은 사람에게 가장 중요한 역할을 맡긴다.

O. J. 심슨 재판에서 심슨이 무죄 판결을 받은 중요한 이유는 배심원들이 마샤 클라크보다는 조니 코크런에 대한 호감도가 더 높았기 때문이라고 말해도 과언이 아니다. 이는 1960년 대통령 선거에서 존 F. 케네디가 리처드 닉슨을 이긴 이유이기도 하고, 30년 뒤 빌 클린턴이 조지 부시 대통령을 누르고 승리한 이유이기도 하다. 두 후보가 승리할 수 있었던 데에는 토론장에서 그들이 상대 후보에 비해 유권자들의 호감을 더 많이 받았던 것이 매우 중요한 요인으로 작용했다.

여기서 한 가지 질문을 던져보자. 이 사람들은 어떻게 호감도를 높일 수 있었을까? 그리고 조니 코크런처럼 자신만만하지도, 케네디나 클린턴처럼 잘생긴 외모에 상대방을 편안하게 해주는 매너를 갖추지도 못한 프레젠터는 어떻게 해야 성공을 거둘 수 있을까? 나는 자신감이 충만하고 능력이 출중한 프레젠터가 실패하는 경우를 많이 봤다. 또한 외모가 뛰어나고 자신감도 높고 유능한 프레젠터가 실패하는 경우도 많이 봤다. 실제로 사람들이 변호사나 정치인, 심지어는 광고회사의 프레젠터의 중요한 자질이라고 여기는 특징은 다른 영역에서도 중요하게 여기는 특징이다. 물론 직장 생활에서는 전문적인 기술이나 경험이 전제조건이 될 수 있지만, 우리는 대체적으로 친구를 고를 때와 같은 방식으로 투표를 하고 직원을 채용하고 대행사나 페인트공, 자동차 정비공을 고른다. 우리는 인간적 온기와 유머, 편안한 대화, 공통의 관심사, 그들이 우리에게 보이는 호감, 혹은 호감을 지니게 될 가능성을 기준으로 이런 선택을 내린다. 그리고 우리는 정말로, 아주 순식간에 이런 판단을 내린다.

심슨 재판에서도 배심원들은 재판이 시작되고 며칠도 지나지 않아 마샤 클라크가 마음에 들지 않는다고 결정했을 것이며(아마도 대다수 배심원들은 배심원 선발 시에, 혹은 이보다 훨씬 전 그녀의 텔레비전 인터뷰를 보고 이런 결론을 내렸을지도 모른다), 이와 동시에 그들은 조니 코크런과 그가 이끄는 변호인단이 상당히 마음에 든다는 결론을 내렸을 것이다. 배심원들과 인간적 유대감을 쌓은 코크런과 그의 동료들은 이러한 유대감을 자신들에게 가장 유리한 방법으로 이용했다. 즉, 흑인 배심원들에게 직접적이든 간접적이든 지역사회의 편견에 부딪혔던 경험을 떠올려보라고 요청한 것이다.

코크런은 O. J. 심슨이 LA 경찰서 경찰관들이 꾸민 음모에 걸려든 희생자라는 점을 입증하지는 못했지만 배심원들에게 이러한 음모가 있었을지도 모른다는 생각을 심어줄 수는 있었다. 검찰 측 증인으로 나선 LA 경찰서 소속 경찰관 마크 푸어먼에 대한 반대 심문에서 코크런은 푸어먼이 인종차별주의자라는 사실을 드러냈다. 배심원들은 로드니 킹을 구타

했던 경찰관들이 시미밸리의 배심원들로부터 무죄 판결을 얻어낸 사실을 떠올렸다. 또한 모든 흑인 배심원들이 인종차별적 욕설을 들었거나, 경찰관이 백인 운전자는 그냥 차를 통과시켜주면서 자신한테는 길가에 차를 대게 했던 일을 경험한 적이 있었다. 또한 친구나 가족, 이웃이 흑인이라는 이유로 부당한 대접을 받았던 적도 많았다. 물론 이러한 개인적 경험은 O. J. 심슨 재판의 공식 증거로 채택되지는 않았지만 코크런에 의해 배심원들은 은연중에 이런 경험들을 떠올리며 심슨이 무죄일지도 모른다는 생각을 가지게 된 것이었다.

마샤 클라크와 검찰 팀이 프레젠테이션을 했다면, 조니 코크런은 이야기를 전달했다. 배심원들은 코크런의 이야기에 공감했기 때문에, 검찰이 제시한 확실한 사실보다는 변호사가 말한 이야기를 더 믿었다. 프레젠테이션을 할 때마다 나는 항상 개인적인 이야기를 활용한다. 처음부터 의식적으로 그렇게 한 것은 아니었지만 핵심 주제가 내 개인의 삶이나 경험에 어떤 의미를 지니는지를 설명함으로써 나는 무의식중에 청중들도 나와 똑같이 느끼도록, 회사 중역이 아니라 한 인간으로서 내 말에 귀 기울이도록 유도한다.

예를 들어 아이들이 흙을 묻히며 노는 시간을 가지는 것이 중요하다고 얘기한다고 가정하자. 나는 어린 시절의 기억을 들려준다. 내가 바닷가나 호숫가에서 모래성을 쌓고 있고 그 옆으로는 부모님이 편안히 쉬거나 모래찜질을 하고 있던 기억을 말이다. 청중 가운데 자녀를 둔 사람들은 자신도 아이들과 비슷한 시간을 보냈다는 것을 기억한다. 어쩌면 아이들이 노는 모습을 지켜보기만 했을 뿐 더 많은 시간 같이 놀아주지 못한 것을 아쉽게 생각할 수도 있다. 이러한 간단한 개인적인 일화를 이용해서 나는 청중의 기억과 감정을 내 편으로 끌어들일 수 있다. 세상에서 가장 강력한 동지를 얻는 것이다.

자신의 일화로 프레젠테이션을 시작한다면 프레젠테는 청중의 문제를 이해하고 있음을 확실히 보여줄 수 있다. 또한 그들의 문제를 다루기 위한 방법이나 심지어는 괜찮은 해결책도 제시해 보일 수 있다. 하지만 이보다는, 잘될 경우 청중과 공통의 유대감을 만들 수 있다는 것이 훨씬 중요하다.

단순함을 유지하라

내 친구 애덤 모건(Adam Morgan)은 『큰 물고기 먹어치우기(Eating the Big Fish)』라는 책에서 피카소에 대한 일화를 들려준다. 나는 창의성이나 커뮤니케이션의 핵심 요지를 설명할 때 이 일화를 여러 번 써먹었으며, 효과적인 커뮤니케이션에 대해 말해달라는 부탁을 받을 때마다 앞으로도 계속 이 일화를 이용할 생각이다. 이야기는 다음과 같다.

어느 날 피카소의 스튜디오에 방문객이 찾아온다. 스튜디오 가운데에는 손도 대지 않은 커다란 바윗덩어리가 놓여 있다. 방문객은 피카소에게 그 바위로 무엇을 할 생각인지 물어본다. 위대한 예술가가 대답한다.

"저걸로 사자를 조각할 거요."

방문객은 깜짝 놀란다. 그로서는 어떻게 저런 돌덩이에서 무언가를 창조할 수 있는지 상상조차 힘들다. 피카소에 대한 경외심을 표하며 방문객은 아무 가능성도 없어 보이는 바윗덩어리에서 무엇으로 어떻게 어디서부터 사자를 만들 생각인지 조심스럽게 물어본다. 피카소가 대답한다.

"아, 아주 간단하오. 정T을 집어 들고 사자 모습에 어울리지 않는 조각들을 잘라내기만 하면 되오."

많은 사람들의 생각과 달리 창의성이란 바윗덩어리를 깎듯 하나씩 줄여나가는 과정이며, 훌륭한 아이디어에 해당되지 않는 모든 부분을 없애는 과정이다.

똑같은 원칙이 커뮤니케이션과 프레젠테이션에도 적용된다. 정치 컨설턴트인 제임스 카빌(James Carville)이 1992년 빌 클린턴 선거진영 본부에 붙여놓은 문구에 대해 들어본 적이 있을 것이다. 본부 벽 중앙에는 '작전 본부실(war room)'이라고 써진 종이 한 장이 붙어 있었는데, 카빌은 그 위에 '문제는 경제야, 이 멍청아!(It's the economy, stupid!)'라는 네 단어를 휘갈겨놓았다. 이는 미국 경제야말로 클린턴과 그의 선거진영이 대선에서 승리하기 위해 다루어야 할 가장 중요하고도 유일한 주제라는 뜻이었다. 카빌은 경제에 성공적으로 초점을 맞춘다면 클린턴이 승리할 수 있을 것이며, 반대로 이러한 중심 주제에서 비껴간다면 패배할 것이라고 확신했다. 벽에 종이를 붙여놓은 목적은 클린턴과 그의 고문들에게 연설 요청을 받을 때마다 경제에 대한 견해를 언급해야 한다는 사실을 끊임없이 상기시키기 위해서였다. 어떤 질문을 받더라도, 심지어는 혼외정사에 대한 질문을 받을 경우에도 경제 문제로 요점을 돌려야 했다. 메시지는 단순했다. 클린턴이 백악관 주인이 되면 미국과 미국인들은 경제 번영을 누리겠지만, 부시 대통령이 계속 백악관을 차지하고 있으면 경기 침체를 벗어나기 힘들다는 것이었다.

어떤 사람들은 이런 식의 커뮤니케이션은 1차원적인 것이라고 주장할지도 모른다. 이론적으로야 그렇다. 하지만 여러 면에서 따질 때 성공적인 커뮤니케이션의 핵심은 선택의 문제를 얼마나 잘 다루느냐에 달려있다. 우선은 선택을 해야 한다는 사실을 인정해야 한다. 적절한 선택을 내리는 것은 그 다음의 일이다.

광고장이들에게 있어서, 여러 아이디어를 동시에 전달하려는 시도보다는 한 가지 아이디어를 확실하게 전달하려고 노력하는 것이 더 낫다는 사실은 전혀 새로운 이론이 아니다. 애플의 광고는 어떤 특정한 메시지를 전달하든, 어떤 제품을 광고하든 항상 창의성을 전달하는 데 주력한다. 또, 에이비스(Avis)는 '우리는 더 열심히 노력합니다(We try harder)'라는 광고문구 하나로 명성을 구축했고, 지금도 같은 메시지를 전달하는 데 초점을 맞추고 있다. 캘리포니아 유가공협회는 우유 판매 촉진을 위해 광고를 통해 냉장고에 우유가 없는 것은 큰 문제이고 우유를 더 사야 한다는 메시지를 일관적으로 전하고 있다. 이를 위해 got milk? 라는 아주 간단한 문구만을 집어넣었다. 더이상의 설명 따위는 필요치 않았다.

이들 모두 하나의 아이디어를 단순하게 표현한다. 하지만 광고회사가 한 가지 단순하고 매력적인 아이디어에 초점을 맞추고 간략한 메시지 전달을 시도하다보면 고객과의 사이에 강한 마찰이 발생하는 경우도 있다. 때로는 비용 문제보다도 더 큰 마찰이 빚어지기도 한다. 대부분의 고객들은 한 가지 아이디어만으로는 모두를 설득할 수 없다고 생각한다. 어떤 고객들은 TV 광고 타임을 붙잡기 위해 그토록 많은 돈을 들였는데 그만한 돈값은 해야 하지 않겠냐고 말한다. "아이디어를 하나만 전달해서는 좋은 수익률을 거둘 수 없지. 두 가지 아이디어는 어떻소? 세 가지는? 기왕 TV 광고를 만들 바에야 두서너 아이디어를 한꺼번에 전달하는 것이 좋지 않겠소? 어쨌든 제품에 대해 할 말이 무진장 많은데 말이외다."

어떤 제품이든 항상 할 말이 더 있기 마련이다. 어떤 후보든, 어떤 용의자이든 마찬가지이다. 그렇다면 한 가지를 묻고 싶다. 더 많이 말했을 때 정확히 무엇을 얻게 되는가?

got milk? 광고를 책임진 마케팅 이사 제프 매닝(Jeff Manning) 역시 과거의 무수한 유가공 제품 광고들이 빠졌던 것과 똑같은 함정에 빠졌다면 어떻게 되었을까? 우리의 훌륭한 아이디어 외에 우유의 영양학적 우수성과 건강 증진 효과에 대한 내용도 추가로 집어넣어야 한다고 요구했다면 어떻게 되었을까? 그랬다면 그는 십중팔구 전임자들과 똑같이 고배의 잔을 마셔야 했을 것이다. 마찬가지로 빌 클린턴과 그의 고문들이 선거중앙본부 벽에 '경제, 외교정책, 보건, 범죄, 복지개혁, 이민 문제, 다 중요하다. 이 멍청아!'라고 쓰인 종이를 붙여두었다면 어떤 결과가 나왔을까? 그랬다면 정말로 멍청이가 되었을 것이다. 이후 1995년 연두교서에서 빌 클린턴이 이러한 여러 문제들을 다 다루었던 것처럼 말이다. 한 정치 논평가는 클린턴의 1995년 연두교서를 보고 「워싱턴포스트」지에 이렇게 적었다. "대통령의 연두교서는 모든 것에 대해 말한다. 이는 결국 아무 것도 말하지 않은 셈이다."

공중파 TV에서 수백만 시청자를 향해 말할 때이든 혹은 부엌 식탁에 앉아 한 사람에게만 말할 때이든, 요점을 여러 가지 전달하려 한다면 청중의 몰입도 또한 그만큼 줄어든다는 사실을 잊지 말아야 한다. 이것은 커뮤니케이션의 절대적인 진실이다.

내가 테니스공 하나를 상대에게 던지면 상대는 공을 잡을 수 있다. 하지만 한 번에 두 개의 공을 던지면 그 사람은 공을 잡기가 상당히 힘들 것이다. 게다가 어느 손으로 어느 공을 잡아야 할지, 어떤 공을 먼저 잡고 어떤 공을 나중에 잡을지 헷갈린다면, 공을 하나도 잡지 못할 수도 있다. 공을 한꺼번에 세 개 던지면 모두 땅에 떨어지고 말 것이다.

단순함이 무미건조함을 의미하지는 않는다. 절대로 아니다. 내가 만나본 많은 사람들, 특히 젊고 강렬한 인상을 주고 싶어 안달하는 사람들일수록 내게 자신들이 얼마나 똑똑한지를 보여주고 싶어서 길고 복잡한 말을 잔뜩 늘어놓는다. 그들은 자신들이 패러다임을 바꿨다고 말하면서, 자신들과 내가 힘을 모으면 총체적 경로에 대한 시나리오를 발전시킬 수 있을 것이라고, 최적화와 최대화를 꾀해야 한다고, 굉장한 성과를 낼 수 있을 것이라고 제안한다. 도대체 스무 단어 정도면 다 끝나는 말을 738개 단어로 쫙 늘여서 설명하는 재주는 어디서 얻은 것일까?

『말 잘하는 방법에 대해』에서 페기 누넌은 이러한 현상을 다음과 같이 설명한다.

나이가 들고 생활이 복잡해지고 힘들어질수록 사람들은 더 단순한 말을 사용하게 된다. 이는 뇌세포가 죽어가고 있기 때문만은 아니다. 우리들이 삶에 대해 보다 편안한 마음이 되고 요령을 터득하게 되었기 때문이기도 하다. 다시 말해 핵심이 중요하다는 것을, 큰 줄기가 중요하고 나머지는 부차적이라는 것을, 대단히 복잡한 삶의 가장 깊은 곳에는 아주 단순한 것이 존재함을 이해하기 때문이다.

이상한 일이지만, 가만히 생각해보면 대부분의 사람들은 가장 중요한 순간이나 감정이 가장 벅차오르는 순간에는 오히려 가장 간단히 말한다.

"사랑해."

"나도."

"딸이야."

"우리 헤어져."

역사적으로 가장 훌륭했으며 세상을 바꾸는 데 일조한 연설들을 생각해보자. 이러한 연설문의 작성자나 연설자들은 결코 어려운 말을 사용하지 않았다. 위대한 연설은 항상 가장 단순하고 가장 평이한 단어로 작성되었다.

가령, 십계명을 작성하면서 선지자 모세는 우리들이 흔히 빠져드는 유혹에 굴복하지 않고 계명을 딱 열 개만 작성했다. 십계명에 적힌 항목 모두는 현대인의 눈으로 볼 때 실망스러울 정도로 짧다. 자세한 설명은 하나도 없다. 오늘날 만들어졌다면 분명 이렇게 간단한 십계명은 나오기 힘들었을 것이다. 법률 전문가들은 일일이 법률 용어를 첨부하며 모든 계명을 정의하고 세분화하고 부차 조항을 달았을 것이 분명하다. 단순한 아이디어는 복잡한 아이디어보다 더 큰 영향력을 발휘한다. 단순한 아이디어는 더 빨리 뇌리에 꽂히며, 다른 사람에게 더 쉽게 전달된다. 그리고 더 오래 살아남는다.

"나에게는 꿈이 있습니다."■

"우리는 해변에서 싸워야 합니다."■■

■ 1963년 8월 23일 노예 해방 100주년을 맞아 워싱턴에서 열린 평화 행진에서 했던 마틴 루서 킹의 유명한 연설.

"나는 베를린 사람입니다."***

O. J. 심슨 재판의 최종 변론에서 조니 코크런은 잊을 수 없는 짧은 한 마디를 남겼고, 이 말은 배심원들의 귓가에 울려 퍼졌다. 그의 변론을 광고에 비유한다면, 이 마지막 한마디야말로 광고의 향방을 결정지은 캐치프레이즈였다.

재판 초기에 검사들은 재판정을 강연장으로 바꿔놓았지만 이는 오히려 역효과를 불러왔다. 검사들은 마크 푸어먼 형사가 살인사건이 일어난 날 밤에 O. J. 심슨의 로킹엄 저택에서 찾아낸 '피 묻은 장갑'에 모든 초점을 맞추었다. 그들은 여러 주 동안 DNA 증거를 들이대면서 장갑에 묻은 피가 O. J. 심슨 본인과 피해자들의 것이 확실하다는 사실을 입증하려 했다. 배심원들이 법의학 증거에 시큰둥한 반응을 보인다는 사실을 뒤늦게야 깨달은 검찰은 누가 뭐라 해도 장갑이 심슨의 것임을 보여주기 위해 마지막 도박을 감행하기로 결심했다. 그들은 심슨에게 장갑을 껴보라고 요구했다.

드라마틱한 반전이 일어났다. 심슨이 아무리 애써도 거대한 손은 장갑 안에 도무지 들어가지 않았던 것이다. 장갑이 너무 작았다. 검찰은 피에 흠뻑 젖은 장갑이 연구실에서 여러 달 동안 있으면서 바싹 말랐기 때문이라고, 따라서 장갑이 줄어든 것이 전혀 놀랄 일은 아니라고 주장했

■■ 처칠 수상이 1940년 6월 4일 영국 하원에서 히틀러의 침공 위험을 알려 경각심을 일깨우고 결전의 의지를 다졌던 연설로 유명하다.
■■■ Ich bin ein Berliner. 1963년 6월 26일 존 F. 케네디 미국 대통령이 서베를린의 라트하우스 쇠네베르크에서 한 연설에서 한 유명한 말로, 그 당시 했던 연설 전체를 가리키기도 한다. 베를린 장벽이 세워진 후 동독이 침략할지 몰라 불안해하는 서베를린 시민을 격려하고자 했던 이 연설을 케네디가 한 연설 중 최고로 꼽는 사람도 있다.

무죄 판결 선고 후
O. J. 심슨과 조니 코크런
ⓒ 연합뉴스/AP

다. "심슨이 장갑을 못 끼긴 했지만, 그렇다고 장갑이 그에게 맞지 않는다는 말은 아닙니다." 하지만 검찰은 모험을 하기 전에 미리 그 점을 충분히 감안했어야 옳았다. 조니 코크런은 최종 변론에서 배심원들에게 피 묻은 장갑을 다시 거론했다.

"그 장갑은 검찰의 가장 중요한 물증입니다. 그 장갑은 심슨을 전 아내와 살해 현장과 격렬한 몸싸움과 피해자들의 피와 연결해주는 단서입니다. 하지만 너무 작아서 심슨의 손이 들어가지도 않는다면, 그 장갑이 도대체 무슨 의미가 있는 것일까요? 장갑이 맞지 않으면 무죄판결을 내려야 합니다."

코크런은 과학에 시로 맞섰다. 그리고 승리했다.

놀라움의 가치는 숫자로 따질 수 없다

영국 하면 떠오르는 세계적으로 널리 알려진 유명한 상징물을 꼽으라면, 바로 빨간 공중전화박스이다. 한때 대영 제국과 기술 발전의 오만한 상징물이던 이 빨간 공중전화는 도심의 대로와 시골 녹지 등 어디에나 있었다. 가정용 전화가 일반화되기 전에 빨간 공중전화는 수백만 영국인들이 외부 세계와 연락할 수 있는 유일한 수단이었고, 훗날 집집 거실마다 전화기가 놓인 후에 사생활을 보호받을 수 있는 유일한 도구였다. 동네 어귀의 공중전화에서 떨리는 마음으로 여자 친구에게 전화했던 기억이 아직도 생생하다. 수화기 너머 그녀 아버지의 목소리가 들려오면 동전까지 떨어뜨리지 않았던가. 내가 원하는 대학에 들어갈 수 있는 점수를 받았음을 확인했던 것도 빨간 공중전화에서였다. 비록 원래 목적에 상관없는 입에 담지도 못할 용도로 사용되는 경우가 많기는 해도, 대부분이 퀴퀴한 담배 냄새나 독한 오줌 냄새에 절어 있기는 해도, 빨간 공중전화는 여전히 영국인의 가슴에 특별한 자리를 차지하고 있다.

하지만 오늘날 이 유서 깊은 빨간 공중전화를 보기가 점점 힘들어지고 있다. 발전과 위생이라는 명분 하에 많은 빨간 공중전화들이 다른 나라 어디에서나 볼 수 있는 개방형의 재미없는 전화박스로 대체되었다. 그리고 휴대전화가 일상화된 오늘날의 세상에서는 이 '새롭게 개선된' 위생적인 공중전화박스마저도 고색창연한 존재로 보일 뿐이다. 어쩌면 국제통화가 가능한 휴대전화를 갖지 못하거나 영국의 통신네트워크에 부적합한 휴대전화를 가진 외국인들을 위해 그나마 공중전화박스가 명맥을 유지하고 있는지도 모른다. 그렇게 생각할 만한 것이, 런던에 있는 사무실로 매일 아침 출근하다보면 공중전화가 전혀 다른 용도로 사용되는 것을 심심치 않게 목격할 수 있다. 현재 런던의 공중전화박스는 도시 매춘부들의 광고 매체로 전락했다고 말해도 과언이 아니다.

온갖 흥미진진한 경험을 제공한다고 제안하는 매매춘 광고지로 뒤덮이지 않은 공중전화박스는 오히려 찾아보기 힘들 지경이다. 일반적으로 이런 광고지들은 사진과 전화번호, 그리고 정확히 어떤 종류의 서비스를 제공할 것인지 설명하는 내용을 담고 있다. 이러한 일명 '타트 카드(tart cards, 매매춘 광고지)'가 흔해진 것은 비교적 최근의 일이지만, 그 시작은 좀더 옛날로 거슬러 올라간다. 빅토리아 시대 런던에서 매춘부들은 손님을 끌어들이기 위해 음악회장이나 극장 앞에서 명함을 돌리곤 했다. 20세기에 들어서는 신문가판대를 통해 '프랑스어 강습' '개인 교습' '맞춤 봉사' 등 손으로 직접 적은 광고지가 배부되었고, 인쇄된 광고지가 공중전화박스를 통해 본격적으로 배부되기 시작한 것은 1980년대 중반부터였다. 당시에는 법률상 허점으로 인해 이런 광고지들을 제재할 마땅한 근거가 없었다. 캐롤린 아처(Caroline Archer)는 『타트 카드(Tart Cards)』라는 책에서 이렇게 지적한다. "그것은 여자들이 자신의 서비스를 값싸고 훌륭하게 광고할 수 있는 수단이다. 또한 고객의 입장에서도 논리적이고 유용한 방법인데, 카드를 떼어가서 전화를 걸어 곧바로 만날 약속을 잡을 수 있기 때문이다." 2001년 이후 공중전화박스에 타트 카드를 붙이는 것은 불법으로 금지되었고, 이를 어길 경우 무거운 벌금형에 처해지거나 몇 개월간의 실형을 선고받을 수 있었다. 하지만 법적 제재 조치도 별 효력을 발휘하지는 못했다. 전화회사 직원이나 지역단체가 광고지를 떼내자마자 곧바로 또다른 광고지가 붙기 때문이다.

이 타트 카드에 대해 말하는 이유가 무엇일까?

우선 전단지에 대한 내 관심사는 순전히 직업적인 것임을 알아주기 바란다. 광고회사 중역인 나로서는 회사에서 휴대전화 요금을 대신 내주기 때문에 공중전화를 이용할 이유가 전혀 없다. 하지만 이 광고지들의 다양한 광고 방식에 흥미가 생기는 것은 사실이다. 이 광고지들은 그들만의 방식으로 가장 작은 규모의 사업에 대해 새로운 비즈니스 피치를 하고 있다. 그들의 서비스 금액은 별로 높지 않은데, 캐롤린 아처는 가장 기본적인 서비스는 20파운드(대략 3만 9,000원)이며 보다 세련되고 이국적인 경험을 제공하는 서비스는 수백 파운드에 달한다고 말한다. 순전히 커뮤니케이션의 관점에서 이 광고지들을 살펴볼 필요가 있다. 전문 프레젠터들이 수백만 달러나 많게는 수십억 달러짜리 비즈니스를 성사시키기 위해 프레젠테이션을 할 때 보여주는 것과 똑같은 장단점이 이들 '매춘부들의 피치'에서도 그대로 드러나기 때문이다.

이를 입증하기 위해 나는 작년 어느 날 중요한 프레젠테이션을 한창 준비하던 중에 버클리 광장에 있는 한 공중전화박스를 찾았다. 전화박스 안쪽에는 타트 카드들이 덕지덕지 붙어 있었다. 야한 핑크색이나 노란색, 파란색을 배경으로 백인, 흑인, 아시아인, 라틴계 여성들이 나체로 다양한 포즈를 취하고 있었다. 어떤 이들은 란제리라도 걸치고 있는 반면, 어떤 이들은 고무나 가죽만을 두르고 있었다. 또 어떤 여성은 밋밋한 가슴을 최대한 그럴듯하게 포장하려는 듯 가슴에 별 모양 그림만을 붙인 경우도 있었다. 그러나 여자들의 인종이 각양각색이라는 점만 눈에 띌 뿐, 내가 볼 때 그 사진들은 다 거기서 거기였다.

단순히 겉핥기로 훑어보는 차원을 넘어서 나는 금발의 백인 여성들 사진이 등장하는 타트 카드들을 하나하나 비교하기로 했다. 체면상 그 광고지들을 여기에서 직접 보여주지는 못한다. 다만 거기에 나온 여인들이 조금씩은 패멀라 앤더슨과 비슷한 분위기를 풍긴다는 것만 밝히고 넘어가기로 하자.

간호사복 차림에 웃고 있는 한 여성은 '꿈은 이뤄진다(Dreams Come True)'라고 약속하고 있었다. 사진 옆에는 온갖 조잡한 서체로 '베로니카와 함께 하는 근사한 보디 투 보디 마사지. 아찔한 금발 미녀. VIP께는 특별 서비스 보장. 172센티미터. 22세. 24시간 서비스'라는 문구가 적혀 있었고 특히 24시간이라는 단어가 큼지막하게 강조되어 있었다.

또 오른쪽에는 아찔한 금발의 러시아 모델이 '모든 서비스 제공. 섬세한 서비스. 절대 서두르지 않습니다. 모든 주요 신용카드 사용 가능'이라고 광고하고 있었고, 이탤릭체로 '개인 에스코트 가능'이라는 말이 적혀 있었다. 무슨 의미인지는 모르지만 말이다.

그 옆에는 국적을 드러내지 않은 여성이 이런 말로 손님을 유혹하고 있었다. '호텔, 가정 방문 둘 다 됩니다. 모든 환상을 맛보세요. 밤늦게도 가능합니다.' 반면에 섹시하고 날씬한 21세 금발 미녀는 '이국적인 마사지. 호텔 출장. 절대 서두르지 않습니다'를 약속하고 있었다. '절대 서두르지 않습니다'를 약속하는 광고지가 이것으로 벌써 두 번째였다. 그 말을 보면서 나는 우리 집 부엌 개보수 공사를 해주는 인부들이 떠올랐다. 그 사람들이야 시급으로 돈을 받으니 절대로 서두를 필요가 없었다. 전날 두 명의 인부가 웃통을 벗고 일하는 것을 봤기 때문인지 그 카드를 본 순간 내 머리를 스쳐 지나간 이미지는 아무리 좋게 말해도 섹시하고 날씬한 금발 미녀는 절대 아니었다.

그 바로 오른쪽에 붙은 '풍만한 브리짓'은 '장난감, 비디오, 샤워, 음료, 온갖 서비스 제공. 호텔 방문 출장'이라는 말로 손님을 유혹하고 있었다. 특별히 돈을 들인 듯 '풍만한'이라는 말이 강조되어 있었지만 실제로 별 효과는 없어 보였다. 옆의 카드는 사진은 없었다. 자신을 '성숙한 유럽풍 금발'이라고 소개한 다음 부대 서비스에 대해서는 '근사하고 안락한 아파트'라고만 적고 있었다. 예는 이 정도로만 들기로 하자.

모두 대단히 흥미진진한 광고들이긴 하지만 이 광고지들은 끔찍한 자동차 광고를 생각나게 한다. 자동차 회사 중역이 광고회사에 바득바득 우겨서 만든 30초짜리 광고에서 유명 성우가 쉴새없이 차의 특징을 설명하는 그런 광고 말이다. 시속 60킬로미터까지 높이는 데 걸리는 시간 8.4초, DOHC 엔진, 6기통, 연료분사, ABS 장착, 가죽시트, 앞좌석과 뒷좌석의 컵 홀더, 앞좌석과 뒷좌석의 담배 라이터, 아동용 전자게임기, 세련된 스타일, 다양한 색상 선택 가능 등. 「워싱턴포스트」지가 빌 클린턴의 연두교서에 대해 평한 것처럼 이러한 광고들은 모든 것을 말하지만 결국 요점은 하나도 제시하지 못한다.

타트 카드는 단순히 정보를 많이 주는 차원을 넘고 있었다. 이 젊은 여성들은 자신들이 나이가 어리다는 것을 전략으로 삼고 있었다. 카드를 조금만 들여다보면 그 사실을 잘 알 수 있다. 하지만 그들은 금발이라는 것이나 풍만한 가슴 등 사진만 봐도 충분히 알 수 있는 것들을 굳이 말로 또 한번 설명하고 있다. 더군다나 그들 대다수는 내가 판단해야 할 부분까지도 대신 판단하는 죄악을 저지르고 있었다. 자기네 스스로가 아찔하고 섹시하고 아름답다고 말할수록 나는 오히려 그 말을 하나도 믿을 수 없었다. 솔직히 타트 카드의 광고 내용을 곧이곧대로 믿을 바보가 있을지

의문이다.

이러한 광고지들은 나라는 사람을 잠재 고객으로 전혀 고려하지 않고 있었다. 아무리 눈 씻고 찾아보아도 그들의 광고에서 딱히 나와 연관되는 것이 없었다. 만약 내가 금발을 원한다면 바로 전화를 걸 수는 있을 것이다. 혹은 러시아나 독일 여인을 원한다면 그러한 국적을 밝힌 사람에게 전화를 걸면 그만이다. 하지만 그랬을 때의 장점은 무엇인가? 누군가는 장점이 너무 뚜렷해서 굳이 언급할 필요도 없다고 말할지도 모르지만 나는 정말로 장점이 있다고는 생각하지 않는다.

그런데 같은 전화박스 안에 붙어 있는 여러 카드 중에서 유독 어떤 카드 하나가 눈에 띄었다. 색이나 사진 형태는 다른 것들과 다를 게 없었지만, 웃고 있는 젊은 금발 여성은 자신을 단 세 단어로만 소개하고 있었다. 첫째, 그녀의 이름은 헬렌이었다. 굶주린 헬렌도 뜨거운 헬렌도 아니고, 그 외에 근사한 수식어를 붙인 헬렌도 아니었다. 그냥 헬렌이었다. 둘째, 23세였다. 경쟁자들은 그 외 여러 정보를 열심히 덧붙였지만 그녀는 그러지 않았다. 아마도 잠재 고객들은 굳이 의심하지 않아도 그녀가 호텔로 출장을 나와줄 것이라고 짐작할 수 있을 것이다. 게다가 특별 서비스를 제공받고 싶다면 그녀에게 요청하기만하면 된다. 지금까지도 좋았다. 하지만 마지막 세 번째 소개야말로 그녀의 타트 카드를 특별한 것으로 바꿔 주고 있었다. 사진 바로 밑에 그녀는 이렇게 적었다. **실물 사진.**

이러한 것이 바로 내가 말하는 **놀라움**이다. 놀라움이란 사람들과 다른 무언가를 의미할 수도 있고, 또는 똑같은 것을 전혀 다른 방식으로 말하는 것을 의미할 수도 있다. 사실 '실물 사진'이라는 두 단어를 붙인다고 해서 헬렌의 장점이 더욱 부각되는 것은 아니었다. 하지만 그녀의 타트 카드는 다른 매춘부들의 타트 카드에 붙은 사진이나 광고 내용이 정말 사실인지를 의심하게 만드는 효과가 있었다. 나조차도 직접 전화를 걸어서 물어볼까 하는 생각이 들 정도였으니, 헬렌의 광고지는 확실하게 고객의 참여를 유도하고 있었다. 그것은 아주 단순했다. 하지만 경쟁자들에 대한 생각을 완전히 뒤집어놓을 만큼 강력했다. 내가 WPP의 가장 큰 고객을 대신해 연속해서 비즈니스 피치를 심사했을 때에도 비슷한 상황이 벌어졌었다. 꼬박 하루 동안 다섯 개 광고회사가 이 고객이 필요로 하는 대규모 리서치를 따내기 위해 프레젠테이션을 했다. 아침 8시, 첫 번째 광고회사가 도착했다. 회사 중역 너덧 명이 들어오더니 노트북을 프로젝트에 연결하느라 10분 정도 낑낑댄 다음, 가장 직급이 높은 사람이 프레젠테이션을 시작했다. 자기네 회사는 이 일을 정말로 원하고 있으며 고객의 파트너가 되기에 충분한 자격을 갖추고 있다고 말했다. 또한 프레젠테이션을 보면 경쟁사와는 확실히 다르다는 것을 분명히 알 수 있을 것이라고 강조하기도 했다. 그가 말을 끝내자 같이 온 동료들이 하나씩 차례로 이번 리서치에 대한 각자의 의견과 자신들의 '핵심 역량'을 일일이 설명했다. 그리고는 따분하기 그지없는 파워포인트 슬라이드 수백 장을 열심히 보여주면서 이른바 차별적이고 효율적이라는 리서치 방안을 제안했다. 질의 응답이 끝나자 그들은 회의실을 나갔고, 다음 회사가 들어왔다.

다시 컴퓨터를 연결하는 데 10분 정도가 걸렸고, 기계 다루는 데에는 아이들이 최고라느니 하면서 시시껄렁한 농담을 하는 것도 잊지 않았다. 두 번째 무리의 최상급자가 프레젠테이션을 시작했다. 그녀 역시 이 특별한 고객과 일하기를 정말로 원하며 그럴 만한 충분한 자격을 갖추고 있다고, 그리고 프레젠테이션을 보면 자기네가 경쟁사와 얼마나 다른지 잘 알 수 있을 것이라고 말했다. 그녀의 순서가 끝나고 같이 온 동료들이 이번 프로젝트에 대한 각자의 의견과 자신들의 '핵심 역량'을 설명한 다음, 차별화되고 비용효율적인 리서치 방안을 제시했다. 두 번째 회사의 프레젠테이션이 끝나고 다음 회사가 들어왔지만 상황은 마찬가지였다. 점심시간이 되었다. 이렇게 비슷한 프레젠테이션 세 개를 보고 나자 지치고 어질어질했다.

점심 후에 진행된 네 번째 프레젠테이션 역시 앞서와 완전히 판박이였다. 보지 않아도 다섯 번째 광고회사가 어떨지는 짐작이 가고도 남았지만, 거짓 심장마비라도 일으키지 않는 이상 선택의 여지가 없었다.

문이 열리고 남자 한 명이 들어왔다. 그는 환하게 웃으면서 인사한 다음 회의실을 둘러보았다. 앞의 광고회사들이 프레젠테이션을 마친 자리 뒤에 놓인 긴 테이블 위로 프로젝터가 열을 식히느라 아직도 윙윙대고 있었다. 남자는 가방을 열고는 노트북을 꺼냈다. 바로 그 순간이었다. 정말로 가슴에 통증이 오는 것만 같았다. 손가락이 저려왔다.

그때 남자가 고개를 가로젓더니 노트북을 도로 가방에 집어넣었다. 뒷자리로 간 남자는 의자를 꺼내서 앞으로 들고 와서 펼치고는 우리 심사위원 다섯 앞에 마주 앉았다. 남자가 말했다.

"전 가벼운 대화만 나눴으면 좋겠는데, 괜찮겠습니까?"

신이 구원의 손길을 내미셨다! 이후 40분 동안 그와 우리는 프로젝트에 대해 흥미진진하면서도 유익한 대화를 나누었다. 그야말로 앞의 네 회사를 합친 것보다 이번 일에 대해 더 많이 알고 있는 것 같았다. 그러더니 그가 최후의 일격을 날렸다. 자신은 다른 경쟁사들에 비해 이번 리서치를 행할 자격이 부족한 것 같다고는 생각하지만, 혹시 경험이나 능력이 부족하더라도 자신이 맡을 일이 있을지 알아보기 위해 우리를 만나보고 싶었다는 것이다.

당연히 맡을 일이 있었다. 다른 경쟁자들 모두를 회색의 무미건조한 존재로 만든 것만으로도 그는 충분히 자기 할 일을 다 한 셈이었다. 그에게 키스라도 날리고 싶었다.

매매춘 세계와 비즈니스 세계의 유사점이 프레젠테이션에만 존재하는 것은 아니다. 이 부분을 쓰고 있을 즈음, 나는 WPP의 마케팅 연구원(Marketing Fellowship) 프로그램에 참여할 사람들을 뽑는 일에 참여하고 있었다. WPP는 매년 우수한 대학졸업생 10여 명을 채용한 다음 3년 동안 2대륙 세 개 회사에서 근무하는 프로그램에 투입시킨다. 미래의 경영자를 뽑는 것을 목표로 하는 이 프로그램은 경쟁률이 무척 높은 편이다. 2006년과 2007년에는 지원자가 무려 1,300명이었고, 이들 중 60%만이 서류 전형에 합격해서 1차 면접을 치를 수 있었다.

면접을 진행할 때 나는 브랜드에 대한 질문을 자주 던진다. 그들은 브랜드를 어떻게 정의할까? 그들은 특정 브랜드에 대해 애착이 강한 편인가? 올해의 경우 대다수 지원자들이 질문을 받자마자 아무 생각 없이 애플이나 나이키, 이노선트(Innocent, 영국의 음료 브랜드)와 같은 브랜드에 대해 말하는 것을 보며 나는 실망감을 감출 수 없었다. 이들 브랜드야 칭송해 마땅하다는 것은 말할 나위도 없다. 나 역시도 유명 브랜드에 감탄하는 사람이며, 고객들과도 그러한 브랜드에 대해 많은 대화를 나눈다. 하지만 바로 그것이 문제다. 우리 회사 사람 모두가 애플과 나이키와 이노선트에 대해 말한다. 그렇기에 면접에서(사실 이름만 면접일 뿐, 후보는 제시되는 제품이고 채용되는 것이 B지점이라는 점에서 피치와 전혀 다르지 않다) 유명 브랜드에 대한 독창적인 견해를 주고받는 것은 정말로 혼란스럽기 짝이 없는 일이다. 게다가 애플 브랜드에 대해 말한 후보들 중 '그렇게도 생각할 수 있겠군' 하며 절로 고개가 끄덕여지는 의견을 제시한 사람은 단 한 명도 없었다.

그런데 한 젊은 여성 지원자가 눈에 띄는 대답을 했다. 질문을 받자 그녀는 잠시 생각하더니(그것만으로도 훌륭한 반응이었다) 이렇게 대답했다. "제 답이 적절한지 어떤지 확신이 안 서네요." 내가 계속하라는 뜻으로 미소를 짓자 그녀가 대답했다. "전 마마이트(Marmite)가 좋습니다." 이어서 그녀는 강하게 톡 쏘는 맛으로 유명한 영국의 야채농축 잼 브랜드에 대한 장점을 열렬히 설명하기 시작했다. 내 미국인 친구가 한번 먹어 보고는 "내가 먹어본 것 중 최악의 음식 테러였어"라고 말한 그 브랜드에 대해 말이다. 다른 지원자들이 다 오른쪽으로 방향을 잡았다면 그녀 혼자 왼쪽으로 방향을 잡은 셈이었다. 그녀가 자신의 개인적인 의견을 재치 있게 드러냈다는 점도 중요하다. 하지만 이보다 훨씬 중요한 것은 그녀가 정해진 틀을 넘어 답할 수 있는 용기를 가졌다는 사실이었다.

위대한 광고맨 빌 번벅은 자신의 작품에 대해 이렇게 말했다. "당신이 어떤 제품에 대한 장점을 설명하기만 한다면 아무도 그 말을 듣지 않을 것이다. 당신은 사람들의 심금을 울리는 방법으로 제품에 대해 말할 수 있어야 한다. 사람들의 감정에 호소하지 못한다면 아무 변화도 일어나지 않을 것이다."

번벅의 말은 프레젠테이션에도 적용되는 진리이다. 광고회사가 만드는 것이 바로 광고이기 때문이다. 당신의 프레젠테이션은 청중의 감정에 호소할 수 있어야 한다. 다시 말해 당신은 청중 개개인의 참여를 유도하는 동시에 그들에게 개인적인 감동을 줄 수 있어야만 한다. 프레젠테이션 내용이 청중이 이미 잘 알고 있는 것일지라도 전과는 다른 방식으로 그 내용을 제시할 수 있어야 한다.

일례로 내가 1990년대에 미국에서 진행한 광고 피치에서 겪었던 경험을 들 수 있다. 이때의 프레젠테이션과 그 결과는 『진실, 거짓 & 광고(Truth, Lies & Advertisement)』에 자세히 설명되어 있다. 여기에서는 당시 프레젠테이션 중에서 우리가 지금 다루는 문제에 해당되는 부분에만 초점을 맞출 것이다.

1993년 포르셰가 굿비 실버스타인 앤드 파트너스에 북미 지역 광고에 대한 프레젠테이션을 요청해왔을 때, 이 자동차 회사는 심각한 문제를 겪고 있었다. 7년 전만 해도 미국 내에서 포르셰의 연간 판매량은 3만 대에 달했지만, 1993년 당시 판매 대수는 채 4,000대도 되지 않았다. 포르셰 경영진은 매출 감소의 원인을 여러 가지 이유를 들어 설명했다. 포르셰 924와 같은 값싼 제품이 단종되어 회사 전체의 라인업이 바뀐 것, 일본산 저가 스포츠카와의 경쟁, 1986년에서 1993년 사이에 포르셰 가격이 117% 인상된 데다 경기 침체까지 겹쳐 잠재 고객 다수가 포르셰를 구입할 수 없게 된 것, 브랜드 인지도 하락 등을 그 이유로 들었다. 그들의 광범위한 시장조사는 많은 사람들이 포르셰 브랜드를 이른바 1980년대식 과시적 소비로 생각하고 있다는 것을 보여주었다. 브리핑 자료는 무수한 그래프와 표를 통해 여러 주요 부분에서의 브랜드 이미지 하락을 보여주고 있었고, 미 달러화 대 독일 마르크화의 환율 변동이 포르셰 판매량에 미치는 영향에 대한 근사한 분석까지도 포함하고 있었다.

문제 대부분은 우리 능력으로는 통제할 수 없는 것들이었다. 가격은 포르셰의 반도 안 되면서 시속 60킬로미터까지의 도달 시간은 똑같다고 광고하는 일본 자동차 회사들을 우리가 무슨 수로 막겠는가. 더군다나 독일 수상에게 경제 정책을 바꾸라고 설득할 수도 없는 노릇 아닌가. 하지만 좋든 싫든 불경기에도 계속 고가의 자동차를 판매하는 것이 우리의 일이었다. 우리가 다룰 수 있는 유일한 문제는 포르셰의 브랜드 이미지에 대한 문제였다. 그러나 우리에게 더 중요한 것은 포르셰의 중역들이 포르셰의 브랜드 이미지를 제대로 이해하는 것이었다. 단순히 수치상으로가 아니라 인간적 차원에서 말이다.

한 포커스그룹과의 리서치에서 나는 포르셰를 소유하지 않은 사람들에게 이 순간 도로 위를 달리고 있는 상황이라고 가정해보라고 요청했다. 그리고 그림에서처럼 고개를 옆으로 돌리니 포르셰 911이 옆에서 나란히 달리고 있다고 상상해달라고 요청했다. 공란으로 되어 있는 말 풍선은 응답자들 본인의 생각을 나타낸다. 만약 이 상황에 처한다면 그들은 어떤 생각을 할까? 나는 응답자들에게 이때에 떠오를 만한 생각을 말 풍선에 적어 달라고 요청했다. 한 응답자는 딱 두 단어만 적었다. 하지만 그의 대답은 다른 응답자들의 생각을 다 합친 것이나 다름없었다. **망할 놈!**

프레젠테이션을 하기 전에 우리는 포르셰 중역들에게 그들이 제공한 여러 자료를 분석했을 뿐 아니라 직접 시장조사도 했다는 사실을 미리 밝혔다. 그리고 포르셰가 어려움에 처하게 된 근본 원인은 대단히 복잡하다는 말을 덧붙이는 것도 잊지 않았다. 하지만 그렇다고 차트 한 장에 요약 못할 정도는 아니었다. 아니 실제로는 단 두 단어로 압축할 수 있었다. 마지막으로, 이 두 단어가 우리의 광고와 그 밖의 메시지 전달이 어떤 문제를 중점으로 다루어야 하는지를 생생하게 보여준다고 설명했다. 포르셰 중역들이 슬라이드를 잘 보기 위해 몸을 앞으로 내밀었다. 그들은 솔깃해 하고 있었다.

리서치의 특징 몇 가지를 간단히 설명한 다음 나는 곧바로 아래 그림이 담긴 슬라이드를 보여주었다.

미국의 일반적인 운전자들이 포르셰 운전자들에게 보이는 반응.

그 자리에 모인 포르셰 중역들에게서 숨 넘어가는 소리가 들려왔다.

나는 최근 몇 년 동안 포르셰의 광고가 다소 권위적이며 독일식 분위기를 풍겨왔다고 설명했다. 또한 미국 시민들이 포르셰 운전자를 센스는 없고 돈만 많은 거만한 족속들이라고 생각하는 것 역시 이런 이미지를 강화한다고 말했다. 나는 또다른 시장 조사의 예를 들어주었다. 그 리서치에서 우리는 미국인 1,000명에게 여러 브랜드와 그 브랜드 사용자에 대해 어떻게 생각하는지를 물어보았는데, 포르셰의 경우 200명의 응답자가 포르셰 운전자에 대해 안 좋은 이미지를 가지고 있는 것으로 드러났다.

내가 말했다. "5명 중 1명이죠. 여러분이 출근길에 마주치는 사람들 중 아주 많은 사람들이 여러분을 탐탁지 않게 생각하고 있습니다."

당연히 우리 앞에 앉은 포르셰 중역들은 모두 포르셰를 몰았다. 그들은 어떻게 해야 할지 모르겠다는 표정을 짓고 있었다. 내가 말을 이었다.

"포르셰사의 문제는, 포르셰를 갖고 싶어하고 포르셰를 몰고 싶어하는 많은 사람들이 차마 행동에 옮기지를 못한다는 것입니다. 그들은 포르셰를 구입할 수 없습니다. 친구나 낯선 사람들의 시선이 두렵기 때문이죠. 그리고 바로 그 점이 우리가 다뤄야 할 문제입니다."

몇 년 후 독일 포르셰 본사 회의실에서 최고경영진은 여전히 '망할 놈' 문제를 해결해야 할 필요성을 역설했다고 한다.

단순함. 개인의 감정에 대한 호소. 놀라움. 그리고 충격까지. 하지만 효과는 좋았다.

어떤 피치를 하든 전부는 아닐지라도 당신과 경쟁자가 말하는 내용이 똑같을 수도 있다는 사실을 염두에 두어야 한다. 그렇기에 남다른 내용을 말하지 못한다면 최소한 똑같은 내용을 남다른 방식으로 전달할 수 있어야 한다. 런던 메이페어(Mayfair) 지역의 한 공중전화박스에 붙어 있던 타트 카드는 이러한 예를 단적으로 보여준다.

그 전화박스에 붙어 있는 한 타트 카드는 다른 카드들이 중시하는 내용은 하나도 담겨 있지 않았다. 달랑 손으로 직접 쓴 이름과 전화번호, 그리고 그 외의 네 단어뿐이었다. 하지만 그것은 아주 고심해서 쓴 것처럼 보였고, 그 분야의 형식에 어느 정도는 맞게 작성되었을 뿐 아니라 혹시라도 전화만이 아니라 다른 것도 기대하고 전화박스에 들어올 남자의 설

I LOVE
MY JOB

AMANDA

남다른 내용을 말하지 못한다면 최소한 똑같은 내용을 남다른 방식으로 전달할 수 있어야 한다.

렘과 두려움을 충분히 배려하고 있는 듯했다. 정보를 충분히 실어놓지는 않았지만 나머지야 직접 전화해서 알아보면 될 일이었다. 게다가 진짜로 마음에 드는 부분은 따로 있었는데, 그 타트 카드에는 우리 직장인들이 자신의 일에 대해 느끼고 싶어하지만 정작 그렇게 말할 일은 거의 없는 그런 말이 적혀 있었다. 우리의 단조로운 일상 속에 던져진 그녀의 말은, 혹시라도 잠재 고객이 느낄지도 모르는 불안감을 그 즉시 없애줄 만큼 대단히 강력했다. 누군가를 선택해야 한다면, 전화박스 속의 그 타트 카드처럼 자신의 일에 대해 자부심을 느끼는 여인을 선택하는 것이 당연하지 않겠는가?

타트 카드에 적힌 글은 간단했다. "저는 제 일을 좋아합니다."

그녀에게 광고회사에서 일해볼 생각이 없냐고 물어보고 싶다.

『윈스턴 처칠 방법(The Sir Winston Method)』이라는 연설문 작성 책에서 전직 대통령 연설문 작성자인 제이미 흄즈(Jamie Humes)는 이렇게 말한다. "당신의 열정을 청중이 믿지 못한다면, 당신이 아무리 많은 통계치나 사실을 떠들어대도 소용없다." 그리고 그는 뒤이어 오래된 격언을 인용한다. "당신이 아주 많은 정성을 기울이고 있음을 알려주지 못한다면 사람들은 당신이 얼마나 많이 아는지 관심 갖지 않는다."

성공적인 프레젠터는 머리끝부터 발끝까지 열정과 신뢰를 발산한다. 지난 여러 해 동안 고객들과 이런저런 대화를 나누면서 나는 우리 팀을 선택한 이유가 무엇인지를 물어보았다. 그들은 한결같이 이렇게 답했다. "당신 회사가 그 일을 더 많이 원했으니까요."

그들은 우리가 프레젠테이션을 준비하면서 모든 노력을 쏟아부었다는 것을 알고 있었다. 단지 막대한 수입을 위해서가 아니라 그들의 문제를 해결하기 위해 전심전력을 다했다는 것을 말이다. 우리는 우리가 제시한 해결책을 열정적으로 믿었다. 그렇기에 우리가 채택되지 못하는 것은 곧 우리 개개인들을 거부하는 것이라고까지 생각할 정도였다. 그리고 이러한 우리의 바람과 자신감은 고객에게도 옮아갔다.

가장 설득적인 프레젠테이션의 중심에는 프레젠터 스스로 자신의 말이 옳다고, 자기 자신이 옳다고 생각하는 강력한 믿음이 존재한다. 1963년 8월 28일 링컨기념관 앞에 섰던 마틴 루서 킹 목사는 남다른 방식으로 자신의 열정을 보여주었고, 우리와 만났을 때의 스티브 잡스 역시 그러했다. 두 사람은 완전히 남다른 방식으로 자신들의 열정을 보여주었다. 모든 인간은 다 다르다. 그렇기에 열정을 보여주는 방식에 있어서 더 좋은 방법도 더 나쁜 방법도 존재하지 않는다. 마틴 루서 킹 목사는 남부 침례교 전통을 강하게 보여주는 연설가였다. 스티브 잡스는 무시무시할 정도로 똑똑했다. 제인 구달 박사는 내가 본 중에서 가장 조용한 연설가였지만, 그 부드러운 목소리와 행동 뒤에는 내 등줄기가 서늘해질 정도의 강렬함이 숨어 있었다. 내 부모님은 말을 꺼내기도 전에 내가 그분들 뜻을 따르게 만드는 대단한 능력을 가지고 있었다. 이러한 사람들에게 어중간한 태도는 존재하지 않는다. 그들이 어떤 신념을 가진다면, 그에 대한 근거를 제시한다는 것 자체가 신념의 붕괴를 의미했다.

일에 대한 열정을 설명할 때 나는 유명한 광고인인 조지 로이스(George Lois)의 책 『위대한 아이디어란 무엇인가(What's the Big Idea)?』에 나오는 이야기를 자주 인용한다. 로이스는 당시 뉴욕 제일의 무교병* 회사인 굿맨 앤드 선즈(Goodman & Sons)의 사장에게 히브리어로 쓴 포스터를 제안했지만 사장은 이를 거절했다. 히브리어를 모르는 사람이 광고포스터의 내용을 이해할 수 없을지도 모른다는 이유 때문이었다. 말도 안 되는 소리였다.

"이 광고를 당신에게 팔 방법이 분명 있을 겁니다." 로이스가 말했다. 그런 다음 그는 포스터를 둘둘 말아서 창문 위로 올라갔다. 창문 난간에 선 로이스는 왼손으로는 튀어나온 창문턱을 잡고 오른손으로는 포스터를 펄럭이면서 롱아일랜드 시가 떠나갈 듯 소리를 질렀다. "사장님은 무교병을 만드세요. 저는 광고를 만들 겁니다!"

■ 유대인이 유월절에 먹는 음식

사장이 따라 올라와서 그를 말렸다. 결국 유대인 사장은 히브리어로 된 광고포스터 캠페인을 로이스에게 맡긴다는 약속을 할 수밖에 없었다. 로이스가 가게를 나서는데 유대인 사장이 말했다. "혹시 광고 일을 그만 둘 일이 생긴다면 연락하시오. 기꺼이 무교병 영업사원으로 취직시켜주 겠소."

PERFECT PITCH

연결 관계 만들기

완벽한 피치
계획하기

프레젠터의 본분이 청중 앞에서 완벽한 프레젠테이션을 하는 것이라고
만 생각한다면 큰 오산이다. 앞에서도 말했듯, 프레젠터가 제일 먼저 해
야 할 일은 청중의 심리를 이해하는 것이며, 방대한 정보를 수집하고 의
미 있는 중요한 정보를 그렇지 못한 정보와 분류하여 걸러진 정보를 단순
하고 동기 부여가 가능한 아이디어로 바꾸어야 한다. 그런 다음에는 극작
가가 각본을 쓰듯 충분한 드라마와 위트와 반전이 넘치도록 프레젠테이
션을 작성해서 청중을 흠뻑 매료시킬 수 있어야 하며, 공연자의 기교까지
발휘해야 한다. 한 마디로 요약해, 프레젠터는 팔방미인이 되어야 한다.
자료 조사, 각본, 제작, 감독, 그리고 연기까지 케빈 코스트너가 따로 없
다. 청중의 심리를 파악해야 한다는 것에 대해서는 이미 언급했다. 여기
서는 두 번째와 세 번째 단계인 정보를 수집하고 분석하는 과정과 스토리
를 만들어내는 과정에 대해 초점을 맞추기로 하자. 프레젠테이션에 생기
를 불어넣는 방법에 대해서는 6장과 7장에서 논할 것이다.

『기업 경영과 전략적 사고(The Mind of the Strategist)』에서 오마에 겐
이치는 이렇게 말한다.

사물의 본성을 바탕으로 합리적으로 분석하고, 비선형적 지적 능력을 발휘
해서 여러 다양한 정보를 새로운 패턴으로 재통합할 수 있어야 한다. 이 두

가지가 결합되어야만 가장 훌륭한 해결책이 나온다.

놀랍도록 간단명료한 이 말은 다음과 같은 중요한 의미를 지닌다. 첫째, 그의 설명을 보며 우리는 처음부터 무언가를 창조하느라 애쓸 필요가 없다는 사실에 안도할 수 있다. 그가 제시하는 문제 해결책은 오래된 정보를 새로운 방법으로 조합해야 한다는 것이고, 당연히 이는 완전히 새로운 무언가를 만드는 것보다는 훨씬 쉽다. 시시한 얘기처럼 들릴 수도 있다. 하지만 기존 정보를 새로운 방법으로 조합할 수 있다면 큰 효과를 얻을 수 있는데, 3장에서 설명했듯 익숙함과 놀라움의 환상적인 결합은 아이디어의 매력을 더욱 높여주고 위험을 현저히 낮춰주기 때문이다. 둘째, 어떤 사람은 이러한 프로세스의 고유 관계를 쉽게 이해하는 반면 어떤 사람은 그렇지 못하며, 그 사실에 두려워할 수도 있다. 하지만 걱정할 필요 없다. 능력은 학습을 통해 습득할 수 있으며, 지금부터 나오는 설명과 몇 가지 예가 이를 입증해줄 것이다.

다음의 조언 중 일부는 제임스 웹 영(James Webb Young)의 『손에 잡히는 아이디어(A Technique for Producing Ideas)』에서 차용한 것이다. 1912년 JWT에 입사하여 1928년 광고제작 부사장으로 은퇴한 제임스 웹 영의 책은 거의 한 세기 전의 일을 바탕으로 삼고 있음에도 오늘날에도 여전히 신선하고 중요한 의미를 많이 선사한다. 60쪽 정도밖에 되지 않는 매우 짧은 책이지만, 아이디어 창안의 책임이 있는 사람에게 그리고 더 중요하게는 다른 사람이 아이디어를 떠올리도록 도와주어야 할 책임이 있는 사람에게 매우 현명하고 유용한 지침을 제공한다. 이 책은 내가 광고 아이디어를 생각해내고 프레젠테이션을 하면서 이용한 방법과 거의 모든 면에서 흡사한 내용을 담고 있다. 하지만 제임스 웹 영과 달리 나는 지금까지 그 방법을 공식화하거나 '프로세스'로 정리할 생각은 한 번도 해본 적이 없었다. 핑계를 대자면, 오늘날 기업 문화에서는 적절한 해결책 마련은 고사하고 당면한 문제를 심사숙고하는 데 필요한 시간과 공간을 확보하는 일마저도 과거보다 훨씬 더 어려워졌기 때문이다.

우리들은 대부분 시간을 효율적으로 활용하지 못하며, 그로 인해 아이디어를 창안하거나 프레젠테이션을 준비할 때에도 심사숙고하지 못한다. 나는 내가 제안하는 프로세스가 문제를 깊이 고려하고 프레젠테이션을 준비하는 데 있어서 직종과 산업을 막론하고 어느 누구에게나 많은 도움이 되기를 바란다. 하지만 진정한 효과를 지니려면 이 프로세스가 기업 문화의 일부가 되어야 하며, 오늘날의 기업 환경에서 개인의 깊은 생각을 가로막는 장애물을 적어도 일부만이라도 제거할 수 있어야 한다. 그럴 수 없다면 어느 누구도 진정으로 효과적인 프레젠테이션을 준비하거나 작성할 수 없을 것이다.

프레젠테이션 준비를 위한 5단계 프로그램

지금 설명하는 방법은 5단계로 구성되어 있으며, 하나하나가 다음 단계에 필요한 토대를 제공한다. 따라서 1단계를 건너뛰고 2단계로 곧장 가서는 안 되며, 1~3단계를 다 숙지하지 못한 상태에서 4단계로 옮겨도 아무 소용이 없다. 물론 가끔 예외가 있을 수는 있지만 쉬운 길로만 가려 하다가는 훌륭한 최종 결과물을 얻을 가능성이 크게 줄어들 수 있다는 사실을 유념하자. 여기서 최종 결과물은 물론 승리하는 새로운 비즈니스 프레젠테이션을 말하지만 다른 관점에서 본다면 효과적인 광고 캠페인이나 성공적인 제품 개발, 또는 승리로 이끄는 선거 전략이 될 수도 있다. 이들 모두 기본적인 원칙은 동일하다. 그렇기에 5단계 프로그램은 여러 다양한 상황에 두루 적용할 수 있다.

과거에 이 5단계 프로그램을 설명했을 때 사람들이 보이는 반응은 대략 두 가지였다. 첫째는 실망감으로, 많은 사람들이 억울해 죽겠다는 표정을 차마 숨기지도 못하고 "너무 단순하잖아"라고 말했다. 물론 그들이 말하는 단순하다는 의미는 세련되지 못하고 파워포인트 슬라이드에 담기가 쉽지 않으며 별로 깊은 인상을 남길 것 같지도 않다는 뜻이다. 수긍이 간다. 그다지 깊은 인상을 남길 것 같지 않다는 말만 제외하면 말이다. 이 5단계 프로그램 자체는 별로 인상적이지 못할지라도 여기에 대한 평가는 프로그램의 좋고 나쁨이 아니라 결과로 나오는 프레젠테이션이나 아이디어를 두고 내려야 한다. 다시 말해 프로그램 자체가 아니라 프로그램이 만들어내는 결과에 치중해야 하는 것이다. 나는 오히려 쉽게 요약할 수 없고 슬라이드로 만들기도 힘들다는 사실이 이 프로그램의 큰 장점이라고 생각한다. 이 프로그램은 일을 가장 잘 하는 방법과 가장 훌륭한 아이디어를 만들어내는 방법을 궁리한 끝에 개발된 것이다. 그렇기에 5단계 프로그램이 근사한 도표나 훌륭한 그래픽을 만들거나, 또는 제일 앞표지에 멋진 트레이드마크를 붙이는 데 아무 도움이 안 된다 해도 어쩔 수 없다.

우리는 지나치게 자주 사후합리화(post-rationalization) 문화에 젖어들곤 한다. 사후합리화 문화의 발단은 과학집단에서 찾을 수 있겠지만,

지금은 마케팅계에도 치명적일 정도로 넓게 퍼져 있다. 우리는 자신이 거둔 성공에 대해 말할 때 다른 사람들에게 깊은 인상을 주고 싶어한다. 그래서 우리 자신에 대해 있는 그대로를 말하지 않고, '똑똑하고 세련된 사람들이라면 이렇게 말하겠지'라고 생각하면서 거기에 맞춰 이야기를 전한다. 심지어는 뚜렷한 정보 없이 순전히 육감에만 의존해서 결과를 추측해야 하는 상황에서도 우리는 확실한 근거가 존재하는 것처럼 행동하기도 한다. 이런 식의 보고에는 직관이나 상식, 우연의 일치와 같은 단어는 등장하지 않는다. 하지만 이러한 단어들이야말로 있는 그대로를 말할 때 우리가 일상적으로 사용하는 단어들이다.

이에 대한 한 가지 유명한 예외는 「마켓 리더(Market Leader)」 2005년 겨울호에 실린 폴 펠드윅(Paul Feldwick)의 글이다. 이 글에서 펠드윅은 BMP DDB 니덤(BMP DDB Needham)이 영국의 신용카드사인 바클레이카드(Barclaycard)를 위해 만든 광고 캠페인에 대한 진실을 들려준다. 그의 설명에 따르면 위대한 아이디어들이 점점 더 빛을 잃으면서 전문 리서처라는 사람들의 형편없는 조언 속에 끔찍한 광고가 만들어질 뻔했다. 하지만 포커스그룹의 누군가가 "로언 앳킨슨(Rowan Atkinson)이 재밌잖아. 그 사람 쓰는 게 어떨까?"라고 말한 덕분에 유명한 광고 캠페인이 탄생하게 된 것이었다. 최상의 관행을 지침으로 삼았던 과거 광고들에 대해 말하면서 펠드윅은 이렇게 제안한다. "비즈니스 세계에서는 우아함이나 논리, 말쑥함에까지 줄 상은 없다는 사실을 명심해야 한다. 훌륭한 결과에 대한 상만이 존재할 뿐이다."

1단계 : 정보 모으기(Grazing)

프레젠테이션을 준비하기 위한 5단계 프로그램의 첫 단계는 정보 모으기
이다. 누*가 물과 새로운 풀을 찾아서 아프리카 대평원을 돌아다니듯, 프
레젠터 역시 지성을 함양하기 위해 끊임없이 새로운 정보를 찾아다녀야
한다.

정보를 모으는 것은 말이 필요 없을 정도로 대단히 중요한 단계이다.
하지만 사람들은 이 단계의 중요성을 쉽게 망각한다. 그들은 사실을 진지
하게 고민하지도 않은 채, 시간을 아끼는 것이 상책이라고 생각하면서 곧
장 해결책을 마련하는 단계로 뛰어든다. 그러나 이런 행동은 아무것도 만
들어내지 못한다. 이런 상황에서는 중요한 정보가 무시되고, 의미도 연
관도 없는 정보가 청중에게 그대로 전달되어버린다. 이로써 드러나는 유
일한 결과는 청중의 시간이 낭비되었다는 것뿐이다.

아주 많은 프레젠터들이 가공되지 않은 정보를 그대로 전하면서 청중
에게 고문을 가한다고 1장에서 이미 지적한 바 있다. 프레젠테이션 코치
인 제리 와이스먼(Jerry Weissman)은 이를 '데이터 덤핑(Data Dump)'이
라고 부르는데, 마샤 클라크를 비롯한 검찰 팀이 O. J. 심슨 재판에서 패
한 가장 결정적인 원인 중 하나가 바로 이 데이터 덤핑 때문이었다. 『승리
하는 프레젠테이션(Presenting to Win)』에서 와이스먼은 자신의 책을 읽
은 프레젠터만이라도 청중에게 이런 데이터 덤핑을 행하는 일이 없기를

■ 아프리카산 큰 영양의 일종

바란다며 이렇게 말했다. "어떤 프레젠테이션이든 성공을 위해서는 연극과도 같은 행위가 필수적이다. 데이터 덤핑과 프레젠테이션은 엄연히 다르다. 그것은 당신이 행하는 프레젠테이션의 일부일 뿐이다. 데이터 덤핑은 막후 작업이다. 무대에 올라서는 안 된다."

어떤 프로젝트를 시작하든 나는 고객으로부터 브리핑을 듣자마자, 심지어는 그보다 훨씬 전부터 데이터 덤핑을 피하려고 노력한다. 내 동료이며 JWT의 글로벌 크리에이티브 디렉터인 크레이그 데이비스(Craig Davis)는 5/15/80 규칙을 자주 언급한다. 5는 어떤 일을 시작하기 전에 중요한 정보를 5% 알고 있다는 것을 의미하며, 15는 자신이 모르고 있다는 것을 인식하는 정보가 15%라는 것이다. 그리고 80은 모른다는 사실조차도 모르는 정보가 80%라는 것을 나타낸다. 나는 이 친구의 말이 정확히 맞아떨어진다고 생각한다. 그렇기에 고객으로부터 새로운 브리핑을 들을 때마다 5/15/80의 규칙을 생각하지 않을 수 없다.

바로 이런 이유 때문에 해답을 마련하는 과정으로 곧장 뛰어드는 것은 현명치 못한 행동이다. 그렇게 되면 자신의 해답을 어느 정도 확신할 수 있는지 전혀 알 수가 없게 된다.

7장에서는 새로운 비즈니스 프레젠테이션의 순조로운 출발을 위해 필요한 '개시 미팅(Day One exercise)' 개념에 대해 소개할 것이다. '개시 미팅'에는 피치 팀 팀장, 가능하다면 고객도 포함된 핵심 지원팀, 그리고 특정 부분에 대한 경험이 있는 개인 몇 명(이들은 특정 분야나 시장에 대해 많은 지식을 가진 사람일 수도 있고, 테크놀로지 전문가일 수도 있고, 아니면 특정 소비자 계층의 심리를 잘 아는 사람일 수도 있다)을 포함시키는 것이 좋다. 또는 특별히 경험은 많지 않아도 새로운 시각으로 문제를 바라보며 촉매 역할을 제공해줄 수 있는 사람을 포함시키는 것도 좋다. 이들이 모여 하루를 같이 보낸다. 그러면서 이미 알고 있는 지식을 나누고, 미지의 영역인 80%의 정보를 얻기 위한 방법을 찾을 수 있다. 일단 여기에서는 프레젠테이션 준비 작업을 본격적으로 시작하기 전에 어떤 종류의 정보를 수집해야 하는지에 초점을 맞출 것이다. 수집해야 할 정보는 개시 미팅의 내용이 되는 동시에 효과적인 아이디어와 프레젠테이션을 위한 기본 토대가 된다.

제임스 웹 영은 두 종류의 정보를 수집해야 한다고 말한다. 첫째는 '세부적(specific)'인 정보이고, 둘째는 '일반적(general)'인 정보이다. 광고계에서 세부적 정보란 해당 제품이나 브랜드에 대한 정보, 산업 카테고리와 경쟁사에 대한 정보, 그리고 그 브랜드의 경영자들이 관계를 만들어내거나 확대하고 싶어하는 목표 청중(target audience, 목표 소비자)에 대한 정보를 의미하며, 일반적 정보는 브랜드를 자주 이용하는 사람들의 생활과 산업 카테고리의 관계에 대한 정보와 그들이 속한 사회·경제·문화적 배경에 대한 정보를 뜻한다. 어떤 업종에 종사하든 프레젠터에게 있어 세부적 정보는 고객 회사의 요구 사항과 직접적인 관련이 있는 반면, 일반적 정보는 목표 청중에 속한 사람들의 삶에 색채와 드라마를 더해주고 연결 관계(connections)를 만들어준다.

인정하고 싶지는 않지만 대부분의 사람들은 세부적 정보를 수집하기 위해 충분히 열심히 노력하지 않으며, 또한 많은 사람들이 전체 맥락을 연결해주는 일반적 정보의 중요성 역시 쉽게 무시해버린다. 하지만 O. J. 심슨 재판에서 마샤 클라크와 검찰이 그랬던 것처럼 이런 행동에는 쓰디쓴 대가가 뒤따른다는 것을 기억하자.

우리는 제품이나 산업 카테고리, 소비자를 정확히 파악해야 한다는 말을 자주 거론하지만 대부분의 경우 습관적인 행동만을 되풀이하면서 문제의 진정한 본질은 꿰뚫어보지 못한다. 보고서를 읽고 모든 데이터를 분석하고 모자란 내용을 보충하기 위해 외부에 리서치를 위임하지만 산업 카테고리나 소비자를 진정으로 이해하지는 못한다. 많은 리서치가 형식에 치우진 나머지, 예기치 못한 인간적 일화나 경험에서 드러나는 사실은 제대로 파악하지 못하는데, 이런 일은 리서치가 광고주 입맛에만 맞게 구성하고 정작 응답자의 솔직한 답변은 차단하는 형식으로 구성되어 있을 때 비일비재하게 발생한다. 광고회사의 어카운트 플래너나 프레젠터는 소비자의 동기를 이해하기 위해 노력해야 한다. 이를 위한 가장 좋은 방법은 그들과 함께 시간을 보내는 것이다. 단순히 소비자들에게 말을 건네고 질문을 하는 차원이 아니라 그들의 행동을 관찰하고 그들이 주변 사람들이나 제품과 상호작용하는 방식을 주의 깊게 살펴야 한다. 특히 '자연스런 환경(natural habitat)'에서라면 더 말할 나위 없이 좋다.*

이런 면에서 산업 카테고리나 소비자들에 대한 세부적 정보를 알아내는 것은 소설가가 어떤 장소를 묘사하고 등장인물을 창조하는 것과 비슷하다. 아직 발표하지는 않았지만 나는 『미지의 땅(Parts Unknown)』이라는 소설을 썼다. 소설의 주요 배경은 서구 관광객들이 마운틴고릴라(mountain gorilla)를 연구하기 위해 가는 장소인 우간다이다. 소설을 쓰기 위해 마운틴고릴라들과 마운트 가힝가 국립공원(Mount Gahinga

---

★ 전통적인 리서치나, 소비자 태도와 행동방식을 보다 심층적으로 이해하기 위해 행해지는 대체적인 방법들의 단점에 대해서는 『진실, 거짓 & 광고』 3장 '맹목적 조사'와 4장 '양파 벗기기'를 참조하기 바란다.

National Park)의 지형과 초목에 대한 세부적인 정보가 많이 필요했다. 책이나 인터넷을 통해 자료를 많이 찾을 수 있었지만 아프리카 중동부 지역에서 직접 체류하며 마운틴고릴라들의 생활을 직접 관찰하고 우간다에 대한 제반 지식을 습득해 등장인물들의 사실감을 높여주는 정보를 얻을 필요가 있었다. 하지만 리얼하면서도 설득력 있는 등장인물과 상황을 설정하기 위해서는 세부적 정보보다 훨씬 많은 것이 필요했고, 그런 과정에서 나는 제임스 웹 영이 언급한 일반적 정보의 중요성을 절실히 깨달을 수 있었다.

마운틴고릴라 서식지나 그들이 풍기는 냄새에 대한 자세한 지식만 가지고는 우간다나 르완다, 그리고 마운틴고릴라에 대한 소설을 쓸 수 없었다. 역사적 배경과 문화적 배경에 대해서도 알아야 했다. 아프리카의 식민사와 그것이 우간다에 미친 영향, 국가들이나 부족들간의 전쟁, 이디 아민(Idi Amin) 대통령과 밀턴 오보테(Milton Obote) 대통령의 독재 집권, 요웨리 무세베니(Yoweri Museveni) 현 대통령에 대한 정보, 특정 시기의 우간다의 날씨, 콩고 음악과 우간다 음악의 차이, 에이즈 위기, 에볼라 바이러스에 대한 두려움, 우간다 일반 가정이 아침, 점심, 저녁에 먹는 음식, 그리고 엄지와 검지로 우간다의 5실링 지폐를 집었을 때의 감촉 등 수많은 자료를 수집해야 했다.

이러한 지식은 구체적인 목표를 세워서 얻을 수도 있겠지만, 대부분은 무작위로 우연히 발견되는 경우가 더 많았다. 몇 달 아니 몇 년 동안 『미지의 땅』을 계획하고 자료를 수집하고 원고를 여러 번 고쳐 쓰면서 나는 끊임없이 정보를 찾아다녔다. 솔직히 광고 일에 쏟는 것만큼이나 많은 시간과 노력이 들었을 정도였다.

훌륭한 프레젠터가 되고 훌륭한 아이디어를 생각해내고 훌륭한 작가가 되기 위해서는 삶에 대한 일반 지식을 모으는, 그리고 자신이 찾아낸 정보와 직접 겪은 경험을 모으는 '수집가'가 되어야 한다. 그리고 이러한 일반 지식을 제품이나 사람에 대한 전문 지식과 결합해서 함께 참조할 수 있어야 한다. 일반 지식을 더 많이 쌓아서 언제든 꺼내 쓸 수 있도록 머릿속에 정리해둘 때 우리는 일을 보다 수월하게 할 수 있다. 일반적 지식은 끊임없이 수집해야 한다. 프레젠테이션에 쓸 세부적 정보를 모으는 것이 곧바로 해야 할 일이라면, 프레젠테이션에 깊이와 폭을 더해주는 일반적 정보를 수집하는 것은 평생 동안 해야 할 일이다.

3장에서 나는 굿비 실버스타인 앤드 파트너스가 1993년에 북아메리카 포르셰 법인에 피치를 했을 때의 사건을 언급했다. 포커스그룹은 운전 중에 포르셰 911이 옆에서 나란히 달리고 있을 때 그 운전자를 보고 드는 생각을 말 풍선에 적어달라는 요청을 받았다. 그리고 한 응답자는 설문지에 '망할 놈!'이라는 단 두 글자만을 적어 넣었다.

이것은 상당히 전통적인 리서치 프로그램에서 수집된 첫 번째 정보였다. 하지만 그 응답자의 답변을 보면서 형태는 조금 다르지만 과거에 들었던 농담 하나가 떠올랐다. 이는 또다른 면에서 미국인들이 포르셰에 대해 생각하는 바를 드러내준다.

질문 : 포르셰와 고슴도치의 차이점이 뭐지?

답 : 고슴도치는 가시가 밖에 있잖아.

이 농담을 두 번째 정보로 여길 수 있다. 그것은 일반적인 정보지만 매우 친숙한 정보이기도 하다. 첫 번째 정보와 마찬가지로 이것은 미국에서 포르셰가 어떤 평판을 지니는지를 알려준다.

마지막 정보는 개인 경험에서 나온 것이다. 굿비 실버스타인이 포르셰 프레젠테이션을 준비하고 있을 때, 나를 포함해 우리 회사 직원 대부분은 포르셰를 몰아본 적이 한 번도 없었다. 우리는 다른 광고회사에 속한 포르셰 광팬들과 경합을 벌여야 하는 상황이었다. 그리고 고객인 포르셰 역시 프레젠터들이 자기네 브랜드에 대해 진정한 열정을 가지고 있기를 바랐다. 이런 이유들 때문에 우리는 피치 기간 동안 포르셰 컨버터블 911을 렌트해서 프레젠테이션 전에 모든 팀원이 하루나 이틀 정도 직접 몰고 다니기로 결정했다. 내 차례가 왔을 때 나는 오후에 아내와 사무실 앞에서 만나기로 약속했다. 우리는 포르셰를 몰고 금문교를 건너서 마린 카운티의 산악지역을 통과한 다음 둔덕과 해안선이 멋진 장관을 이루는 포인트 레이예스(Point Reyes)까지 나갔다. 화창한 날에 차 지붕을 열고 달리는 것은 무척이나 근사한 경험이었다. 초저녁이 되었다. 라이맨투어 해변까지 드라이브를 하고 온 흥분감이 아직 가시지 않은 상태에서 우리는 단골 레스토랑 근처의 주차장으로 들어갔다.

바로 옆줄에 빈 자리가 보였다. 하지만 주차하기 위해 그쪽으로 다가가는데 커다란 픽업트럭과 그 옆에서 맥주병을 들고 서 있는 사람들이 보였다. 포르셰의 묵직한 꿍음이 들리자 그들이 고개를 돌렸다. 나는 무슨 일이 벌어질지 알고 있었지만 달리 숨을 곳도 없었다. 트럭 짐칸 뒤에 앉아 있던 수염을 기른 덩치 큰 남자가 옆에 서 있는 토냐 하딩(Tonya Harding) 비슷하게 생긴 젊은 여자에게 뭐라고 말을 했다. 우리에 대한 말이 분명했다. 우리가 옆으로 지나가자 그녀가 주차장 전체에 다 들릴 정도로 큰 소리로 말했다. "어라, 저 사람도 **대머리**네!"

속이 쓰렸다. 하지만 새겨들을 필요가 있었다.

이제 당신에게는 포르셰에 대한 세 가지 정보가 주어졌다. 정보의 원천은 다 다르지만, 세 가지 모두 기본적으로 같은 내용을 말하고 있다.

제임스 웹 영은 이렇게 말한다. "이제는 일반적인 정보를 모으는 것이 중요하다. 그 일반적 정보 속에 이전부터 정립되어 있던 원칙이 존재한다. 다시 말해, 아이디어는 여러 요소를 새로운 방법으로 조합하는 것에 지나지 않는다. 제품과 소비자에 대한 세부적 정보를 새로운 방법으로 인생과 사건에 대한 일반적 정보와 결합할 때 광고 아이디어가 얻어진다." 그는 아이디어를 만들어내는 것을 만화경에 비유한다. 그림을 더 많이 담을수록 만화경 속의 장면도 더욱 신기하고 흥미로워지기 마련이다. 광고 아이디어나 프레젠테이션을 위한 아이디어를 만들어내는 것도 이와 비슷하다. 주변 세상에 대한 지식을 더 많이 끌어 모을수록 멋진 아이디어를 만들어낼 가능성도 더욱 높아진다.

프레젠테이션을 위한 준비 작업에 들어가면 나는 늘 옆에 커다란 보드와 포스트잇 노트, 마커 한 자루를 갖춰둔다. 그리고 최종 프레젠테이션과 관련이 있을지도 모르는 정보를 발견할 때마다 포스트잇에 메모를 한다. 포르셰 피치를 준비하면서도 포스트잇 하나에 **망할 놈!**을 적어두었고, 또다른 포스트잇에는 **고슴도치 농담**이라고, 세 번째에는 **주차장 사건**이라고 적었다. 그 세 장을 보드에 붙여두고, 그 외에 '**제품 가격 결정 그래프**' '**정량적 이미지 분석**' '**학회 인터뷰**' '**신문 기사**' '**1991 얀켈로비치**(Yankelovich) **연구**' '**경쟁 환경**' '**가치에 대한 새로운 강조**' 등이라고 적은 포스트잇들도 붙여두었다. 프레젠테이션 준비 작업 막바지에

「퍼펙트 피치」를 구상했던 연결 관계 보드

이르렀을 즈음 보드에는 60~70개 정도의 포스트잇이 붙어 있었다. 이는 모두 내가 명확히 이해한 자료들로, 3분의 1은 포르셰가 우리에게 제공한 정보를 분석한 것이었고, 또 다른 3분의 1은 포르셰의 요청에 따라 우리가 직접 수집한 세부 정보였으며, 나머지 3분의 1은 자동차나 고가제품, 다른 사람들, 또는 미국인들 개개인의 꿈과 관련된 행동방식에 대한 일반적이고 문화적인 정보였다. 다시 말해 세 시간 정도만 주어진다면 전부 능숙하게 설명할 수 있는 것들이었다. 그러나 실제로 프레젠테이션을 할 수 있는 시간은 30분이었고, 우리는 그 시간 안에 핵심 문제점을 다 이해하고 있음을 보여주고 적절한 해결책을 제시해야 했다.

이제부터는 정보들을 체계적으로 정리하고 분류해야 했다.

위의 사진은 내가 이 책의 구성과 내용을 구상하면서 만들었던 '연결 관계 보드(Connection Board)'이다. 나는 이 보드가 폭스바겐의 비틀(Beetle) 광고에 실렸던 달착륙선 사진과 비슷하다고 생각한다. '멋있지는 않습니다. 하지만 목적지까지 가는 데는 문제없습니다(It's ugly. But it gets you there).'

자료들을 수집할 때에는 그 자료들 간의 연결 관계를 찾아야 한다. 제임스 웹 영은 연결 관계를 찾는 과정에 대해 이렇게 설명한다. "정신의 촉수를 전부 동원해서 사실들을 모아야 한다. 한 가지 사실을 찾은 다음에는 그것을 여러 관점에서 바라보고 의미를 파악해야 하며, 두 사실을 한 자리에 모으고 그 두 가지가 어떻게 연결되는지를 이해해야 한다."

앞의 포르셰 피치를 위해 수집한 세 가지 정보의 연결 관계는 매우 분명하다. 의미를 제시하는 방식은 조금씩 달랐지만, 세 정보는 대다수 미국인들이 포르셰 운전자를 센스는 없고 돈만 많은 거만한 멍청이로 바라본다는 똑같은 문제를 분명하게 보여주고 있다. 하지만 대다수 미국인들이 포르셰를 '스포츠카의 결정판'으로 생각한다는 포르셰가 직접 진행한 리서치 결과와 이 세 가지 정보와의 연결 관계는 무엇인가? BMW나 벤츠 소유자들, 즉 자신의 차를 '신뢰성' '효율성' '정교함'으로 표현하는 사람들이 그린 그림과 세 정보 사이의 연결 관계는 무엇인가? 그리고 포르셰 운전자들이 그린 화창한 햇빛을 받으며 구불거리는 산길을 달리는 그림과 세 정보의 연결 관계는 또 무엇인가? 1986년부터 1993년까지 포르셰 가격이 평균 117% 인상된 것과는 어떤 관계가 있는가? 미국 도로의 속도 제한이나 이전의 포르셰 광고에서 등장한 독일 분위기를 풀풀 풍기는 오만한 광고 문구, 마쓰다의 새로운 스포츠카에 대한 가속도 통계치와는 어떤 연결 관계가 있는가? 또한 독일에서는 차를 만들 때 엔진이 컨베이어벨트를 따라 이동하면서 다음 기술자에게 자동적으로 넘어가는 것이 아니라 기술자가 엔진을 따라 이동하면서 처음부터 끝까지 엔진 조립을 책임지는 것과는 어떤 연결 관계를 지니는가?

연결 관계가 항상 확실히 드러나는 것은 아니다. 하지만 그럼에도 불구하고 연결 관계는 분명 존재한다.

아무리 터무니없이 보일지라도 떠오르는 아이디어 모두를 종이에 적어야 한다. 포스트잇에 적어서 종이에 붙이면 더 좋다. 나중에 이 포스트잇들을 정리하다보면 프레젠테이션을 구성하는 각 부분들 사이의 연결 관계를 만들어낼 수 있고, 심지어는 설익은 생각을 말로 표현하기 위해 노력하는 과정에서 자신이 원하는 논리적 해답에 좀더 가까워질 수도 있다. 항상 더 좋은 말이 있기 마련이다. 하지만 이들을 찾는 노력은 나중에 해도 좋다.

팝그룹 비틀즈의 전설적인 프로듀서였던 조지 마틴의 인터뷰 기사가 생각난다. 그는 조지 해리슨이 처음 노래를 쓰기 시작했을 때 단어 하나를 두고 몇 시간이고 고심하곤 했다고 말했다. 그때 존 레넌이 해결책을 제시했다. "그냥 적어. 아무 단어나 말이야. 대충 적은 다음에 바로 다음 줄로 넘어가. 그런 다음에 다시 앞으로 되돌아오면 돼." 이런 일화 속에서 〈섬씽(Something)〉의 가사가 탄생했다.

해리슨이 첫 줄을 적었다. '그녀가 움직이는 모습을 보니(Something in the way she moves)' 그리고 둘째 줄의 앞부분을 적었다. '나를 끌어당기네요(Attracts me like)' 다섯 음절을 만들고 싶었지만 말이 생각나지 않자, 레논이 뒷부분을 완성해주었다. '나를 끌어당기네요, 컬리플라워처럼.' 레논이 좋아하는 양배추과 식물 대신 다른 말을 찾아내는 데 시간이 좀 걸리긴 했지만, 어쨌든 조지는 노랫말을 완성할 수 있었다. '컬리플라워'는 나중에 '어떤 다른 사람보다도(no other lover)'로 바뀌었다.

거듭 말하지만, 불완전하고 심지어 부정확한 생각일지라도 거리낌 없이 표현하는 것이 중요하다. 다른 사람들의 회사에서든 아니면 작은 사무실에 홀로 앉아 톡 쏘는 마커 냄새를 마시면서든 상관없다. 때와 장소는 중요하지 않다. 무조건 겉으로 표현해라. 종이에 적어 보드에 붙여라. 비록 대부분이 말도 안 되는 내용일지라도, 아무런 성과도 없는 행동을 한 것은 절대 아니다.

캘리포니아의 작가 앤 래모트(Anne Lamott)는 『한 마리씩 잡아라(Bird by Bird)』를 통해 소설가들은 글을 쓸 때 '조잡하기 짝이 없는 초고'를 쓰는 과정을 반드시 거쳐야 한다고 설명하는데, 이런 그녀의 설명은 소설 쓰기에 대한 것이지만 두려움 없이 탐구해야 한다는 점에서는 프레젠테이션 작성의 전제조건과 동일하다.

그녀는 이렇게 말한다. "초고를 쓸 때 작가는 아직은 볼 사람이 아무도 없고 나중에 다듬어도 된다는 사실을 알기 때문에 머릿속의 모든 것을 다 쏟아내고 이리저리 기웃거리고 까불어댄다. 그런 점에서 초고를 쓰는 것은 본질적으로 어린아이의 글짓기와 전혀 다르지 않다."

무조건 적어서 보드에 붙이라. 어쩌면 보드에 붙인 포스트잇에 적힌 내용들이 앞으로 나아가야 할 정확한 방향을, 다시 말해 프레젠테이션 주제로 무엇을 삼아야 하는지 정확하게 알려줄지도 모른다.

지금까지 내 충고를 충실히 따랐는가? 그렇다면 지금쯤 보드에는 여러 정보와 자신의 생각, 그리고 프레젠테이션을 작성할 때 활용할 요점들이 적힌 포스트잇이 빼곡하게 붙어 있을 것이다. 어쩌면 보드 하나로는 모자라, 또다른 보드에도 훌륭한 생각을 적은 메모들을 붙이고 있을지도 모른다. 떠오르는 생각이나 정보를 적은 종이들을 커다란 테이블이나 바닥에 빙 둘러 늘어놓는 것도 좋은 방법이다. 물론 이때에도 전혀 어울리지 않는 판이한 정보나 생각의 연결점을 찾아내는 것이 중요하다.

2단계에서는 포스트잇 배치를 잠깐씩 무작위로 바꿔보는 것 이상의 행동이 필요하다. 머리에서 쥐어짜낼 수 있는 모든 배치와 모든 조합을 다 시험해보자. 바꿔놓은 배치를 얼마간 그대로 두었다가 다시 다른 시도를 해보아야 한다. 한 포스트잇이 도저히 연결 관계가 보이지 않는다면, 그것을 떼어내 '주거 불분명(no fixed abode)' 보드에 붙여두라. 그리고 이런 주거 불분명 정보가 두세 개 정도 모이면 그들 사이의 연결 관계를 찾아보라. 일전에 나는 전혀 연결 관계가 보이지 않았던 정보 두 개에서 상관관계를 찾아내, 그것을 토대 삼아 프레젠테이션을 작성한 경우도 있었다.

이리저리 움직여보아도 아무리 머리를 쥐어짜도 완전히 오리무중일 때가 있다. 포스트잇들의 연결 관계가 도저히 보이지 않을 수도 있다. 해결책에 가까워지기는커녕 처음 시작했을 때보다 더 멀어진 것처럼 여겨질 수도 있다. 하지만 절대 허탕 친 것이 아니다. 그 이유에 대해서는 나중에 설명하기로 하고, 지금은 3단계부터 살펴보자.

3단계 : 내려놓기(Drop it)

3단계는 사람들에게 당신이 그들의 믿음과 신뢰를 저버리고 있다는 생각을 갖게 할 수도 있다. 무엇보다도, 자신들이 준 거액을 낭비하고 있다는 생각이 들게 할 소지가 크다. 이번 단계에서는 벽에 붙은 포스트잇이나 바닥에 잔뜩 펼쳐져 있는 종잇조각들을 그냥 내버려두고, 완전히 다른 일을 해야 한다. 정신을 소진시키는 문제는 되도록 멀리 떨어뜨려야 한다. 이 말은, 정신을 소진시키는 문제를 당분간만 머릿속에서 멀리 치워두어야 할 필요가 있다는 뜻이다. 그럴 수 있다 해도 필경 자신도 모르는 사이에 그 문제를 계속 생각하고 있을 것이기 때문이다.

3단계가 프레젠테이션 준비를 위한 5단계 과정에는 어울리지 않는다고 여겨질 수도 있다. 하지만 우리 집에 있는 아가(Aga)라는 오븐을 생각하면 그렇지 않다. 전통 기법으로 요리하는 시골풍의 이 오븐은 내부 화덕이 벽돌 불판을 계속 덥혀주는 구조로 되어 있다. 아가는 오븐이 네 개인데, 가장 뜨거운 열을 내는 로스팅 오븐에서 식전에 접시를 데우는 역할을 하는 워밍 오븐까지 각 오븐이 기능에 맞는 열을 일정하게 발산한다. 아가로 고기를 굽거나 찜 요리를 하고 싶으면 로스팅 오븐에 잠깐 요리를 넣었다가 바로 꺼내서 시머링 오븐(서서히 익혀주는 중간 오븐)에 몇 시간 동안 넣어두면 된다. 일단 시머링 오븐에 들어간 음식에서는 냄새가 전혀 안 나기 때문에 요리에 대해서는 완전히 잊을 수 있다. 간혹 문제가 생길 수도 있지만 로스팅 오븐에서 적당 시간 구워진 고기를 시머링 오븐에 넣어둔 뒤에는 요리에 대해 전혀 신경을 쓸 필요가 없다. 근사한 점심이나 저녁 식사에 대한 기대감에 들뜰 수도 있겠지만, 그런 생각을 한다고 머리가 아프지는 않다. 몇 시간 동안 다른 일을 하다가 오븐을 열고 요리를 꺼내면 알맞게 익은 고기 냄새가 부엌에 가득 퍼진다. 그리고 맛있게 먹기만 하면 된다.

골치 아픈 광고나 프레젠테이션에 대해서도 이처럼 잊어버리는 과정이 필요하다. 당신은 프레젠테이션을 요리할 준비가 되었다. 프레젠테이션에 쓸 고기를 손질해서 양념에 잘 재워두었다. 이제는 고기를 잘 익히기 위해 뇌 속에 있는 시머링 오븐을 이용해야 한다. 하지만 이를 위해서는 적절한 자극, 즉 연료가 필요하다.

어떤 사람들은 말 그대로 '잠자면서' 문제를 해결하는 것을 적극 권한다. 그들은 밤늦게까지 문제를 가지고 씨름하다가 협탁에 메모지를 준비해놓고 잠자리에 든다. 다음날 아침이나 한밤중에 잠에서 깨면 해결책이 생각나곤 한다. 프레젠테이션의 요지를 명확히 구상하는 것은 물론, 어떻게 시작해야 할지 그리고 스토리의 주요 부분들을 어떻게 연결해야 할지가 머릿속에 떠올라 있다. 그들은 잊지 않기 위해 해결책을 메모지에 즉시 적고는 다시 잠에 빠진다.

나도 이런 경험을 한 적이 있다. 메모지를 옆에 두고 잠자리에 드는 일이 너무 허다해서 될 수 있으면 그러지 않으려고 노력하는 편이긴 하지만 말이다. 그러나 『진실, 거짓 & 광고』를 저술할 때에는 예외였다. 당시 나는 책의 요지를 구상하기 위해 서너 주 동안이나 씨름을 벌이고 있었다. 하지만 끔찍한 초고 몇 장을 긁적여놓은 것 외에는 요지는커녕 어떻게 책을 시작해야 할지도 알 수가 없었다. 당시 나는 가족들과 함께 플로리다에 머물고 있었다. 그런데 어느 날 새벽 세 시에 잠에서 깼는데 시작 부분에 대한 구상이 머릿속에 명확히 떠오르는 것이 아닌가. 우리는 침실하나와 욕실, 거실로 이뤄진 작은 스위트룸에 묵고 있었다. 아내는 침대에 눕자마자 곯아떨어졌고 갓난 아들은 거실에서 자고 있었기 때문에, 갑자기 떠오른 발상을 글로 옮길 수 있는 장소는 욕실밖에 없었다. 노트북을 가지고 까치발로 욕실에 들어간 다음, 나는 욕실 맨바닥에 앉아 욕조에 등을 기댄 채 배터리가 나갈 때까지 10여 페이지를 곧장 써내려갔다.

아마 여러분도 비슷한 경험을 해보았을 것이다.

나는 깨어 있을 때에도 무의식적으로 해결책을 생각하기를 좋아한다. 대부분의 경우 조깅을 하면서 최고의 아이디어들을 얻었다. 무릎이 망가져서 뛰면서 생각하기가 힘들어진 지금은 잔디 깎기가 아이디어 탄생을 위한 훌륭한 인큐베이터 역할을 해준다. 집에 마련된 작업실을 벗어날 때에는 메모지와 혼란스런 머리도 두고 나온다. 편안한 마음으로 몇 시간이고 잔디를 깎다가 참신하고 독특한 발상이 떠오르면 그 즉시 작업실로 돌아가 그것을 적는다. 일하는 중에 일부러 쉬는 시간을 마련했다는 점을 명심하자. 이러한 행동은 앞의 두 단계나 뒤의 두 단계만큼이나 문제 해결책을 마련하는 데 중요한 공헌을 한다.

쉬는 시간을 가지라. 일에서 멀어지라. 영화를 보거나 음악을 들으라. 어떤 방법이든 좋다. 이러한 행동은 결코 게으름을 피우는 것이 아니며 일에 방해가 되는 것도 아니다. 이는 프레젠테이션 준비를 위한 5단계 프로그램에서 반드시 필요한 부분이다. 어쨌든 노벨상 수상자한테 좋은 방법이라면 우리 평범한 사람들한테도 좋은 방법 아니겠는가.

『이중나선』에서 제임스 왓슨은 복잡한 문제들을 자신만의 방법으로 다루었음을 보여주며, 자신의 방법이 동료 프랜시스 크릭의 방법과 다소 충돌을 일으켰다고 말한다. 그도 그럴 것이 왓슨이 연구실에서 분자 모델을 관찰하는 데 시간을 약간 할애한 것은 사실이지만 크릭처럼 하루 종일 붙어있지는 않았기 때문이다. 그는 생각할 시간을 얻기 위해 밖으로 뛰어나갔다. 하지만 왓슨이 자주 연구실을 비우는 등 프로젝트를 진지하게 다루지 않는 듯한 모습을 보이자 크릭의 화가 폭발했다.

왓슨은 이렇게 말한다. "내가 진득하게 앉아서 분자 모델을 연구하지 않자 며칠 동안 프랜시스는 좀처럼 화를 가라앉히지 못했다. 그가 출근하는 10시 전에 내가 먼저 연구실에 와 있다는 사실은 중요하지 않았다. 그는 내가 거의 매일 오후 테니스 코트에 간다는 사실을 알고는 짜증을 내며 고개를 절레절레 흔들었다. 그러고는 자기 일을 잠시 중단하고 내가 내팽개쳐둔 폴리뉴클레오티드 골격 연구를 살펴보았다. 게다가 나는 오후에 연구실에 잠깐 들러 몇 분간 사소한 일 몇 가지를 처리한 다음 곧장 술집으로 가서 여자들과 어울리곤 했다. 저녁에는 거의 영화관에서 살다시피 하며 아이디어가 갑자기 번쩍 떠오르기를 희미하게 꿈꾸면서 다음 날 오후 학부 파티에 예쁜 여자애들이 많이 오기를 바랐다."

어떻게 폴리뉴클레오티드 골격 연구를 내팽개쳐둘 수 있을까? 그것은 범죄나 다름없다. 하지만 매일 밤 숙소에 돌아와서 새로운 DNA 구조를 그려보고 혼란스러운 아데닌 고리를 연구할 때, 테니스와 술, 영화, 예쁜 여자들이 그의 뇌에 끊임없이 연료를 공급해주었다. 머릿속에서 혼란을 제거한 후에야 그는 DNA 구조를 이해하기 시작했다. 또한 자신이 이해하고 있다는 사실을 감지하기 시작했다.

『이중나선』은 과학 발견에 대한 지극히 개인적인 이야기를 보여준다. 그리고 거기에는 왓슨과 크릭의 선구적인 연구와 함께, 과학을 뛰어 넘는 여러 중요한 교훈들이 담겨 있다. 책 서문에서 왓슨은 이렇게 말한다.

이 책에서는 DNA 구조가 어떻게 발견되었는지를 내 나름의 입장에서 이야기하고자 한다. 그러자면 어쩔 수 없이 이야기의 무대가 되는 2차 대전 직후 영국의 분위기부터 묘사해야 한다. 이 책을 통해 사람들은 과학이 항상 합리적인 방향으로만 발전하지는 않는다는 점을 알게 될 것이다. 과학은 전

진하기도 하지만 후퇴하기도 한다. 이는 개인의 성격이나 사회문화, 전통과 같은 과학 외적인 상황이 과학에 어느 정도 영향을 미치기 때문이다.

다시 말해, DNA 구조를 풀이한다는 '세부적' 과업이 당시 사회문화의 '전반적' 상황에 영향을 받았다는 뜻이다. 또한 다르게 생각하는 사람도 있겠지만, 왓슨과 크릭의 판이한 개성과 연구방식이 결합됨으로써 '세부적' 과업을 추진해주는 흥미진진한 힘이 탄생되었다는 뜻도 된다.

이제 노벨상 수상자들로부터 눈을 떼고 샌프란시스코의 광고회사로 관심을 돌려보자.

굿비 실버스타인 앤드 파트너즈가 포르셰에 피치를 하기 한 주 전, 나는 피치 팀의 어카운트 디렉터*인 마티 웬젤(Marty Wenzell)과 미디어 디렉터(media director)인 롭 카부스(Rob Kabus)와 함께 오전 11시쯤 사무실을 나와서 캔들스틱파크(Candlestick Park) 야구장에 갔다. 그곳은 샌프란시스코 자이언츠 팀의 홈구장이었다. 우리가 그곳에 간 목적은 물론 경기 관람이었다.

그때까지 두세 주 동안 우리는 눈코 뜰 새 없이 일하면서 온갖 정보를 다 수집했다. 그러나 방대한 양의 정보를 수집한 것에 비해 그 내용을 완벽하게 파악하지는 못하고 있었다. 고객과 무슨 얘기를 나눠야 할지는 알고 있었지만, 어떤 방식으로 또는 어떤 순서로 대화를 나눠야 할지는 전혀 감을 잡지 못하고 있던 것이었다. 프레젠테이션의 주제와 체계도 아직 마련하지 못하고 있었다.

■ account director: 광고주와 광고회사의 중간 연계 역할을 하는 광고회사 경영진의 핵심 직급

우리는 1루 쪽에 자리를 잡은 뒤 맥주를 마시면서 핫도그와 프레첼을 엄청나게 먹어댔다. 일에 대한 얘기는 한 마디도 하지 않았다. 아니, 회사로 빨리 돌아가야 한다는 생각조차도 하지 않았다. 셋 모두 서둘러 야구장을 벗어날 생각은 조금도 없었다.

야구 경기가 끝났을 때 우리는 차까지 천천히 걸어갔다. 차는 샌프란시스코 만과 접한 거대한 주차장 중 한 곳에 세워져 있었다. 주차장을 빠져나가려면 한참이 걸릴 것이 분명했다. 거의 모든 경기장들이 다 그렇듯캔들스틱파크 역시 입차 시스템은 매우 훌륭했지만 빠져나가는 것은 운전자들 각자가 알아서 하도록 내버려두고 있었다.

어카운트 디렉터인 마티가 라디오를 켜고는 말했다. "이번 프레젠테이션 말이야, 어떻게 하는 게 좋을까?"

아무도 대답하지 못했다. 나는 자이언츠의 강타자 윌 클라크(Will Clark)의 것과 똑같은 야구 유니폼을 입고 있는, 몸무게가 족히 200킬로그램은 되어 보이는 한 남자만 뚫어지게 보고 있었다. 그 남자가 윌 클라크랑 조금이라도 비슷해 보이는지 생각하면서. 하지만 그는 그저 클라크의 이름과 번호가 새겨진 유니폼을 입은 거대한 지방덩어리처럼 보일 뿐이었다.

"우리가 논의 상대를 잘못 정한 걸 수도 있어." 롭이 하품을 하며 말했다.

"무슨 소리야?" 마티가 물었다.

"무슨 말인지 모르겠네. 포르셰 중역들이랑 빠짐없이 대화를 나눴잖아. 하지만 그 사람들한테는 문제가 없었잖아?"

내가 고개를 돌려 쳐다보자 롭이 씩 웃으며 말을 이었다. "현재 포르셰 소유주들은 평균 다섯 번 정도 포르셰를 구입했었지?"

그랬다. 그들이 여섯 번째는 구매하지 않고 있다는 것이 문제였다.

"사람들이 포르셰보다 더 멋진 스포츠카는 없다고 생각하는 건 리서치에서도 이미 밝혀졌고."

절대적으로 맞는 말이었다. 사람들로 하여금 스포츠카를 차 이상의 것으로 보게 할 수 있다면 말이다. 하지만 대다수 자동차 회사들은 스포츠카에서 가장 중요한 것은 속도라고, 가격이 훨씬 싸면서도 포르셰만큼 멋진 스포츠카가 많다고 사람들을 설득하고 있었다.

"그럼, 포르셰의 잠재 구매자들에게 포르셰가 세상에서 가장 멋진 차라고 주장하는 건 순전히 돈 낭비라는 말이 되네. 그 사람들도 그건 이미 다 아는 거잖아. 그 사람들이 실제로 구매를 하게 하는 게 중요하지. 하지만 그 사람들은 포르셰를 구입하는 걸 꺼려해. 다른 사람들이 쓸데없는 데 돈 낭비한다고 비난할까봐 무서운 거지."

"망할 놈!" 마티가 투덜거렸다. 포커스그룹 설문조사에서 나온 응답을 말하는 것이었다.

"저 사람도 대머리네." 나도 덧붙였다.

주차장을 빠져나와 101번 고속도로로 향하는 북쪽 길로 접어들었을 때쯤 우리는 광고 전략과 프레젠테이션의 중심 아이디어에 대해 합의점을 마련할 수 있었다. 우리는 포르셰를 살 생각을 해본 적은 없지만 포르셰를 사는 행동에 대해 나름의 생각을 가진 사람들을 대상으로 광고 캠페인을 펼쳐야 했다. 우리는 포르셰에 대한 사람들의 호감도를 높이거나 혹은 거부감을 낮추는 것을 목표로 삼아야 했다. 예전의 광고들처럼 포르셰를 소유하는 기쁨에 대해 떠들어대서는 안 되었다. 포르셰를 운전하면서 겪게 되는 특별한 경험에 대한 광고를 만들어야 했다. 구불구불한 산길을 달릴 때의 멋진 균형감이나 놀라운 핸들링에 대한 메시지를 전달해야 했다. 그 방법이면 사람들에게 좀더 친숙하게 다가갈 수 있으리라. 우리는 그렇게 생각했다.

"도대체 그런 생각은 다 언제 해낸 거야?" 마침내 회사 주차장에 들어서면서 마티가 롭에게 물었다.

"몰라." 롭이 말했다.

그는 정말로 모르는 것이 분명했다.

우리가 회사로 들어갔을 때 다른 사람들이 어떻게 생각하는지는 중요하지 않았다. 맥주 냄새와 핫도그 냄새를 풀풀 풍기면서 우리 셋은 정말로 열심히 일했다.

4단계 : 적용하고 추출하기(Adapt and Distill)

5단계 프로그램 중에서 아마도 가장 어려운 단계일 것이다. 이 단계에서는 적절한 인내심을 가지고 아이디어를 계속 갈고 다듬어야 하고, 용기 있게 다른 사람들과 그 아이디어를 공유해야 하며, 겸허하게 추가 작업의 필요성을 인정할 수 있어야 하기 때문이다.

자신이 모은 정보를 어느 정도 이해하고 결정적인 연결 관계를 찾아내고 프레젠테이션의 핵심 아이디어와 전체적인 윤곽을 잡은 다음에는, 프레젠테이션에 적절한 내용과 흐름을 부여하는 작업을 시작해야 한다. 제임스 웹 영의 말을 빌자면 '모양을 다듬고 발전시켜서 실질적인 유용함을 갖추는' 단계이다. 다시 말해 이 단계에서는 가차 없이 편집하고, 필요없는 부분을 과감히 버리고, **핵심 아이디어**의 성공적인 전달에 도움이 된다고 생각되는 것을 만들어나가야 한다.

첫째, 프로젝트 멤버들이나 자신이 평소 존경하던 사람들과 아이디어를 나누어야 한다. 어려운 일이다. 하지만 아이디어 공유는 1장에서 설명한 기본 원칙을 적절히 실천할 수 있는 유일한 방법이다. 명심해라. 당신이 무엇을 '말하느냐'가 아니라 다른 사람들이 무엇을 '듣느냐'가 중요하다는 사실을.

당신의 아이디어를 처음으로 듣는 사람들이 그것을 제대로 이해하는가? 또, 프레젠테이션에서 이용할 세부적인 내용을 다 보여주지 않아도 그들이 당신의 아이디어를 잘 이해하는가?

1980년대 BMP 런던지사에 입사했을 때의 일이다. 당시 나는 이삼일 뒤로 다가온 프레젠테이션을 위해 사장인 크리스 코프 앞에서 예행연습을 하기로 했고, 프로젝터를 이용해서 차트 여러 장을 그에게 보여줄 계획이었다. 테이블 위에는 두툼한 서류 뭉치도 놓아두었다. 크리스가 원한다면 처음부터 끝까지 자세히 설명할 만반의 준비가 되어 있었다.

그런데 크리스가 손을 뻗어서 내게서 차트를 받더니 책상 아래 눈에 보이지 않는 곳에 내려놓는 것이 아닌가. 그가 말했다. "프레젠테이션 당일 아침이라고 생각해보게. 회사에서 서류 준비가 늦어졌고, 당황한 나머지 자네는 차 지붕 위에 서류철을 올려놓은 채 차를 몰았네. 서류가 패딩턴 거리와 베이스워터 거리로 다 날아가버렸고, 우리에게는 서류가 한 장도 안 남았어. 이런 상황에서도 자네는 30분 동안 프레젠테이션을 해야 하겠지?"

나는 고개를 끄덕였지만, 이어서 그가 할 말이 마음에 들지 않으리라는 사실은 이미 짐작하고도 남았다.

그가 내 불안한 마음을 위로하듯 웃음을 보이며 말을 이었다.

"크리스 파웰이 5분간만 말하기로 해놓고는 45분이나 시간을 잡아먹었어. 그런데 고객 회사의 회장이 갑자기 들어와서는 시간이 5분밖에 없다고 하면서도 우리 의견을 듣고 싶다고 하네. 결국 자네가 우리 전략을 설명할 시간은 딱 2분밖에 없다는 거지. 자, 어떻게 하겠나?"

그 순간 내가 준비해놓았던 도표는 아무 소용도 없었다. 내 기억으로는 그렇다. 하지만 그때의 교훈은 대단히 강력했다. 이후 나는 아이디어를 단 한 줄로 설명하고 이를 뒷받침해줄 핵심 증거들을 간략하게 요약하는 방법을 배워야 했다. 코프는 프레젠테이션에 영혼을 담아야 한다는 것을 가르쳐주었다. 영혼이 없는 프레젠테이션은 사실을 나열한 것에 지나지 않는다. 여기서의 영혼은 아이디어다. 몇몇 내용의 강점을 취합해서 나머지 내용 모두에 생명력을 불어넣어 줄 수 있는 통일된 아이디어 말이다. 청중을 위해 당신의 프레젠테이션에서 가장 중요한 것 하나만을 골라야 한다면, 바로 그 아이디어를 선택해야 한다.

포르셰 프레젠테이션의 경우, 우리는 포르셰를 구입한 적은 없지만 포르셰를 구매하는 행동에 대해 나름의 생각을 가진 사람들을 겨냥하기로 했다.

유니레버 프레젠테이션의 경우, 흙 범벅이 되는 것이 아이들의 정서 발달에 꼭 필요하다는 것은 누구나 잘 아는 사실이었다. 그리고 우리는 이런 생각을 실제 '행동'으로 전환시키는 데 초점을 맞춰야 했다.

클린턴이 집권하면 조지 부시 대통령이 재집권할 때보다 미국 경제가 더 나아질 것이다.

O. J. 심슨에게 유죄 평결을 내리는 것은 미국의 흑인 전체에게 유죄 평결을 내리는 것과 같다.

우리는 사람들이 냉장고에 우유가 없는 것이 얼마나 끔찍한 일인지 깨닫게 함으로써 우유 소비를 증진시킬 것이다.

이 책은 끔찍한 프레젠테이션으로부터 세상을 구하기 위해 존재한다.

이들이 바로 중심 아이디어이다. 중심 아이디어는 단순해야 하며 제임스 웹 영이 말하듯 '사리분별의 판단을 따라야' 한다. 일반 엽서만 한 종이에 아이디어를 다 적지 못한다면, 당신의 프레젠테이션은 아무 초점도 방향도 영혼도 그리고 결과적으로는 성공할 가능성도 전혀 갖추지 못한 셈이다.

정말로 흥미진진한 아이디어를 가지고 있다면, 어떤 방식으로 이야기를 전할 것인지 설명할 수 있어야 한다. 키포인트를 어떻게 전달할 것인가? 어떤 방식으로 보여줄 것인가?

준비가 다 되었다면 이번에는 명확한 목적지를 염두에 두고 포스트잇을 다시 살펴보자. 처음에 포스트잇은 당신이 임의대로 처분할 수 있는 모든 정보를 대변할 뿐이었다. 하지만 이제는 각각의 메모가 프레젠테이션의 한 장면을 나타낼 수 있도록 다시 정리해야 한다. '요점'이 아니라 '장면'이라고 말한 점에 주의하자. 이번 단계에서는 프레젠테이션의 내용을 만들어내는 것만큼이나 드라마적 요소를 집어넣는 것에 대해서도 심사숙고해야 하기 때문이다.

저술가이자 각본가인 윌리엄 골드먼(William Goldman)은 "스토리의 엔딩을 맺는 데 있어서 가장 중요한 점은 청중이 원하는 바를 전하는 것이다. 단, 그들이 예상하는 방식대로 해서는 안 된다"라고 했다. 프레젠테이션의 각 부분은 청중의 참여를 유도하면서 그들에게 놀라움을 선사할 수 있어야 한다. 청중이 당신의 아이디어를 포용하는 것이 바람직한 결말이라면, 청중을 그 아이디어까지 이끌어가기 위한 가장 신나는 여행 방법은 무엇인가? 다시 말해 당신이 가진 정보를 어떤 식으로 이용하는 것이 가장 좋은가?

많은 사람들이 영화 시나리오 쓰기의 바이블이라고 말하는 『시나리오 어떻게 쓸 것인가(Story)』에서 로버트 맥키(Robert McKee)는 시나리오의 스토리는 '다섯 부분으로 구성되어 있다'고 말한다. 첫째 부분인 **도발적 사건**을 배경으로 **사건의 복잡화, 위기, 절정, 결말**이라는 다른 네 요소들이 차례대로 전개된다. 훌륭한 영화와 소설이 이 구조를 따르듯 훌륭한 프레젠테이션도 대부분 이 구성을 그대로 따른다.

이제부터 소개할 예는 내가 JWT에 몸담고 있었을 때 유니레버의 글로벌 세제사업 광고를 따내기 위해 준비했던 프레젠테이션의 기본 구성이다. JWT와 로웨(Lowe)가 이 일을 공동으로 진행했는데, 두 회사는 2장에서 나온 '더러워져도 좋다'에 부합되는 광고를 각기 다른 나라에서 선보였다. 이 광고 캠페인이 존재한다는 것 자체가 **도발적 사건**이라고 여길 수 있다. 이런 관점에서 본다면 우리의 프레젠테이션은 (비록 프레젠테이션을 작성할 당시에는 몰랐을지라도) 맥기의 5단계 프로그램을 충실히 따른다고 말할 수 있다.

1. '더러워져도 좋다' 아이디어의 힘

다른 훌륭한 브랜드 아이디어와 마찬가지로 '더러워져도 좋다'라는 아이디어는 문화적으로 강력한 힘을 발휘할 수 있다. 이 아이디어의 바탕에는 인간에 대한 강력한 진실이 깔려 있으며(모든 부모는 아이에게 가장 좋은 것을 해주고 싶어한다), 명확한 약속을 한다(더러움에 대해 자주 말할수록 사람들은 우리가 더 깨끗하다고 생각할 것이다). 또한 긴장(더러움과 깨끗함 사이의 갈등, 선과 악 사이의 갈등, 더러운 것은 나쁘다는 문화적으로 깊숙이 뿌리 내린 신념과 우리도 어렸을 때 흙투성이가 되어 놀면서 정신적으로 많은 도움을 얻었다는 직접 체득한 지식 사이의 갈등)을 해결하는 힘을 가지고 있다.

2. 문제

아이에게 가장 좋은 것을 해주고 싶어하는 부모의 마음이 만고불변의 진리이듯, 사람들의 말과 행동이 항상 일치하지는 않는다는 것 역시 보편적인 진리이다. 대부분의 엄마들은 흙투성이가 되어 노는 것이 아이의 정서 발달에 도움이 된다는 사실에는 동의하지만 정작 자신의 아이가 흙 범벅이 되어서 집에 돌아오면 대부분은 버럭 화를 낸다. 지식이 행동으로 전환되지 않는 한, '더러워져도 좋다'는 성공적인 광고가 될 수 없다.

3. 훨씬 더 큰 문제

'더러워져도 좋다'라는 말 속에는 정서 발달의 중요성이 포함되어 있다. 부모들이 정서 발달의 중요성을 진정으로 인정하게 만들기 위한 방법은 단 하나, 단순히 믿는 차원을 넘어서 그러한 행동을 적극 권장하게 만드는 방법밖에 없었다. 아이들과 함께 더러워지는 행동을 직접 경험할 수 있다면 물론 더 좋았다. 하지만 전 세계 대부분의 부모들은 아이들과 뛰어노는 방법을 잊은 듯했다. 아이들은 장난감을 가지고 자기네끼리 놀든가 더 심하게는 교육이라는 명분 아래 놀이 자체를 박탈당하고 있다. 부모가 아이와 함께 시간을 보낸다고는 해도 실제로 같이 노는 경우는 거의 없다. 아이는 TV를 보거나 비디오게임을 하고, 엄마 아빠는 집안일을 하거나 통화를 하거나 아니면 휴대전화를 확인한다.

4. 변화를 위한 촉매

대부분의 부모들이 생각하는 것과 달리 아이들은 사실 부모와 더 많은 시간을 함께 하기를 원한다. 심리학자들은 부모와 함께 노는 것이 아이의 심리적, 육체적 발달에 대단히 많은 도움이 된다고 말한다. 우리는 부모들과 대화를 나누어야 한다. 전화기를 내려놓고 잔디밭 위를 기어다니면서 아이들과 같이 놀아야 한다고 부모들을 설득해야 한다. 그리고 우리는 아이들이 우리를 대신해 부모들과 그런 대화를 시작하게끔 해야 한다.

5. 우리가 옳다고 자신할 수 있는 이유

이것은 문화적으로 중요한 아이디어이다. 우리는 중국, 인도, 브라질, 미국, 영국의 가정에서 그 효과를 이미 목격했다. 우리는 그곳 부모들에게 아이들과 함께 노는 것이 중요하다는 사실과 함께 부모와 아이 모두가 즐겁게 놀 수 있는 방법을 알려주었다. 우리의 충고에 따라 아이와 놀아줌으로써 (즉, 아이들이 문제를 극복할 수 있도록 아이들 눈높이에서 격려하고 도와주며, 문제 극복에 성공했을 때에는 칭찬을 아끼지 않음으로써) 부모는 어린 시절의 즐거운 추억을 떠올릴 수 있다. 부모의 기분이 좋아진다. 그리고 이러한 좋은 기분은 아이들에게도 퍼진다.

최종 프레젠테이션에서 나는 40분에 걸쳐서 위에 적은 내용들에 대해 얘기했다. 내 주장을 뒷받침하기 위해 차트에서 유니레버 자체의 리서치, 아이와 부모 사이의 상호행동 결여에 대한 내용을 담은 신문 기사 등 여러 비주얼 자료를 활용했다. 또한 아이들이 직접 그린 그림도 활용했다. 이 그림은 집에 있을 때에도 대부분의 경우 아이와 부모가 따로 움직인다는 것을 보여주었다. 프레젠테이션의 설계와 무대 마련에 대해서는 뒤에서 자세히 논하겠지만, 지금은 프레젠테이션의 내용을 채우기 전에 추출 과정부터 거쳐야 한다는 사실을 명심하고 넘어가자. 긴 프레젠테이션이 허용되지 않는다면 나는 2분 안에 '더러워져도 좋다'에 대한 스토리를 다 설명할 수도 있었다. 다시 말해, 우리는 20년 전 크리스 코프가 내게 충고했던 것처럼 예기치 못한 상황에 대처할 수 있어야 할 뿐 아니라 자신이 말하려는 이야기를 속속들이 이해할 수 있어야 한다.

5단계 : 프레젠테이션 작성하기

위의 4단계를 충실히 따랐다면, 필요한 정보들을 모았을 것이고, 적절한 연결 관계를 찾아냈을 것이며, 의식적으로 그리고 무의식적으로 충분히 심사숙고한 끝에 청중에게 전달하려는 중심 아이디어를 생각해냈을 것이다. 또, 아이디어를 뒷받침할 핵심 증거를 찾아냈으며, 아이디어를 2분 정도 분량으로 요약할 수도 있게 되었을 것이다. 그리고 다른 사람들과 아이디어를 공유해서 필요한 조언을 듣고, 적절한 수정을 가해서 논리적이면서도 드라마적 성격이 충분히 담긴 스토리를 만들어냈을 것이다. 이

제부터는 본격적으로 프레젠테이션을 작성하기 시작해야 한다.

앞서 내가 말한 과정은 흔히 쓰이는 프레젠테이션 준비 방법과 여러 면에서 크게 다르다. 아마도 아직 컴퓨터 자판 근처에도 가지 않았으며 슬라이드를 단 한 장도 만들지 않았다는 것이 가장 큰 차이점일 것이다.

오늘날 비즈니스 세계에서 프레젠테이션을 요청 받았을 때 대다수 사람들은 똑같은 행동을 보인다. 그들은 파워포인트를 화면에 띄우고 당장 슬라이드부터 작성하기 시작한다. 내가 포스트잇 노트를 활용하거나 사무실 바닥을 종이로 도배하는 것과 자신들이 파워포인트를 이용하는 것이 뭐가 틀리냐고 반문할지도 모른다. 하지만 거기에는 큰 차이가 있다. 내 포스트잇 노트나 간단히 적은 제목들은 목적을 위한 수단이며 프레젠테이션 작성을 위한 한 방법에 불과하지만 파워포인트로 프레젠테이션 초안을 작성하는 것은 아무리 돌려 말해도 그 자체가 목적이다. 문제의 본질을 완전히 이해하기도 전에 서둘러 해결책부터 마련하는 것과 다르지 않다.

지금 당장 프레젠테이션은 이러저러해야 한다라고 단정할 생각은 없다. 하지만 곧장 슬라이드 작성부터 시작한다면 실을 바늘허리에 매는 격이다. 프레젠테이션을 위해 프로젝션 화면을 준비하거나 온갖 그래프를 붙인 보드를 준비하는 것은 좋지만, 이들은 보조 자료에 불과하다는 사실을 명심해야 한다. 그러나 대다수 사람들은 그러한 자료 준비가 프레젠테이션 준비나 다름없다고 생각하는 실수를 저지른다.

프레젠테이션은 메시지보다 훨씬 많은 것을 의미한다. 당신이 전달하려는 내용은 청중의 마음을 움직이는 데 영향을 미치는 여러 요소들 중 하나에 불과하다. 당신이 하는 말과 청중이 보고 듣는 것이 항상 일치하는 것은 아니다. 회의실에 앉아서 프레젠터가 파워포인트 슬라이드 내용을 줄줄 읊는 것을 억지로 들어야 했던 적이 얼마나 많았던가? 청중에게 보여줄 것을 당신이 전달하려는 기본적인 아이디어보다 먼저 작성하거나 제시해서는 결코 안 된다.

나는 동화작가가 글을 쓰듯 프레젠테이션을 작성한다. 스토리를 먼저 제시한 다음 삽화를 곁들여 생명력을 부여한다. 그리고 항상 완성 원고를 쓰듯 프레젠테이션을 작성한다. 물론 이렇게 하려면 시간을 아주 많이 잡아먹지만 그렇게 하는 것이 오히려 시간을 허비하지 않는 방법일 수도 있다. 차트 여러 장을 작성하고 여기에 간단히 요점만을 덧붙이는 것이 훨씬 쉽겠지만, 쉽게 일하려고 하다가는 훗날 땅을 치고 후회할 수도 있다.

프레젠테이션 스크립트를 쓴다는 것은 기승전결을 갖춘 한 편의 온전한 이야기를 쓰는 것과 같다. 일단 스크립트를 완성하고 나면 요리조리 살피면서 스크립트의 완성도를 판단할 수 있다. '나중에 이해해야지'라는 식으로 미루지 않아도 된다. 아주 사소한 지적처럼 들릴 수도 있지만, 소리 내어 읽으면서 초안을 쓰는 것은 매우 중요하다. 나는 프레젠테이션을 작성할 때 머릿속에 있는 단어들을 소리 내어 말하곤 하는데, 그러다 보면 내가 원하는 리듬에 맞춰 자연스러운 프레젠테이션 초안을 작성할 수 있다. 초안을 완성한 뒤에는 그것을 크게 소리 내어 읽는다. 이 과정에서 잘 안 읽히는 단어나 구문을 찾아내고, 앞뒤가 안 맞는 문장을 다듬고, 강조해야 할 부분이나 좀더 신중하게 생각할 필요가 있는 부분이 어디인지를 명확하게 파악한다. 마치 아이들에게 동화를 읽어줄 때와 비슷하다. 나쁜 문장을 찾아내는 데 있어서 소리 내어 읽는 것만큼 좋은 방법은 없다. 또한 큰 소리로 읽어보는 것은 체계적인 리허설을 준비하기 위한 첫 단계가 되기도 한다.

프레젠테이션은 특정 대상에게 발표하기 위해 작성하는 것이다. 아무에게나 이메일로 보내기 위해 만드는 것이 아니다. 파워포인트 슬라이드는 작성자의 생각을 충분히 드러내지 못한다. 나는 엉성한 프레젠테이션 초안을 고객에게 덥석 안기고픈 생각은 전혀 없다. 그 대신 수천 킬로미터 떨어진 곳에 살고 있는 동료들에게 자주 초안을 보내곤 한다.

나는 슬라이드 한 장 없이도 완벽한 프레젠테이션을 작성하기 위해 노력한다. 청중의 절반이 맹인이라고 가정하는 것도 좋은 출발점이 될 수 있다. 그렇기에 간단명료한 차트나 그래프를 만드는 방법을 고심해야 한다. 차트 한 장이나 그래프 하나만 가지고도 시장점유율을 설명하거나 연령대별 타깃 소비자들이 광고 캠페인을 어떻게 인식하고 있는지를 청중에게 분명히 보여주어야 하기 때문이다. 비주얼 자료를 이용하면 요점을 더 확대해서 보여줄 수는 있지만 나는 특별히 강조해야 할 필요가 있다거나 차트를 보면서 설명하는 기존 방식이 더 유리하다고 판단될 경우에만 비주얼 자료를 사용한다.

경험상 대부분의 프레젠터들은 비주얼 자료부터 먼저 보여주고 내용 설명은 다음 사진으로 넘어가기 전의 연결 수단쯤으로 생각한다. 이렇게 되면 프레젠테이션은 비주얼 자료를 연속적으로 보여주는 것이 되고, 프레젠터는 비주얼 자료의 보조 역할로 그치는 비극적인 결과가 벌어진다. 명심해라. **당신이 곧 프레젠테이션**이다. 당신이 설명할 말보다 더 중요한 것은 없다. 프레젠테이션 스크립트를 작성하는 데 많은 공을 들일수록 청중 역시 당신의 메시지를 더욱 진지하게 받아들일 것이다.

프레젠터가 일반적으로 겪는 문제는 시간 부족이다. 광고계에서 이런 일은 비일비재하다. 이런 일이 생기면 항상 미디어 디렉터는 20분짜리 프레젠테이션을 2분 만에 끝내야 하는 사태가 벌어진다. 미디어 디렉터가 번갯불에 콩 볶아 먹듯 프레젠테이션을 마쳐야 하는 이유는 다른 프레젠터들이 시간을 너무 잡아먹기 때문이며, 근본 원인은 대부분 준비가 미흡했기 때문이다. 완벽한 스크립트를 갖춘다면 원래 예정했던 시간과 상관없이 단 몇 초 안에라도 하고 싶은 말을 다 전달할 수 있다. 결국 보다 확실하게 청중을 매료시킬 수 있다는 점에서 완벽한 스크립트를 갖추는 것을 잊지 말아야 한다.

거대기업인 삼성전자의 글로벌 통신사업을 위한 WPP의 프레젠테이션 전날, 나는 비영어권 청중들에게 동시통역을 제공해달라는 요청을 받았다. 그들에게 프레젠테이션에 등장할 낯선 문구나 업계 용어를 미리 다 설명해주는 것이 가능할까? 생방송을 보면 청각 장애인을 위해 화면 하단에 깨알만 한 자막이 제공되는데, 유심히 지켜보면 자막이 원래 내용보다 30초 정도 늦게 나올 뿐 아니라 맞춤법도 엉망이고 생략된 부분도 허다하다는 것을 알 수 있다. 그나마 같은 언어로 된 자막을 제공하는 데도 이 정도이다. 이런 사실을 염두에 둔다면 다른 언어로 동시통역을 제공할 때 무슨 문제가 발생할지 충분히 짐작할 수 있다. 게다가 동시통역사들이 통신 전략 같은 특정 주제에는 문외한일 가능성이 높다는 사실도 고려해야 한다. 프레젠테이션을 위한 스크립트를 미리 완벽하게 갖춰놓았기 때문에 나는 행사 전날 밤 원고를 미리 넘겨줄 수 있었다. 줄마다 칸을 넉넉하게 둔 것은 물론이고 각각의 비주얼 자료를 제시하는 데 시간이 얼마나 소요될 예정인지도 미리 자세히 알려주었다.

이러한 프레젠테이션 준비 방법에 대해 어떤 사람들은 너무 로봇 같고 즉흥적인 묘미가 전혀 없다고 비난할지도 모른다. 잘 모르면 입 닥치라고 말하고 싶다. 삼성전자 프레젠테이션에서는 즉흥성의 묘미를 발휘하지 않았지만 이는 동시통역사들이 내 메시지를 한국어로 명확하게 전달할 수 있도록 하기 위해서였을 뿐, 나 역시 대체로 임기응변을 많이 발휘하는 편이다. 스크립트를 여러 번 쓰고 또 쓰고 읽고 또 읽기 때문에 나는 내용을 거꾸로도 좔좔 읊을 수 있다. 그렇기에 청중이 내게 필요로 하는 것을 여유 있게 관찰할 수 있다. 청중의 얼굴 표정을 관찰하면서 지나치게 중복되는 부분이 있는 것 같으면 그 부분을 과감히 생략할 수도 있으며, 특별한 주제에 대해 더 자세한 설명이 필요한 것 같은 얼굴이면 추가 자료를 제시할 수도 있다. 나는 항상 스크립트를 들고서 프레젠테이션을 하지만 이는 아기 적 담요를 두를 때처럼 마음의 위안을 위해서일 뿐 정말로 필요해서는 아니다.

대체적으로 말해서 완벽한 스크립트의 가장 큰 장점은 통제감이다. 메시지에 대한 통제감, 시간에 대한 통제감, 떨리는 마음에 대한 통제감. 당신 역시 그런 통제감을 원하고 있을 것이다.

PERFECT PITCH

CHAPTER 05

칼럼 : 트레버의 망치

생각을 위한
공간 마련하기

블랙베리 부수기

1년여 전 따뜻한 6월의 어느 날 아침, 나는 회사에서 제공해준 블랙베리 PDA를 차로 들이박았다. 부서지는 소리가 들렸다. 나는 만족해하며 차를 세웠다. 그리고는 후진 기어를 넣고 확인사살을 위해 블랙베리를 다시 들이박았다.*

그런데 PDA를 살펴보니 실망스럽게도 별로 망가진 곳이 없었다. 블랙베리 설명서에는 '무선 이메일과 데이터 통신의 놀라운 경험'이나 '뛰어난 접속성과 연결성'에 대해 자세히 쓰여 있었지만, '내구성'에 대해서는 한마디도 없었다. 1톤이 넘는 독일산 자동차가 밟고 지나갔는데도 블랙베리는 액정이 나간 것 외에 거의 멀쩡했다. 내가 원한 것은 이 정도가 아니었다. 그래서 이웃 트레버에게서 망치를 빌렸다. 대만족이었다. 무거운 망치를 힘껏 휘두르느라 오른쪽 어깨가 빠지는 줄 알았지만 어쨌든 단 한 번의 가격으로 빨갛게 깜박이던 작은 불빛이 마침내 완전히 꺼져버렸다.

회사 기물을 파손한 것을 이렇게 공개적으로 떠벌리다니, 저 사람 제정신인가 하고 생각할 수도 있다. 친절하게도 나를 고용해주었고 이 글을 쓰는 순간에도 내게 월급을 주고 있는 회사 주인 마틴 소렐 경은 당연히

★ 이 장은 WWP 사내보인 「와이어(The Wire)」 2005년 11월호에 썼던 "A Berry Personal Tale"이라는 글을 새롭게 정리한 것이다.

돈 낭비를 좋아하지 않는다. 하지만 잘릴 위험을 무릅쓰고도 내 범죄행위를 털어놓는 것은 그만큼 중요한 이유가 있어서이다.

블랙베리가 죽은 날은 나에게도 그리고 회사에도 좋은 날이었다. 그것이 죽은 이후 몇 달 동안 생산성과 창의성이 향상되었고, 매우 만족스러운 정도는 아니지만 주위 몇 사람은 내가 조금 친절해진 것 같다고 말했으니까. 우리 사무실 직원들이 돌아가면서 트레버의 망치를 쓴다면 어떤 일이 생길까? WPP의 주가가 껑충 오르고 우리 아이들 대학 학자금이 전부 마련될지 모른다고 생각하는 것도 심히 과한 욕심은 아니리라.

조금 극단적인 방법처럼 들릴 수도 있다. 하지만 절망적인 상황에서 필사적인 방법이 나오는 법이다. 독자들에게 이 책에서 가장 중요하고 유념해야 할 부분을 하나만 골라주어야 한다면, 나는 서슴없이 5장을 선택할 것이다. 분석하고 해석하고 초안을 작성할 적절한 환경이 주어지지 않는다면 절대로 4장에서 나온 프로세스를 따라 훌륭한 프레젠테이션을 만들어낼 수 없다. 아무리 의지력이 강한 사람이라 해도 힘들다. 이동통신용 단말기를 부순 행동은 내 문제를 다루기 위한 대단히 만족스러운 첫 단계가 될 수 있었다. 아니, 그것이 유일한 첫 단계이다. 자신의 삶을 통제하기를 원한다면, 그리고 더 좋은 아이디어를 생각하고 여기에 생명력을 불어넣는 데 필요한 시간과 공간을 확보하기를 원한다면, 그것만이 유일하게 효과적인 첫 단계이다.

자주 접속할수록 우리의 지능은 떨어진다

WPP 지사들을 돌아보며 나는 동료들 상당수가 한 가지 공통된 문제를 안고 있다는 사실을 깨달았다. 이러한 개인의 문제가 합쳐져 지사 전체의 문제가 되고 결국에는 회사 전체의 문제가 된다. 이는 비단 WPP만의 문제가 아니다. 비즈니스 세계에 존재하는 다른 모든 회사들도 똑같은 문제를 가지고 있으며, 굳이 사무실이 아니라도 같은 문제가 도처에 존재한다. 나는 서머싯에 있는 집을 나와 런던 사무실로 향하는 기차를 탈 때마다 그 문제를 목격하며, 아내와 아이들과 공항의 출국 라운지에서 대기 중일 때에도 그 문제를 접한다. 식당, 호텔 레스토랑, 스타벅스, 심지어는 쇼핑몰의 통로에서도 같은 문제를 마주친다. 그 문제는 언제 어디에나 존재한다.

그 '문제'란 우리 사회가 속도에 대한 압박감에 시달리고 24시간 완전 가동 상태에 놓여 있음으로써 '우리 개개인의 지능이 떨어지고 있다'는 것이다. 그리고 이로 인해 동료와 고객을 위한 최선의 해결책을 내놓을 수 있는 능력 역시 감소하고 있다. 블랙베리나 휴대전화, 컴퓨터 등 언제나 전원이 켜져 있는 테크놀로지 장비는 우리가 밥벌이를 위해 하는 일에 제대로 집중하지 못하게 한다. 심지어는 그것들이 우리를 방해하지 않는 순간에도 우리는 언제라도 이 기계들을 사용할 준비가 되어 있기 때문에 정작 중요한 일에는 전혀 집중하지 못한다. 과거 회의실에 모인 사람들이 갖춰야 할 도구는 메모지와 펜이 전부였다. 오늘날에도 메모지와 펜은 여전히 쓰이고 있다. 하지만 대부분의 사람들이 메모지와 펜 외에 첨단 장비 한두 가지를 옆에 둔다. 이 장비들이 깜빡거리면 웬만한 사람들은 이를 무시하기가 힘들다. 이는 당신도 알고 나도 아는 사실이다.

휴렛팩커드가 최근 실시한 연구조사를 보면 문자메시지나 이메일을 자주 이용할 때 뇌에 끼치는 부정적인 영향이 마리화나 두 대를 연달아 피우거나 밤새도록 놀았을 때와 비슷하다는 것을 알 수 있다. 런던 대학의 학자들은 휴대전화나 PDA 또는 컴퓨터의 키보드를 두드리거나 시도 때도 없이 들어오는 전자 메시지를 확인하기만 해도 IQ가 순간적으로 10 이상 떨어질 수 있다는 연구 결과를 발표했다.

2005년 1월 「하버드 비즈니스 리뷰」에 정신과의사 에드워드 할리웰(Edward Halliwell)이 게재한 논문 역시 이런 연구 결과를 뒷받침한다. 할리웰은 논문에서 집중력결핍성향(Attention Deficit Trait, ADT)이라는 증세를 설명하고 있는데, 이 증상은 집중하지 못하고 항상 산만한 태도를 보이는 집중력결핍장애(Attention Deficit Disorder, ADD)라는 신경학적 질환과 매우 비슷하다. 단, 발병 원인이 우리의 업무 방식에 있다는 것만이 다르다.

할리웰의 주장에 따르면, 우리는 직장 생활에서만이 아니라 개인 생활에서도 서로 연관이 있는 두 가지 망상에 시달린다. 그 첫 번째는 해야 할 일을 모두 처리할 시간을 갖지 못한다면 이는 곧 나약함을 드러내는 것이라고 생각하는 망상이다. 하루는 24시간에 불과하다. 일을 순서대로 진행해서는 24시간 안에 자신의 기대치나 다른 사람들의 기대치를 충족시킬 수가 없다. 그러니 주어진 일들을 한꺼번에 공략해야 한다. 다시 말해 멀티태스킹을 감행해야 하는 것이다. 하지만 인간의 뇌는 여러 일을 한꺼번에 처리할 수 없기 때문에 일의 효과는 현저히 줄어든다. 3장에서 설명한 여러 개의 테니스공을 동시에 던지는 상황을 떠올려보기 바란다.

두 번째 망상은, 항상 무언가에 연결되어 있지 않으면 세상이 무너질 것이라고 생각하는 망상이다. 이메일에 답장을 보내야 하고, 제안을 해야 하며, 전화를 해야 한다. 나중으로 미뤄서는 안 된다. 지금 당장 해야 한다. 모두에게 답해주고 모두를 상대해야 한다. 직원이나 경영자로서의 자질을 업무 성과를 통해 평가받는 것이 아니라 사람들의 질문에 얼마나 빨리 답을 했는지에 따라 판단 받는다. 사람들은 이따위 연구조사 결과는 상관하지 말고 1억 달러가 걸린 프레젠테이션에나 신경 쓰고 빨리 이메일에 답해야한다고 생각한다. 속도에 중독된 사회에서 가장 빨리 답해주는 사람은 칭찬을 받으며, 반면에 생각할 시간을 가지는 사람은 배려심이 없다고 비난 받는다.

지금처럼 뇌에 이토록 다량의 정보가 한꺼번에 쏟아져 들어온 적은 한 번도 없었으며, 타인의 눈을 의식하며 이렇게 많은 일을 한 번에 처리해야 하는 경우도 지금껏 한 번도 없었다. 그냥 방치하면 이 문제는 점점 심각해질 것이다. 휴렛팩커드의 조사에 따르면 영국인들은 1인당 하루 평균 32통의 이메일을 받으며 이는 매년 84%씩 증가 중이라고 한다. 이메일 한 통을 읽고 답장을 쓰는 데 대략 1분 정도가 걸리고 수신 이메일이 매년 84%씩 증가한다고 가정해보면, 4년 뒤에 우리는 이메일을 처리하는 일에 매일 꼬박 6시간씩을 할애해야 한다는 계산이 나온다. 9년 뒤에는 이메일이 차고 넘쳐서 하루치를 다 처리하는 데 무려 128시간이 걸릴 것이다. 잘못 계산한 것이 아니라면 우리는 돈만 밝히는 변호사가 수임료 청구서에 서명하는 시간보다도 더 많은 시간을 이메일 처리에 쏟아부어야 한다는 결론이 나온다. 부디 2015년까지는 이런 미친 현상이 없어지기를 바란다.

심리적인 문제도 있다. 여러 개의 문제, 그리고 때로는 서로 충돌하는 문제들을 한꺼번에 처리하려 할 경우 뇌의 전두엽에 과부하가 걸릴 수 있다. 할리웰은 이렇게 말한다.

"세 번째 협상이 결렬되고 열두 번째로 불가능한 신청을 했는데 신청이 접수되지 않는다는 응답이 화면에 뜬 날, 아홉 번째로 사라진 정보를 찾던 중에 다섯 번 방해를 받은 뒤, 여섯 번째 의사결정을 내려야 한다면 당신의 뇌는 패닉 상태에 빠지게 된다."

대다수 사람들은 실제로 이런 일이 자신에게 일어나고 있다는 사실을 감지하지 못한다. 하지만 전두엽에 과부하가 걸리면 뇌에서 보다 원시적인 역할을 담당하는 부분이 생존 모드로 돌입하게 되고 이로 인해 사고기능이 둔화된다. ADT가 발동하기 시작하면 이해력과 융통성과 유머감각이 사라지게 되고, 충동적인 판단을 내리거나 때로는 판단 자체를 아예 회피해버리기도 하며, 사소한 일에 열중하고 짜증과 무력감이 증가한다. 사람마다 ADT를 다루는 능력이 다르기는 하지만 이 증세를 잘 다루든 그렇지 못하든 성과가 떨어지는 것은 분명하다.

생각할 시간이나 자유가 전혀 없다면 4장에서 나온 5단계 프로그램에 필요한 방대한 정보를 수집할 수 없다. 계속해서 방해를 받아서 생각할 시간이 없다면, 정보를 걸러내고 필요한 연결 관계를 찾아내며 뜻밖의 관련성을 파악하는 것이 불가능하다. 항상 처음부터 일을 다시 시작해야 한다면 논리적이고 설득력이 있는 주장을 펼치기 위한 프레젠테이션을 잘 만들어낼 수 있을까? 절대로 불가능하다.

여러분 대다수가 이런 기분을 느껴보았을 것이다. 나 자신은 물론 주위 사람들의 행동에서 이런 일이 일어나는 것을 여러 번 목격한 바 있다. 하지만 ADT 증세의 가장 무서운 점은 개인의 업무 성과에 직접적인 악영향을 미친다는 것이 아니다. ADT 증세는 자기도 모르는 사이에 개인적인 시간에도 악영향을 미친다. 또한 정보 수집 능력과 수집한 정보를 해석하고 통합하고 각색하는 능력에도 본질적으로 매우 심각한 영향을 미친다.

잠자리에까지 서류를 들고 가는 것은 성생활에 나쁘다

일할 시간은 별로 없고 끝내야 할 일은 많은 사람들은 자연스레 집에 일거리를 싸들고 간다. 결국 예기치 않은 이메일과 전화가 개인생활까지 방해하는 것이다. 얼마 전까지만 해도 우리는 집에 가서 푹 쉬고 멀리 휴가를 떠나는 것을 당연하게 여겼다. 걸어서, 차를 몰고, 자전거를 타고, 또는 비행기로 출퇴근하면서 우리는 개인만의 휴식시간을 가졌다. 하지만 지금은 우리가 세계 어디에 있든 밤이나 낮이나 휴대전화 벨이 울린다. 대서양 한가운데 1만 킬로미터 상공에서도 이메일에 접속할 수 있다. 심지어 세계 곳곳의 휴양지에서 가족들과 즐거운 시간을 보내는 동안에도 휴대전화로 통화를 하거나 노트북 자판을 두들겨대는 비즈니스맨들을 심심치 않게 만날 수 있다.

　일에 완전히 전념하는 것도 아니고 일을 철저히 중단하고 쉬면서 재충전의 시간을 가질 수 있는 것도 아니다. 이런 현상은 실제로 회사의 성과 향상에 많은 도움이 되지 못한다. 한 사람이 손에서 일을 놓고 얼마나 유익한 휴식 시간을 가지느냐에 따라 얼마나 유익한 근무 시간을 보내느냐가 달라질 수 있다. 행복하고 건강하고 마음이 편한 직원은 그렇지 않은 직원보다 더 높은 생산성을 발휘한다. 집에까지 일거리를 싸들고 가는 사람은 위험천만한 벼랑을 향해 자진해서 걸어가는 셈이다. 잠자리에 들기 직전에 이메일을 확인한다면 잠을 못 잘 수도 있다. 단 한 통의 전화가 즐거운 대화를 망칠 수 있으며 이후 줄줄이 일어나는 사건들이 휴가 계획과 아이를 위한 특별한 날과 심지어는 결혼마저도 무너뜨릴 수 있다. 인생이라는 거대한 여정에서 진정으로 중요한 것이 무엇인지 잊지 말아야 한다.

　굿비 실버스타인의 플래닝 디렉터가 되어 샌프란시스코에 도착한 날, 나는 당시 인사 담당 이사에게 회사의 휴가 정책을 바꿔달라고 단도직입적으로 요청했다. 그것이 내 부하직원들에게도 도움이 되는 일이라고 생각했기 때문이었다. 당시 회사는 입사 1년차 직원에게는 유급휴가 1주일을 허용해주었으며, 5년차부터는 2주의 유급휴가를 제공하고 있었다. 하지만 나는 어카운트 플래너들이 무제한 유급휴가를 보장받아야 한다고 주장했다. 특정 부서가 그런 특혜를 받는 것이 부당하다고 생각할 수도 있지만 내 주장의 이유는 간단했다. 학력과 경력이 비슷한 플래너가 두 명 있다고 가정하자. 어떤 해에 한 사람은 51주를 일했고 다른 사람은 48주를 일했다면, 나는 더 적게 일한 사람이 생산성이 훨씬 높을 것이라고 장담한다. 내가 플래너들에게 요구한 단 두 가지는 광고기획의 전 영역을 통괄하고 조직할 것과 남는 시간에 무언가 유용한 일을 하겠다고 약속하는 것이었다. 굿비 실버스타인에서 일하는 10년 동안, 내 부하 직원들이 한 해에 4주 이상 유급휴가를 받은 경우는 없었다. 하지만 그들은 막상 휴가 때에는 휴가를 맘껏 즐겼다. 휴대전화나 이메일이 일반화되기 전의 그 황금 같은 시절, 그들은 진정한 휴가를 즐길 수 있었다.

플래너들은 회사를 벗어났을 때에는 여행을 하고 독서를 하고 영화를 보고 전시회를 관람하면서 자신의 업무를 문화적으로 더 넓고 깊은 관점에서 바라보는 시각을 기를 수 있었다. 서로 연관성이 없어 보이는 정보를 수집하면서, 그들은 자신의 아이디어와 프레젠테이션에 정보를 더하고 색을 입혔다. 그리고 멀리 떨어져 있었던 덕분에 업무에 복귀한 순간에는 더욱 명확한 시각으로 문제를 바라보게 되었다. 며칠 전만 해도 실마리가 보이지 않았던 문제를 새롭고 흥미진진한 각도에서 바라보며 해결책을 마련할 수 있었던 것이었다.

물론 즐거운 밤 데이트와 주말과 휴가를 툭하면 야근과 특근으로 바꿔놓는 오늘날의 기업문화가 금방 사라질 가능성은 거의 없다. 교육에서 조경디자인, 변비약 마케팅에서 축구클럽 운영에 이르기까지 인간 활동의 모든 영역에 만연하는 '지금 당장'의 문화가 사라질 가능성도 거의 없다. 하지만 우리가 기술의 노예가 되어서 항상 일해야 하고 더 빨리 도착해야 한다는 압박감에 복종한다면, 이는 우리 자신과 우리의 잠재력에 대한 배신이며, 아내와 남편, 아들과 딸, 우리에게 가장 소중한 사람들에 대한 배반이다. 그리고 정말 아이러니하게도 이것은 우리가 받는 돈만큼 일할 것이라고 철석같이 믿고 있는 회사와 고객들에 대한 배신이기도 하다.

우리는 휴대전화와 인터넷에 중독되어 있으며, 이러한 증상을 완전히 치유할 수는 없을 것이다. 하지만 적절히 관리할 수는 있다. 강박증을 관리하기 위해 육중한 독일산 자동차의 도움을 받아야 한다거나 이웃집 공구함을 빌려올 필요까지는 없다. 하지만 속도가 지성보다 더 중요한 자질이라고 말하는 사람에게 우리의 생각을 분명히 알릴 수 있어야 한다. 단기적으로는 그들을 실망시키더라도 모두를 위한 장기적인 만족을 추구해야 한다. 블랙베리를 통해 얻은 거짓 통제감이 아니라 자신의 삶에 대한 진정한 통제감을 느낄 수 있어야 하는 것이다.

통제하기

이 책에서 말하는 통제력이란 심사숙고할 수 있는 시간과 공간을 마련하고 스스로 건강과 행복을 돌봄으로써 창의적이며 자유롭게 생각할 수 있게 되는 것을 의미한다.

통제한다(taking control)는 것은 **일과 가정의 철저한 분리를 의미한다.** 따라서 집에 있을 때에는 가족과 친구에게만 온 신경을 쓰고 철저히 즐기며 인생과 문화를 탐험할 수 있어야 한다. 친구나 가족한테 온 것이 아닌 이상, 집에서는 이메일을 읽지 말고 밤늦게 울려대는 휴대전화도 받지 말아야 한다. 밤 9시에 오는 업무 전화는 다음날 아침에 처리해도 늦지 않다. 단 며칠만이라도 영업부의 아무개나 경영지원팀의 아무개가 아니라 가족과 대화를 나누어라. 그러면 새로운 봄기운을 물씬 안고 사무실에 들어설 수 있을 것이다. 마음이 편하고 행복해야 프레젠테이션도 훨씬 쉽게 작성할 수 있다.

통제한다는 것은 자신의 뇌를 돌보는 것을 의미한다. 잘 자고 잘 먹고 꾸준히 운동하라. 헬스클럽에 다니거나 개를 산보시킨다고 해서 문제 해결에 방해가 되는 것은 아니다. 샌프란시스코에서 일할 때 나는 일부러 1주일에 3일씩 점심시간을 이용해 헬스클럽 트레이너와 '회의'를 가졌다. 내가 헬스클럽에 다니는 것을 사람들이 알았다면 이 귀중한 시간을 사수하기가 힘들었을지도 모른다. 하지만 달력에 '회의'라고 적혀 있었기에 나는 꼬박꼬박 운동을 할 수 있었고, 나는 이 개인 회의를 진지하게 받아들였다. 4장에서 설명했듯이, 아침 내내 자료를 수북하게 준비하고 프레젠테이션의 핵심 요소를 찾아내고 나면 나는 완전히 고의적으로 이러한 것들을 떨쳐버리곤 했다. 동쪽으로는 샌프란시스코 만이 반짝거리고 다운타운의 고층 건물들이 햇빛을 받아 눈부시게 빛나는 엠바르카데로(Embarcadero) 지구를 달리다보면, 단단히 얽혀 있던 프레젠테이션의 매듭이 느리지만 확실하게 풀어지는 것을 느낄 수 있었다. 더 훌륭한 아이디어들이 모습을 드러내며 논리적 흐름을 알려주는 힌트들이 등장했다. 사무실로 돌아오면 프레젠테이션을 위해 보드에 붙여두었던 포스트잇 조각들이 마법에라도 걸린 듯 저절로 움직였다. 1시간 짬을 내 운동화를 신고 달렸을 때만큼이나 혹은 야구장에서 몇 시간을 보냈을 때만큼이나 프레젠테이션이 술술 풀리기 시작했다.

통제한다는 것은 휴가 가서 결코 일하지 않는 것을 의미한다. 예전에 중요한 프레젠테이션을 앞두고 머리를 식히기 위해 하와이의 마우이로

한 주간 휴가를 떠난 적이 있었는데, 인사과 직원이 전화를 걸어서 누군가 사내 주차장의 내 자리에 차를 세워놓았다고 말하는 통에 휴가를 완전히 망치고 말았다. 누군가 내 자리에 차를 세워놓았다 해도 지금 상황에서 어떻게 할 방도가 없지 않느냐고 말해주는 것이 고작이었다. 하지만 유감스럽게도 그 전화를 시작으로, 베란다에 놓인 뜨거운 욕조에 몸을 담그는 대신 연신 울려대는 전화통을 붙잡고 있어야 했다. 그후부터 나는 휴가지에서는 비상사태일 때에만 전화를 받으며, 비상사태라는 말의 참뜻을 아는 몇 사람한테만 연락처를 알려준다. 친구의 전화나 이메일도 휴가 기분을 망칠 수 있다. 멋진 휴가를 즐기는 대신 일상의 자질구레한 일들에 신경을 써야 할 수도 있기 때문이다. 친구들과는 엽서 정도로만 연락을 취하는 것이 가장 좋다. 아주 즐거운 시간을 보내고 있으며, 친구들 일이 하나도 궁금하지 않다는 뉘앙스를 팍팍 풍기며 말이다.

통제한다는 것은 방해받지 않는다는 것을 의미한다. 나는 집의 작업실에서 프레젠테이션 스크립트를 작성할 때에는 인터넷 선을 뽑고 휴대전화도 꺼놓는다. 회사 사무실에서 작업 중일 때에는 방해하지 말아달라고 쓴 푯말을 걸어놓는다. 차분하게 일할 공간이 마련되어야 프레젠테이션의 내용과 논리를 훌륭하게 꿰맞출 수 있기 때문이다. 흐름이 끊기면 프레젠테이션 자체가 산만해지고, 각 정보들의 중요한 연결 관계를 놓치게 된다.

통제한다는 것은 피할 수 없는 방해를 조절할 수 있다는 것을 의미한다. 꼭 확인하고 답해야 할 이메일이나 음성메시지가 있을 경우 하루 세 번만 여기에 시간을 할애한다. 출근하자마자, 점심 먹고 돌아온 직후, 그리고 퇴근하기 직전이다. 모든 수신 메시지에 즉시 답장을 보내지는 않는

데, 어떤 것은 조금 생각해봐야 할 필요가 있기 때문이다. 이 방법은 세 가지 면에서 도움이 된다. 첫째, 한 번에 하나의 일에만 집중할 수 있다. 이메일을 확인할 때에는 이메일에만 신경을 쓰고, 프레젠테이션을 작성할 때에는 프레젠테이션에만 온 신경을 쓸 수 있다. 둘째, 이메일을 확인하는 행동을 통해 프레젠테이션을 잠시 잊고 머리를 맑게 하는 시간을 마련할 수 있다. 또, 앞 장에서 설명한 의미를 찾는 시간을 가질 수도 있기 때문에 잠깐의 휴식은 도움이 된다. 셋째, 이렇게 간격을 두고 이메일을 확인하면 곧바로 답장하기 버튼을 눌렀을 때에 비해 좀더 신중한 답변을 할 수 있다. 나는 '나중에 보내기' 버튼을 자주 애용하는데, 그렇게 한 덕분에 바보짓을 할 뻔했던 일을 여러 번 막을 수 있었다.

통제한다는 것은 생각할 공간을 마련하는 것을 의미한다. 최근 JWT의 동료인 라이언 리테어가 내게 메일을 보냈는데 '미결 서류를 처리하는 데 골몰하는 현재의 사업 모델이 아닌 고객을 위해 아이디어를 창출하는 기업 문화가 정착되었으면 좋겠다'는 내용이었다. 그가 절대적으로 옳다. 지나치게 많은 사람들이 눈앞의 일을 처리하는 데 급급한 나머지 생각할 시간은 채 반도 갖지 않는다. 일하는 시간만큼 생각하는 시간을 갖는 것도 중요하다는 사실을 인정해야 한다. 기차여행을 하면서 얼그레이 홍차를 마시는 것이, 베이컨 샌드위치를 먹는 것이, 아니면 「더 타임즈」를 샅샅이 읽는 것이 생각을 위한 시공간을 마련하는 방법이라면 그렇게 해야 한다. 기차로 출퇴근을 하며 나는 프레젠테이션에 꼭 맞는 주제를 여러 번 생각해냈고, 요점에 딱 들어맞을 만한 사진을 찾아냈으며, 훗날 유용하게 쓸 수 있을 것 같은 기사를 얻었다. 비록 그 순간에는 언제, 어떻게, 어디에 사용할지 알 수 없더라도 그런 자료들을 잘라내서 집으로

고이 모셔온다. 신문이나 소설을 읽지 않을 때에는 주위 사람들을 관찰하고 그들의 대화를 주의 깊게 듣는다. 어떤 구체적인 특성에 대해 생각하는 경우도 있지만, 기차로 출퇴근하는 동안 내가 얻는 정보는 대부분 일반적인 것들이다. 보통 사람들의 실생활이야말로 이런 일반적 정보를 가장 많이 얻을 수 있는 원천이며, 이를 통해 얻는 모든 정보는 회사와 고객을 위해 더 훌륭한 아이디어를 만드는 데 많은 도움이 된다.

마지막으로, 통제한다는 것은 나를 존중하는 만큼 다른 사람도 존중한다는 것을 의미한다. 통제력을 기르면 시간과 공간을 통제할 수 있을 뿐 아니라 타인에게도 긍정적인 영향을 미칠 수 있다. 내가 이메일을 적게 보내기 때문에 다른 사람들 역시 이메일을 처리하는 데 걸리는 시간을 줄일 수 있다. 내가 볼 때 '단체 메일 보내기'는 죄악이나 다름없다. 관련된 모든 사람들에게 해당 문제에 대한 메일을 한꺼번에 보내는 것이 편하다는 사실을 모르는 것은 아니지만, 대부분의 사람들은 좋게 말해 이런 기능을 무차별적으로 사용하고 심하게 말해 정치적으로 악용한다. 이런 식으로 교활하게 단체메일 보내기를 이용하는 것은 소심하고 무례한 인간들의 전형적인 특징이다.

다른 사람들에게도 생각할 시간과 공간이 필요하다는 사실을 인정하자. 그들이 평화롭고 조용하게 아이디어를 생각하고 프레젠테이션을 작성하기를 원한다면, 마땅히 그렇게 해주어야 한다. 그들이 집에서 일하거나 혹은 커피숍에 가서 일하기를 원한다면, 그 정도의 자유쯤은 주어야 한다. 그들이 헬스클럽에 가서 몸을 풀기를 원한다면, 일하기 싫어서 그러는 것이 아니라는 사실을 알아주어야 한다.

누군가 저녁이나 주말에는 업무상 전화를 받지 않기로 결심하거나 또는 일요일 아침에는 이메일을 보내지 않기로 결심한다면, 많은 다른 사람들이 그 효과를 실감할 수 있다. 아마존에서 나비가 날개짓을 하면 유럽에 폭풍우가 휘몰아친다는 나비효과에 대해 들어본 적이 있을 것이다. 퇴근한 동료에게 전화하지 않고, 사장에게 이메일을 보내지 않고, 휴가 간 직원의 연락처를 확인하지 않는 것은 나비의 작은 날갯짓에 해당된다. 나머지는 우리에게 달려 있다.

폭풍우가 휘몰아치기를 원한다면 우리는 무엇을 해야 할지 알고 있다. 우리가 그렇게 하기로 결심하고 실천한다면 기분 좋은 빗줄기가 내리칠 것이다. 아주 거센 빗발이.

PERFECT PITCH

CHAPTER 06

우리는 이사회실에서
그들과 맞서 싸울 것입니다

잘못된 프레젠테이션으로
위대한 아이디어를
망치는 방법

1940년 6월 4일, 영국 수상 윈스턴 처칠은 연합군의 성공적인 덩커크 철수 작전을 보고하기 위해 영국 하원 연단에 섰다. 영국 전체가 흥분 상태다. 인명과 장비 손실이 엄청났지만, 30만이 넘는 연합군이 거침없이 진격하는 독일군의 손아귀에서 무사히 탈출한 것이다. 하지만 처칠의 목적은 철군 작전의 성공을 축하하는 것이 아니다. 그는 영국 국민들에게 더 어두운 시대를 준비해야 함을 일깨워주어야 한다. 히틀러의 군대가 언제 영국을 침공할지 모르는 상황에서 군은 한시바삐 상처를 수습해야 하며 공장 노동자들은 전투기와 배와 무기 손실을 메우기 위해 최대한으로 힘을 내야 한다. 그리고 무엇보다도 미국의 참전을 적극 호소해야 한다. 유럽은 지금 도움이 필요하다.

그는 지금까지 중요한 프레젠테이션을 한 적이 몇 번 있었지만 지금처럼 중요한 순간은 없었다. 처칠이 목청을 가다듬는다. 마지막으로 한번 더 메모지를 본다. 주머니 속에서 열쇠와 동전이 찰그랑거린다. 그는 노트북의 엔터 버튼을 누른다. 제목 하나가 서서히 등장하더니 화면 제일 위에 고정되고 그 밑으로는 아직 아무 글씨도 등장하지 않는다.

던커크: 무엇이 문제였는가?

처칠이 말한다. "던커크 작전은 무엇이 문제였을까요?"

처칠의 단정적이고 거만한 자기 확신에 아무 감흥도 느끼지 못하는 사람들의 눈이 화면에 뜬 40포인트의 굵은 글씨를 향한다. 처칠의 손가락이 가볍게 키보드를 치자 제목 바로 밑에서 불릿포인트 세 개가 하나씩 등장해 자리를 잡는다.

던커크: 무엇이 문제였는가?

- 문제의 원인
- 문제의 의미
- 우리가 해야 할 일

－프레젠테이션 작성자: 수상

처칠이 화면을 쳐다본다. 자신이 만들어낸 단어들을 조용히 음미하며 고개를 끄덕인 다음 고개를 돌려 청중을 바라본다. "보여드릴 차트가 많습니다. 따라서 질문은 발표가 끝난 뒤에 해주시면 감사하겠습니다."

검지를 살짝 퉁기니 시작 페이지가 사라지고 새로운 제목이 화면에 등장한다.

프랑스와 벨기에에서 행한 군사작전에 대한 평가

"우선은 던커크 탈출 작전이 주로 진행되었던 프랑스와 벨기에에서의 군사작전에 대한 평가부터 시작하겠습니다."

수상이 본론을 발표하기 시작한다. 컴퓨터 특유의 퐁퐁 소리와 함께 새로운 단어가 하나씩 화면에 등장하더니 마치 일개 소대가 정렬하듯 줄 맞추어 자리를 잡는다. 이 자리에 모인 의원들이 화면이 이렇게 뜨는 의미를 제대로 이해할 수 있을지, 수상은 조금은 걱정스럽다.

프랑스와 벨기에에서 행한 군사작전에 대한 평가

● 벨기에 국왕의 지원 요청으로 영국군과 프랑스군이 벨기에에 입성
● 독일군의 진격으로 영국군과 프랑스군 사이의 연락 수단이 차단
　　－기계화사단　　　　－긴급배치군　　　　－보병
● 용감한 칼레의 방어
● 던커크로 퇴각
　　－영국해군과 프랑스해군에 의한 소거
● 레오폴드 국왕의 시기적절하지 못한 항복
　　－사전 경고가 없었음　　－공명정대한 행동이 아니었음

처칠이 다시 설명을 시작한다. "시간적인 순서에 대해서는 여러분도 잘 아실 것이라 생각합니다. 벨기에 국왕이 도움을 요청했고 우리 영국과 프랑스는 즉시 그러기로 화답했습니다. 하지만 불행히도 우리는 독일군의 신속하고도 강력한 진군을 과소평가했습니다."

그가 리드미컬하게 말하기 시작한다. 더 많은 전자풍선이 퐁퐁 터지면서 불릿과 서브불릿들이 화면을 가득 메운다. 내용이 빽빽하게 적힌 슬라이드는 바쁜 의원들에게 될 수 있는 한 많은 정보를 보여주기 위해 여러 시간 공들여 준비했음을 보여준다.

더 많은 슬라이드들이 펼쳐진다. 독일 공군의 전투기에 맞서서 영국의 RAF 전투기가 거둔 성과를 보여주는 표와 의원들에게 연합군의 지휘 체계를 알려주기 위해 만든 차트 등 슬라이드 여러 장이 펼쳐진다. 영국과 독일의 손실을 비교분석하는 그래프와 텍스트를 함께 보여주는 슬라이드도 있다. 또, 그가 대단한 자부심을 느끼고 있는 영국해군 군함과 프랑스해군 군함의 적재 및 하역 시간에 대한 분석을 담은 슬라이드도 등장한다. 영국 해외파견군 퇴각의 임계 기간을 통해 바라본 영국 소비자신뢰지수를 지속적으로 추적하고 분석한 결과를 요약한 슬라이드도 제시된다. 원그래프는 하늘을 향해 뻗어 있고 표에는 내용이 가득 들어 있으며, 클립아트에서 차용한 이미지들이 표와 그래프를 화려하게 장식한다. 처칠은 공군의 전투기를 묘사할 만한 마땅한 이미지가 없는 것이 참으로 아쉽지만 열기구 이미지가 요점을 잘 표현한 것 같다고 스스로를 위로한다.

그는 잠시 설명을 멈추고는 손수건으로 이마를 닦는다. 연단의 최신식 레이저 포인트 뒤에 교묘하게 장치해놓은 시계는 그가 1시간 30분 전에 프레젠테이션을 끝냈어야 한다는 사실을 알려준다. 하지만 그는 아직 슬라이드를 채 3분의 1도 보여주지 못했다.

그가 말을 잇는다. "그리고 마지막으로 저는 앞으로 있을 나치의 침공에 대해 설명하려 합니다. 그들의 침공을 막기 위해 우리가 취할 수 있는 방안 몇 가지를 제시하겠습니다." 교통경찰관 모습을 한 클립아트 이미지가 화면에 등장한다. 그는 오른손 손바닥을 활짝 펼치고 있고, 그 이미지 옆에는 "나치군을 저지하자!"라는 제목이 적혀 있다.

"그들의 진격을 막을 수 있을 만한 장소가 여러 곳 있습니다. 우리는 몇 가지 방안을 진지하게 심사숙고했습니다. 아마 여러분들도 비슷한 방안을 고심했을 것으로 생각합니다. 그밖에 다른 방안이 있으면 제게 이메일로 알려주시기 바랍니다. 여러분이 원하시면 다른 방안도 고려해보겠습니다." 그가 버튼을 한 번 더 누르자, 우르릉 쾅쾅 소리와 함께 화면에 9개의 불릿포인트가 동시에 나타난다. 아주 감동적인 슬라이드야. 처칠은 자화자찬한다.

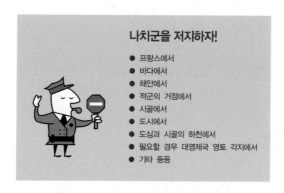

"물론 첫째 항목은 조금 늦은 감이 있습니다. 말은 이미 그곳의 마구간을 떠났으니까요. 하지만 나치군이 더 이상 진격하는 것을 막기 위해 노력할 수는 있습니다." 처칠이 속으로 생각한다. '더 이상'이 아니라 '앞으로'라고 말했어야 하나? 이렇게 영어로 소제목을 쓸 경우 자동 맞춤법 검색 프로그램은 아무 도움도 되지 못하는 것 같다.

"이 슬라이드만으로도 충분한 설명이 되리라 생각합니다. 나머지에는 우리 친구인 미국의 도움을 얻기 위해 할 수 있는 일들에 대한 내용이 들어 있습니다. 어쨌든 조만간 미국이 참전할 것이라고 희망해봅니다. 여러분에게 전자파일 한 부씩을 나눠드리겠습니다. 하지만 질문은 지금 해주시면 감사하겠습니다." 그는 마지막 줄을 읽은 뒤 버튼을 누른다. 마지막 슬라이드가 등장한다. "들어주셔서 감사합니다."

들어주셔서 감사합니다

나라 구하기

윈스턴 처칠 수상이 노트북과 파워포인트를 이용해 그 유명한 '우리는 해변에서 싸울 것입니다' 연설을 하며 자신의 진심을 전혀 내보이지 않았다면, 오늘날 우리의 세계는 어떤 모습이 되어 있을까? 내가 영어로 이 책을 쓸 수 있었을까? 여러분이 영어로 이 책을 읽을 수 있었을까? 여러분과 내가 태어날 수나 있었을까?

아무도 모르는 일이다. 불릿포인트를 그저 순서대로 나열하기만 했어도, 서체를 잘못 선택했어도, 클립아트 이미지가 부적절했어도, 영국군이 나치에 맞서 훌륭하게 싸웠을 수도 있다. 또, 처칠이 루즈벨트 대통령에게 'F.D.R.—w8ing 4 u— W.'라는 제목의 이메일만 달랑 보냈을지라도 미국이 세계대전에 참전했을지도 모르는 일이다. 하지만 그랬다면, 과연 이 편지가 미국의 참전을 유도하는 결정적인 계기가 될 수 있었을까?

어떤 사람들은 연설이 아니라 병사들과 무기가 전쟁의 승패를 좌우한다고 말할지도 모른다. 그들은 처칠의 6월 4일 하원 연설은 2차 대전의 최종 결과와는 아무런 상관이 없다고, 또한 히틀러의 실수나 러시아의 혹한, 그리고 미국의 군사력과 경제력에 비하면 영국의 저항운동은 승전에 미미한 영향을 끼쳤을 뿐이라고 말할지도 모른다. 하지만 던커크 철수 작전 이후 히틀러가 러시아를 침공하기 전까지 영국은 1년이 넘도록 거의 홀로 독일군을 상대했다. 영국의 도시들은 밤낮으로 폭격을 맞았고 배들은 격침 당했으며, 영국군은 독일에 점령당하지 않고 남아 있는 몇몇 바다에서 적과 맞서 싸워야 했다. 미국은 18개월이 지난 후에야 참전을 결정했다. 그리고 영국은 이길 확률이 거의 제로인 상황에서도 끈질기게 독일과 맞서 싸웠고 마침내 승리를 거두었다.

영국이 승리할 수 있었던 이유는, 처칠이 패배가 이미 정해진 일이라고 믿지 않았기 때문이다. 1940년 바로 그날, 처칠은 국민들로 하여금 자신을 믿으라고, 승리할 수 있다고, 맞서 싸울 힘이 있다고 믿게 만들었다. 그 순간에는 아무도 믿지 않았을 수도 있지만, 처칠의 훌륭한 연설은 최정예 연대나, 스핏파이어* 부대, 최신예 군함에 맞먹는 진가를 발휘했다. 아니 어쩌면 그보다도 훨씬 훌륭한 가치가 있었다고 할 수 있다. 1분여 남짓한 연설에서 처칠은 그 어떤 영상자료 없이도 온 국민의 마음을 하나로 단결시킬 수 있었기 때문이다.

내가 처칠의 연설을 파워포인트로 바꾼 것은 절대로 그나 그의 연설을 웃음거리로 삼기 위해서가 아니다. 오히려 나는 그가 세계가 배출한 가장 걸출한 연사 중 하나였으며, 1940년 6월 4일의 연설은 그의 생애 최고의 연설이었다고 믿는다.

세계 각지에서 열리는 프레젠테이션 기법에 대한 워크숍에 참석할 때마다 나는 사람들에게 한 가지 질문을 던진다. 1963년 여름, 마틴 루서킹 박사가 워싱턴 D.C.에 모인 청중에게 "저에게는 꿈이 있습니다"라고 말문을 여는 대신 "파워포인트 프레젠테이션을 시작하겠습니다"라고 말했다면 과연 어떤 결과가 벌어졌을까? 내 생애 최고의 연설을 꼽으라면 나는 주저 않고 킹 목사의 연설을 꼽을 것이다. 하지만 아무리 세계 최고의 이상가이고 세상에서 가장 똑똑한 사람일지라도 전달 방법이 잘못된다면 믿음을 만들어낼 수 없으며 사람들의 마음을 얻어낼 수도 없다.

지금까지 이 책을 읽는 동안 내가 파워포인트와 전면전을 벌이고 있는 것처럼 보인다면, 틀린 생각이 아니다. 물론 어떤 사람들은 프레젠테이션 수단으로 파워포인트가 그렇게 많이 사용되는 것은 결코 파워포인트의 잘못이 아니라고 말할지도 모른다. 또는 잘못은 파워포인트가 아니

■ Spitfire: 2차 대전 당시 쓰인 영국군 전투기

보다 전체적인 차원에서 침공 문제를 바라볼 때, 수천 년의 역사 동안 지금처럼 우리 국민들이 침공을 당할 가능성이, 더 나아가 심각한 급습을 당할 가능성이 높았던 시기는 없었다고 저는 확신합니다. 해협을 통해 나폴레옹군을 실어 날랐던 바로 그 바람이 이번에는 대대적인 전투기 부대를 실어올 수도 있습니다. 기회는 언제나 존재했습니다. 바로 그 기회가 대륙의 수많은 압제자들을 흥분시키고 그들의 망상을 부채질해왔습니다. 많은 이야기들이 들려옵니다. 우리는 새로운 방법이 사용될 것이라고 확신합니다. 그리고 우리의 적들이 새로운 악을 선보이고 독창적인 공격을 감행할지라도, 우리 영국 국민은 그들의 모든 새로운 전략과 악랄하고 위험한 공격을 물리치기 위한 준비가 되어 있을 것이라고도 확신합니다. 아무리 가능성이 없는 생각일지라도 결코 배제해서는 안 되며, 철저하고 주도면밀하게 고려해야 할 것입니다. 우리는 언제나 우리의 제해권을 확신해야 하며, 국지전을 수행할 수 있을 경우에는 제공권도 장악할 수 있음을 항상 확신해야 합니다.

우리의 의무를 다한다면, 어느 것도 무시하지 않는다면, 그리고 지금까지 그래왔듯 최선의 준비를 한다면, 우리 영국만으로도 이 섬나라를 지킬 수 있으며 전쟁의 폭풍을 이겨낼 수 있으며 압제의 만행을 견뎌낼 수 있을 것이라고 저는 온 마음으로 자신합니다. 그리고 그것이 바로 우리가 지금 이 모든 노력을 하는 목표입니다. 그것이 바로 폐하의 정부에 속한 모든 각료의 결의이며, 그것이 바로 의회와 국민의 뜻입니다. 대영제국과 프랑스공화국은 각자의 대의와 필요에 따라 공조하면서 모든 힘을 다해 자국을 지키고자 노력할 것입니다. 그리고 진정한 우방으로서 서로를 돕기 위해 최선을 다할 것입니다. 유럽의 많은 부분과 수많은 명문名門 국가들이 게슈타포의 손아귀에 넘어가고 가증할 나치 정부의 지배를 받게 되더라도 우리는 포기하지도 좌절하지도 않을 것입니다. 우리는 끝까지 해낼 것입니다. 프랑스에서 싸우고 바다에서 싸울 것입니다. 우리는 더욱 충만한 자신감과 역량으로 우리의 섬을 지켜낼 것이며, 어떤 대가를 치르더라도 싸울 것입니다. 우리는 하늘에서, 바다에서, 해변에서, 들판에서, 거리에서 싸울 것입니다. 우리는 결코 항복하지 않을 것입니다. 만약, 그런 일은 한번도 믿어본 적이 없지만, 이 섬이나 섬의 대부분이 약탈당하고 굶주림에 직면하더라도 대영제국은 영국 함대에 의해 보호받고 무장하여 투쟁을 계속할 것입니다. 그리하여 신의 은총 속에 신세계가 엄청난 군사력과 경제력으로 구대륙을 구출해주고 해방시키기 위해 앞으로 나설 때까지 우리는 투쟁을 계속할 것입니다.

1940년 6월 윈스턴 처칠이 영국 하원에서 행한 연설. 기술적인 전문성이나 비주얼 도구가 전혀 없었음에도 처칠의 연설은 나무랄 데가 없었다.

라 '프레젠터'에게 있다고 할지도 모른다. 하지만 살상 무기를 소유한 사람들이나 투견을 애완견으로 기르는 사람들도 비슷한 주장을 펼친다는 사실을 명심하자. AK-47 총기를 소유하거나 투견을 기르는 것과 파워포인트를 이용하는 것은 다를 바가 없다. 물론 잘못 사용한 프레젠터 역시 비난의 화살을 맞아 마땅하다는 점은 나도 수긍한다. 그렇기에 뒤에서 파워포인트를 더 나은 방향으로 사용하는 방법에 대해서도 논할 것이다. 하지만 프레젠테이션 도구로써 가장 많이 사용되는 파워포인트는 프레젠터의 지적 무기력을 드러낼 뿐 아니라 청중에게도 일반적으로 비슷한 현상을 불러일으킬 수 있다. 파워포인트는 부정확한 언어 사용을 부추기고, 단편적인 정보 제공을 조장하고, 내용이 아닌 형식을 중시하게 만든다. 그리고 그 결과 훌륭한 사고를 방해한다. 또한 여러 보조 툴(제한적인 템플릿, 우스꽝스런 클립아트, 재미없는 전개 등) 등 맹목적인 남용, 부적절한 자료, 슬라이드에 나온 단어를 토씨 하나 안 빠뜨리고 그대로 읽는 진부하기 짝이 없는 프레젠테이션 방식 역시 파워포인트의 고질적인 문제점들을 한층 배가시킨다. 에드워드 터프트(Edward Tufte)는 짧지만 훌륭한 책 『파워포인트의 인지적 스타일(The Cognitive Style of Powerpoint)』에서 이렇게 평한다.

널리 애용되는 값비싼 처방약이 있다. 제약회사는 이 약을 먹으면 예뻐진다고 장담하지만, 실제로는 아니다. 오히려 심각한 부작용만 발생한다. 머리를 둔하게 만들고, 훌륭하고 신뢰할 만한 커뮤니케이션 능력을 떨어뜨리며, 따분하고 재미없는 얘기만 늘어놓아 동료들의 시간만 잡아먹게 만드는 약이다. 이러한 부작용에 더해 비용 대비 효과가 형편없다는 점을 감안하면 우리는 이 약에 대한 전 세계적인 리콜을 단행해야 함이 마땅할 것이다.

전 세계적인 리콜이 행해지는 것이 당연하겠지만, 마이크로소프트가 실제로 그렇게 한 적은 한 번도 없다. 우리에게 선택의 여지가 없다면, 이런 불리한 상황을 유리하게 이용할 수 있는 방법은 무엇일까?

슬라이드가 많다고 프레젠테이션이 저절로 완성되지는 않는다

10년 전 어도비 시스템즈를 대상으로 프레젠테이션을 한 적이 있다. 여러분의 컴퓨터에도 아마 이 회사의 그래픽 프로그램이 하나쯤은 깔려 있을 것이다. 당시 어도비는 실리콘밸리에서 급부상하는 기업이었다. 굿비 실버스타인은 하이테크 기업과 일해본 경험이 있기는 했지만 관계를 그리 오래 지속하지는 못했었다. 우리 회사는 소비재와 스포츠 프랜차이즈 부문에서 평판이 좋았을 뿐, 실리콘밸리의 회사들은 우리가 하이테크를 이해하지 못한다고 평하고 있었다.

그래서 우리는 어도비 프레젠테이션을 기점으로 우리 회사의 기술적인 능력을 보여주기 위해 모든 수단을 동원해야 한다고 생각했다. 우선 회사 역사상 처음으로 컴퓨터와 슬라이드 프로젝터를 이용한 프레젠테이션을 하기로 결정했다. 사실 굿비 실버스타인은 프레젠터의 발표에 전적으로 의지하고, 필요할 경우에만 보드 등의 도구를 이용하는 프레젠테이션 방법을 선호하는 회사였다. 하지만 이번에는 달라야 한다고 생각했다. 기존의 방식을 고수하다가는 마치 기계파괴주의자와도 같은 이미지를 남길 수도 있다고 생각했기 때문이었다. 예전에 어도비 시스템즈와 두 번 만났었는데, 그들은 두 번 모두 파워포인트를 가지고 브리핑을 해주었다. 그래서 우리는 생각했다. 파워포인트가 실리콘밸리 회사들의 필수품이라면, 우리도 그들의 방법을 따르지 못할 이유가 없지 않겠냐고.

프레젠테이션을 하는 날, 우리는 노트북과 슬라이드를 챙겨 회의실에 도착했다. 혹시 필요할 수도 있는 보조 설명용 큰 보드가 담긴 가방을 준비하는 것도 잊지 않았다.

우리 순서가 제일 마지막이었다. 회의실에 들어가니 커다란 테이블 주위에 놓인 의자 모두가 전면에 설치된 이동식 스크린을 향하고 있었고, 테이블 위에는 프로젝터가 놓여 있었다. 프로젝터에 연결하는 파란 전선이 보였다. 그런데 아뿔싸, 우리 앞 순서의 광고회사가 그 생명줄을 싹둑 잘라놓고 나간 것이 아닌가.

"프로젝터를 연결하시기만 하면 됩니다." 어도비 담당자가 말했다. 일식당에서 구두를 벗고 방에 들어가라고 말하는 듯 아무렇지도 않은 투였다.

'그래, 우리의 하이테크 능력을 보여주기로 결심했었지.'

노트북은 제대로 연결되어 전원이 들어왔지만, 이후 30분 동안 우리는 프로젝터를 연결하기 위해 낑낑댔다. 문제가 뭔지 도무지 감이 잡히지 않았다. 그저 어도비 기술진들이 우리를 도와주는 가운데 짐짓 아는 체하며 '소프트웨어'나 '호환성'이나 '운영시스템'과 같은 말들만을 내뱉는 것이 고작이었다. 우리 회사 사람들은 테이블 건너편에서 '제기랄'이나 '빌어먹을'과 같은 전혀 기술적이지 않은 단어들을 귓속말로 주고받고 있었다. "바보 같은 생각이라고 했잖아"나 "해럴드를 가만 놔두나봐라"

와 같은 말도 빠지지 않았다. 해럴드는 우리 광고회사와 경영진들에게 20세기 최신 기술을 가르쳐준 기술고문의 이름이었다. 이곳저곳에 선을 꽂아보고, 컴퓨터를 재부팅하고, 리로딩을 해봤지만 모두 허사였다. 기도도 소용이 없었다. 시작도 하기 전에 실패할 것이 뻔했다.

몇 분 후 어도비 마케팅 중역들이 회의실에 들어왔지만 스크린은 처음 그대로였고 테이블 위는 텅 비어 있었다. 그 사람들이 그 자리에 원래 프로젝터가 놓여 있었다는 것을 생각해내지 못할 리 없었다. 제프는 "대단히 죄송합니다"라는 말밖에 할 수가 없었다. 제프 뒤의 벽에는 보드 여러 장이 기대어 있었다. 그가 기술적으로 약간 문제가 있었다고 변명했지만, 어도비 측 사람들 표정을 보니 차라리 털모자에 털코트를 입고 쇼를 하는 편이 나을 듯싶었다. NBA의 데이비드 스턴에게 내가 했던 형편없는 프레젠테이션이나 이번 프레젠테이션이나 최악으로 치자면 막상막하라는 생각이 들 정도였다.

어쨌든 우리는 불안한 가운데 프레젠테이션을 진행했다. 제프는 자신의 기술적 능력 미달에 대해 유쾌한 농담을 하며 오히려 우리의 기술적 능력 부족이 도움이 될 수도 있다는 낙관론을 제시했다. 즉, 어도비가 우리를 고용하는 것이 우리처럼 기술 문제를 겪는 사람들에게로 시장을 확대하는 데 더 도움이 될 수도 있다는 것이었다. 그의 순서가 끝나자 우리들은 각자 보드를 한 장씩 보이면서 자신이 맡은 내용을 발표했다. 어쨌든 프로젝터의 도움 없이도 꽤 오랫동안 할 말을 할 수가 있었다. 그리고 우리의 설명이 기술적 전문성과는 점점 멀어질 즈음, 청중의 태도 변화가 감지되기 시작했다. 처음에 드러났던 미심쩍다는 표정이 가시면서 청중 대부분이 우리의 프레젠테이션에 진짜 관심을 내비치기 시작한 것이었다.

프레젠테이션이 끝나고 어도비 마케팅 중역 한 명 한 명에게 우리의 광고 디자인을 담은 아주 근사하게 작성한 책자 하나씩을 나눠주는데 그 중 하나가 말했다. "일부러 그렇게 한 거지요? 컴퓨터를 연결하지 못했던 것 말입니다. 일부러 그렇게 한 거였군요." 그의 표정이 마치 시트콤 〈프렌즈〉에서 레이첼이 "그것 봐!" 할 때의 표정과 똑같았다.

"아니요, 절대 아닙니다." 우리가 대답했다. "우리는 **정말로** 연결을 못했던 겁니다."

"못 믿겠는 걸요." 그가 머리를 가로저으며 말했다. "어쨌든, 간만에 본 아주 신선한 프레젠테이션이었습니다." 그의 동료들도 동의한다는 듯 고개를 끄덕였다.

"정말입니다!"

"컴퓨터도 없이요!"

"슬라이드도 없었죠!"

"정말 멋졌습니다!"

우리는 다음날 어도비 광고계약을 따낼 수 있었다. 그리고 내가 굿비 실버스타인에 머무는 마지막 날까지 회사는 다시는 파워포인트를 이용한 프레젠테이션은 시도할 생각조차 하지 않았다.

어도비 프레젠테이션에서 성공을 거둔 주요 이유는 우리의 방법이 다른 경쟁사들과는 다른 것이었기 때문이다. 우리는 남다르다는 느낌을 주었고 바로 그 점이 완전히 새로운 시장에 진출할 계획을 가진 어도비 중역들의 마음을 움직일 수 있었다. 어도비 중역들이 나중에 말해주기를, 슬라이드 없이 프레젠테이션을 진행했기 때문에 오히려 우리와 우리가 발표하는 내용에 더 쉽게 집중할 수 있었다는 것이었다. 다른 광고회사들은 너나없이 파워포인트 프레젠테이션을 행했고, 그렇기에 청중은 슬라이드 내용을 읽느라 바빠 프레젠터의 설명에는 귀를 기울일 수가 없었다. 다른 광고회사의 프레젠테이션은 차라리 이메일로 전해 받는 것이 더 나을뻔 했다는 것이었다.

우연의 일치이기는 하지만, 우리는 먼 훗날 스티브 잡스가 예전에 우리에게 보여주었던 그런 훌륭한 피치를 한 것이며, 3장에서 언급된 마지막에 들어왔던 리서치회사 대표가 우리 고객에게 보여주었던 것과 같은 근사한 프레젠테이션을 했던 것이다. 우리는 완전히 다른 접근방법을 택했고, 슬라이드가 아닌 우리의 설명에 고객의 관심을 집중시켰으며, 쌍방 대화가 오가는 발표를 진행했다. 그리고 그렇게 함으로써 우리는 아이디어를 명확하게 전달할 수 있었으며, 똑같은 내용을 담고 있음에도 우리에 비해 경쟁사의 프레젠테이션을 훨씬 밋밋하고 재미없는 것처럼 보이게 만들 수 있었다.

고의적이든 아니든, 다른 상황 다른 청중에게라면 이런 식의 접근법은 성공을 거두지 못할 수도 있다. 하지만 이 방법은 우리가 앞으로 어떤 프레젠테이션 방식을 취해야 할지에 대한 일종의 청사진을 제공해주었다. 이 특별한 고객을 사로잡기 위한 최선의 방법은 무엇일까? 그리고 우리의 아이디어를 제안하고 판매할 수 있는 최선의 방법은 무엇일까?

WPP에서 다른 동료들과 함께 수도 없이 프레젠테이션을 준비하는 것이 내 업무이다. 내가 직접 프레젠테이션을 작성하는 경우도 있지만, 대부분은 청중의 입장에서 동료들의 아이디어를 듣는 역할을 맡는다. 그런데 미리 받아보는 프레젠테이션 초안의 90% 이상이, 심지어는 아주 중요한 문제에 대한 프레젠테이션 초안마저도 파워포인트를 이용해서 작성된다. 마치 무조건반사가 일어나듯, 사람들은 청중이 파워포인트 프레젠테이션을 기대할 것이라고, 21세기의 똑똑한 사람들은 당연히 이런 식으로 정보를 교환할 것이라고 가정하는 것이다.

이제부터는 최소한 두 가지만이라도 달라져야 한다.

첫째, 놀라움이 훌륭한 스토리 전달을 위해 꼭 필요한 것이라는 생각에 동의한다면, 자신의 스토리를 다른 사람들과 똑같은 방법으로 전달해서는 안 된다. 이런 행동은 본인이 스토리텔러로서 함량 미달임을 드러낼 뿐이다. 청중이 파워포인트 프레젠테이션을 기대할 수도 있지만 이는 매일같이 파워포인트 프레젠테이션에 단련되었기 때문이며 아무도 여기에 용기 있게 이의를 제기하지 못했기 때문이다.

둘째, 파워포인트가 프레젠테이션을 작성하고 전달하는 가장 단순하고 효율적인 방법이 될 수도 있다. 하지만 간편함과 효율성만을 고려한다면, 이는 똑똑한 처신보다 게으름이 더 감탄스러운 특징이라고 말하는 것과 다르지 않다. 파워포인트를 정보 공유의 수단으로 생각한 순간, 우리는 효율성(efficiency)과 효과성(effectiveness)을 혼동하게 된다. 무언가의 품질을 측정하는 유일한 수단은 효율성이 아니라 효과성이다. 하지만 파워포인트는 프레젠테이션이 의도한 메시지를 전달하는 데 아무 도움이 되지 않으며 심지어 청중의 이해를 돕지도 못한다. 파워포인트는 오직 **프레젠터에게만 도움이 되는** 수단이다. 바로 이러한 이유 때문에 파워포인트는 이 책에서 말하는 커뮤니케이션의 기본 원칙들과 정면충돌한다.

'전달 가능성(deliverable)'.

몇 년 전까지만 해도 나는 이 단어를 일상 대화나 업무상의 대화에서 한 번도 들어본 적이 없다. 어쩌면 과거에는 존재하지도 않는 말이었을지도 모른다. 그러나 이 단어는 현재 좋은 쪽으로든 나쁜 쪽으로든 우리 생활의 많은 부분을 지배하고 있다.

오늘날 우리는 회의 하나를 끝내면 곧장 다음 회의로 관심을 돌리고 데드라인이나 전달 가능성에 대해 논한다. 특정 일자가 되면 우리는 프레젠테이션과 슬라이드와 후속자료를 전달하겠다고 약속한다. 버튼 한 번만 누르면 이 자료들은 세계 어디에든 보내진다. 답장을 받기 위해 더이상 자리를 지켜야 할 필요도, 깨어 있어야 할 필요도 없다. 마지막 슬라이드를 보여주고 서류를 발송하고 디스크를 넘겨준 순간, 사람들은 안도의 한숨을 크게 내쉬며 '다 끝났다'고 생각한다.

이것이 파워포인트의 미학이다. 슬라이드 여러 장만 갖추면 프레젠테이션을 위한 자료도 고객에게 넘겨줄 후속자료도 준비 끝이다. 심지어는 프레젠테이션 장소에 직접 참석하지 못한 사람들을 위한 가상 경험도 제공할 수 있다.

아주 편리하다. 하지만 종이상자에 담긴 싸구려 와인이나 전자레인지에 30초만 데우면 완성되는 즉석식품도 편리하기는 마찬가지이다. 이러한 편리함에는 대가가 따르기 마련임을 잊지 말자. 내 생각은 간단하다. 프레젠테이션을 준비할 때에는 메시지 전달을 도와줄 비주얼을 만들 필요가 있다(비주얼을 보조 장치라 부르는 것도 바로 이런 이유에서다). 후속자료를 만들 때에도 이런 비주얼을 활용해야 한다면, 핵심 아이디어를 적은 뒤 평이한 문장으로 된 요약 설명을 첨부해야 한다. 또한 그 자리에 참석하지 못한 중요 인물에게도 정보를 알려야 한다면, 직접 만나서 똑같은 프레젠테이션을 반복하는 것이 가장 좋은 방법이다. 만약 이 방법이 불가능하면 핵심을 요약하고 적절한 설명을 첨부하는 것만이 가장 훌륭한 대안이 될 수 있다. 하지만 파워포인트는 일반적으로 이러한 일들 어느 것에도 들어맞지 않는다. 파워포인트는 동시에 여러 기능을 발휘할 수는 있지만 훌륭하게 해내는 것은 아무 것도 없다.

이제, 청중과 유대감을 쌓거나 그들의 마음을 움직이려 할 때 파워포인트가 별로 이상적인 도구가 되지 못하는 이유가 무엇인지 살펴보자.

너무 많은 정보를 전달한다

기원전 5세기에 플라톤은 글을 쓰는 실력이 늘어나는 것이 그리스 문명을 구전으로 전달하는 데에는 방해가 되고 있다고 우려하며 이렇게 말했다. "글쓰기는 많은 사람들로 하여금 글로써 표현된 외적인 성격에 의존하게 만들고 그들 자신에 대해서는 기억하지 못하게 만든다. 그들은 많은 것을 보고 듣지만 아무 것도 배우지 못한다."

플라톤은 현명한 철학자였다. 하지만 아무리 플라톤일지라도 여러 단어들을 단 한 장의 파워포인트 슬라이드에 구겨넣은 뒤 프로젝터로 스크린에 비출 수 있다는 사실은 아마 짐작 못했을 것이다. 프레젠테이션의 비주얼 요소와 후속자료를 마련하는 데 필요한 요건을 혼동할 때, 사람들은 전체 스토리를 다 말하려 하고 모든 말을 슬라이드에 다 담으려 한다. 결국 대부분의 슬라이드들이 지나치게 많은 단어를 담게 되고 읽기 힘들 만큼 한 줄 한 줄 너무 많은 말들이 채워지게 된다. 하지만 일단 슬라이드가 스크린에 투사된 순간 프레젠터는 자신이 무슨 말을 하는 중이었든 상관없이 무조건 슬라이드 내용을 읽어야 한다. 공교롭게도 프레젠터가 요점을 말하고 있거나 슬라이드에 없는 내용을 설명하는 중이었을지라도 청중은 스크린에 나타난 단어들을 읽느라 정신이 팔려 있기 때문에 프레젠터의 말을 한 귀로 듣고 한 귀로 흘려버리게 된다.

내가 '더러워져도 좋다' 광고 캠페인을 성사시키기 위해 다음의 슬라이드로 유니레버에 프레젠테이션을 했다고 가정해보자.

'더러워져도 좋다'가 갈등을 해결한다

- 모든 위대한 브랜드는 문화적 갈등을 해결한다
- 버진 항공은 불쾌한 비행 경험이 있는 사람들을 위한 해독약이다
- 애플은 컴퓨터에 인간미를 부여한다
- 나이키는 성적·인종적 한계를 공격한다
- 긴장은 활성화 요소이며 에너지의 원천이다
- '더러워져도 좋다'라는 말 속에는 깨끗함과 더러움, 좋은 것과 나쁜 것의 갈등이 존재한다. 세탁이 이런 갈등을 해결해준다
- 하지만 한 가지 문제가 있다
- '더러워져도 좋다'가 잠재력을 최대한 발휘하려면 이 문제를 해결해야 한다

사실 파워포인트 슬라이드치고 위의 슬라이드는 단어 수가 적은 편이다. 내가 맞게 센 것이라면 위의 슬라이드에 담긴 단어는 총 64개이다. 하지만 레이아웃도 부적절하고 글씨도 깨알만 해서 쉽게 읽히지 않는다. 위와 같은 슬라이드를 프레젠테이션에서 제시했다면 청중의 흥미와 참여를 유도하는 데 꽤나 애먹었을 것이다.

대신에 나는 '더러워져도 좋다'라는 로고가 큼지막하게 적힌 커다란 보드를 준비했다. 이 말 옆에는 버진과 애플, 나이키의 로고가 붙어 있었다. 이 로고들 위에는 굵은 글씨로 이렇게 적었다. 위대한 브랜드가 갈등을 해결한다.

이 점에 대해 나는 전부는 아니지만 유니레버 중역 몇 명과 미리 의논을 했었다. 나는 청중이 자세히 볼 수 있도록 보드를 들고 잠시 그대로 서 있었다. 우리는 '더러워져도 좋다'라는 브랜드 아이디어가 좋은 회사에 딱 들어맞는 훌륭한 아이디어라는 분명한 메시지를 전달했다. 유니레버에 아첨하기 위해 하는 말이 아니었다. '더러워져도 좋다'라는 아이디어 속에는 강력한 연결 관계가, 더러움에 대한 브랜드의 약속과 문화적 진실 사이에 강력한 관계가 존재한다, 이것이 우리의 요지였다.

이 말을 듣고 청중은 생각했다. 보드에 적힌 브랜드들이 우리 브랜드랑 무슨 관계가 있다는 거지? 그리고 저 사람들이 말하는 '갈등 해결'은 무슨 뜻인가?

나는 이렇게 말했다. "결국 위대한 브랜드는 어떤 산업에서 우위를 점하고 있음을 의미할 뿐 아니라 개인과 그 개인이 속한 문화 사이의 기본적인 갈등을 성공적으로 해결해주고 있음을 의미합니다. 버진은 즐거워서가 아니라 어쩔 수 없이 비행기를 타야 했던 사람들을 위한 해독약이 되었습니다. 애플은 컴퓨터에 인간미를 부여했습니다. 나이키의 경쟁사는 아디다스만이 아닙니다. 나이키는 사람들이 겪게 되는 인종적·성적 제한을 공격합니다. 우리는 갈등이야말로 모든 위대한 브랜드를 활성화시키는 요소라고 믿습니다. 갈등이 브랜드에 존재 이유를 부여합니다. 이러한 본질적인 갈등에서 브랜드는 에너지를 얻습니다."

"'더러워져도 좋다'라는 아이디어에는 갈등이 존재합니다. 그것은 깨끗함과 더러움, 그리고 좋은 것과 나쁜 것 사이의 갈등입니다. 브랜드는 세탁이라는 방법을 통해 이러한 갈등을 해결합니다."

"하지만 문제가 있습니다. 이 문제를 해결해야만 우리는 '더러워져도 좋다'라는 아이디어가 완전한 잠재력을 발휘하게 만들 수 있습니다."

나는 보드에는 구구절절 설명을 달지 않았다. 대신 '더러워져도 좋다'라는 아이디어가 모든 마케터가 찬탄해마지않는 위대한 브랜드들과 공통점이 있다고만 적어놓았다. 청중은 내 두 손에 들린 비주얼 자료를 바라보는 동안에도 위대한 브랜드들과의 공통점을 말하는 내 설명에 집중할 수 있었다. 모두가 희소식들이었다. 하지만 마지막에 가서 나는 방향을 바꿔 한 가지 문제가 있다고 말했다. 책의 앞부분에서 언급한, 사람들의 말과 행동이 반드시 일치하는 것만은 아니라는 게 바로 그 문제였다. 흙 범벅이 되어 노는 것이 아이들 성장에 긍정적인 영향을 미친다는 의견에 사람들이 동의하는 것은 도움이 된다. 그러나 정작 자기 아이가 잔뜩 지저분해져서 집에 돌아오면 화를 낸다. 이런 태도는 우리 사업에 별 도움이 되지 못할 것이 분명했다. 하지만 나는 처음부터 문제를 자세히 설명할 생각은 없었다. 대신 요점만을 간략히 말한 뒤 서너 가지 증빙 자료를 보여줌으로써 청중 스스로 문제의 본질을 이해하게 할 생각이었다. 유니레버가 대부분은 일을 잘하고 있지만 반드시 좋은 소식만 있지는 않다는 점을 들려주는 것이 내가 원한 모든 것이었다.

앞에서 등장한 '더러워져도 좋다' 슬라이드로 잠시 돌아가보면, 이것은 아무리 프레젠테이션용이라고 해도 너무 많은 말을 담고 있다. 나는 프레젠테이션의 비주얼 자료는 옥외광고판과 같은 방식으로 메시지를 전달해야 한다고 생각한다. 다시 말해 시속 80킬로미터로 지나가는 사람도 한눈에 메시지를 파악할 수 있어야 한다. 옥외광고판의 단어 수가 7개를 넘으면 명확한 메시지 전달이 힘들다는 것이 업계에서 통용되는 원칙이다. 단어 수 7개가 마법의 숫자라고 딱 짚어 말할 수는 없다. 그렇다면 하이네켄 맥주의 전설적인 광고 캠페인인 '다른 맥주들은 따라올 수 없는, 온몸에 전해지는 시원함(Refreshes the parts that other beers cannot reach)'도 히트를 치지 말았어야 했다. 하지만 그 정도가 적정 수준인 것은 분명하다.

프레젠테이션 슬라이드는 키스 원칙(KISS—Keep it Simple, Stupid! : '단순함을 유지해라, 멍청아!')을 충실히 따라야 하며, 파워포인트에서 이런 단순함을 유지할 수 없다는 규칙은 세상 어디에도 없다. 나는 파워포인트로 '더러워져도 좋다' 프레젠테이션을 위한 차트를 작성했지만, 프로그램에 들어 있는 템플릿이나 바보 같은 카툰은 하나도 이용하지 않았다. 또한 프로젝터용 슬라이드를 작성하는 대신 보드에 이미지를 그려넣는 방법을 택했고, 그 덕분에 아이디어를 확실하게 내 것으로 만들 수가 있었다.

물론 짧은 헤드라인과 네 개의 브랜드 로고만이 담겨 있는 차트는 후속자료용으로 사용하기에는 적절하지 않을 것이다. 하지만 처음부터 그럴 생각도 없었다. 후속자료는 쉬운 문장으로 관련된 내용들을 세 문단정도로 알기 쉽게 풀어썼다. 만약 앞에서 나온 파워포인트 슬라이드로 프레젠테이션을 했다면 나는 파워포인트의 또다른 문제를 피해갈 수 없었을 것이다. 파워포인트는 특정 목적에 알맞은 정보를 충분히 전달해주지 못한다는 문제 말이다.

슬라이드 한 장에 많은 내용을 담으려면 파워포인트의 해상도가 낮아지고, 그로 인해 종종 지름길을 택할 수밖에 없게 된다. 앞에 등장한 가상의 '더러워져도 좋다' 슬라이드를 작성하며 나는 선택의 기로에 섰다. 내용이 너무 많아지는 위험을 무릅쓰더라도 슬라이드 한 장에 다른 브랜드나 문화적 갈등과 관련된 내용을 모두 담을 것인가, 아니면 슬라이드를 두 장 이상으로 쪼개서 메시지 전달의 일관성을 잃을 것인가.

파워포인트를 사용하는 프레젠터들은 대부분 슬라이드 한 장에 모든 내용을 담는 쪽을 택한다. 그러나 그 결과는 에드워드 터프트가 설명한 것처럼 '지나친 일반화, 부정확한 설명과 슬로건, 빈약한 증거, 불합리하고 논리성이 떨어지는 주장'이 되고 만다. 64개 단어로 '더러워져도 좋다' 파워포인트 슬라이드를 작성하는 것과 149개 단어와 풀어쓰는 식의 문장으로 이루어진 자료를 제시하는 것이 별다른 차이가 없다고 생각할 수도 있다. 하지만 실제로 큰 차이가 있다. 다음의 내용들을 비교해보자.

나이키는 성적 · 인종적 한계를 공격한다

위의 문장을 다음과 비교해보자. '나이키의 경쟁상대는 아이다스만이 아닙니다. 나이키는 사람들에게 가해지는 성적 · 인종적 한계를 공격했습니다.'

파워포인트 슬라이드에서 나온 첫 번째 문장이 더 단순하다고 생각할 수도 있다. 단어 수가 적은 것이 단순함이라고 정의한다면 그 말이 맞다.

하지만 그렇지 않다. 실제로는 두 번째 문장이 더 단순한데, 전체적으로 더 정확한 표현을 제시했기 때문이다. 몇 가지 추가 설명이 붙기는 했지만 첫 번째의 압축적인 표현보다는 두 번째 말이 더 이해하기 쉽다. 그러나 이런 설명식 문장을 슬라이드에는 적용하기가 힘들었다. 그 이유는 첫째, 파워포인트 슬라이드에서는 풀어쓰는 문장이 불필요하다는 이상한 통념이 자리잡고 있고, 둘째로, 슬라이드 한 장에 풀어쓰는 식의 문장들을 전부 담을 수가 없다.

똑같은 내용을 두 가지 상이한 방식으로 전달하려 할 때, 파워포인트에서 요구하는 에디팅 과정을 따르면 원래 전달하려는 의미가 상실되기 쉽다. 이러한 예는 수도 없이 많이 들 수 있다. 다음을 살펴보자.

갈등은 활성화 요소이며 에너지의 원천이다

이 슬라이드 문장을 다음과 비교해보자. '우리는 이런 문화적 갈등이야말로 모든 위대한 브랜드를 활성화시키는 요소라고 믿습니다. 이러한 갈등들이 브랜드에게 존재 이유를 부여합니다. 이러한 본질적인 갈등에서 브랜드는 에너지를 얻습니다.'

프레젠테이션에 참석하지 못한 사람이 이 슬라이드를 읽는다고 상상해보자. 유니레버 프레젠테이션에서 다른 부분은 읽지 않고 이 부분만을 읽는다면 어느 쪽이 더 쉽게 느껴지는가? 위와 같은 파워포인트 슬라이드 문장이 50개나 있다고 가정해보자. 그렇다면 프레젠터가 전달하려는 의미와 프레젠테이션에 참석하지 못한 사람들이 받아들이는 의미에 커다란 격차가 생길 것이라는 사실은 쉽게 짐작할 수 있을 것이다.

불릿포인트의 역사는 파워포인트가 도입되기 전으로 거슬러 올라간다. 실제로 불릿포인트는 35밀리 슬라이드와 오버헤드 프로젝터를 이용한 프레젠테이션이 성행하던 시절부터 압축적인 표현을 원하는 사람들의 애용품이었다.

표면적으로만 보면 불릿포인트는 불필요한 말을 삼가고 질서정연하게 문서가 작성되어 있음을 나타내는 듯이 보인다. 하지만 불릿포인트로 꾸미는 문서 작성 방식은 게으름을 조장해서 정확한 의미 전달을 해친다. 앞서 보여준 슬라이드의 예나 처칠의 '우리는 해변에서 싸울 것입니다' 연설을 슬라이드로 바꾼 예에서도 이 사실을 확인할 수 있다. 소위 불필요한 부분이라는 것을 없애고 한 페이지 안에 할 말을 다 집어넣기 위해 문법적으로 맞지도 않는 압축된 표현을 사용한다면, 혼란이 발생한다. 불릿포인트는 물건 이름을 두서없이 적어넣기만 한 쇼핑 리스트와 흡사하다. 상점에서 물건을 찾을 수 있는 순서대로가 아니라 과일, 통조림, 가루세제 등 다 떨어진 물건을 발견한 순서대로 적어넣는 식으로 불릿포인트를 나열한다고 생각해보자. 이런 식으로 나열된 불릿포인트들은 항목들 사이에 무슨 연결 관계가 있는지 전혀 설명하지 못한다. 또한 프레젠터 본인도 모르는 사이에 의미를 잘못 전달하는 사태가 벌어질 수도 있다.

앞에서 나온 처칠의 슬라이드에서 불릿들은 순차적으로 나열되어 있다. 첫 슬라이드의 불릿들은 처칠의 연설이 던커크 철수의 원인, 철수의 의미, 앞으로 취해야 할 행동 방안이라는 세 부분으로 구성되어 있음을 알려준다. 군사작전에 대한 평가를 담은 두 번째 슬라이드 역시, 던커크 탈출의 진행 과정이 발생 순서대로 나열되어 있을 뿐이다. 그나마 논리적이기는 하지만, 밑에 약간의 논평을 달았다고는 해도 대부분의 요점은 논지가 불분명할 뿐 아니라 불릿들 사이의 연관성에 대해서는 아무것도 알려주지 않는다. 던커크 탈출 작전의 가장 중요한 교훈이 무엇이란 말인가? 앞으로 비슷한 패배가 발생하는 것을 막으려면 어떤 조치를 취해야 한단 말인가?

문제가 가장 확실하게 드러나는 것은 처칠 연설문의 하이라이트를, 다시 말해 나치 침공을 저지하기 위한 제안들을 최신식 파워포인트 슬라이드로 바꿨을 때이다. 어떤 점이 잘못되어 있는지 살펴보기 위해 앞의 슬라이드로 다시 돌아가보자.

이번 슬라이드의 목표 역시 침공 저지를 위한 중요 작전을 벌여야 할 장소들을 논리적인 순서대로 나열하는 것이다. 나치군은 본격적인 침공 작전을 수행할 것이고 그 다음에야 시골이나 도시에 대한 점령 작전을 수행할 수 있을 것이다. 하지만 이 목록은 더도 덜도 않고 내가 지금까지 봐온 다른 파워포인트 슬라이드들과 똑같이 불분명하고 무미건조한 말을 사용하고 있다. 그뿐 아니라 각 방안의 중요도도 전혀 알려주지 않는다.

연설 본문에서도 잘 드러나듯, "우리는 포기하지도 좌절하지도 않을 것입니다 (…) 우리는 우리의 섬을 지켜낼 것이며 (…) 결코 항복하지 않을 것입니다"라는 부분은 처칠의 연설 목표가 무엇인지를 분명하게 보여준다. 그는 어떤 대가를 치르더라도 어떤 희생을 감수하더라도, 나라를 지키기 위해 모든 일을 할 것이라고 말하고 있다.

이를 슬라이드에 순서대로 나열되어 있는, 우리가 용감히 맞서 싸워야 하거나 또는 그렇게 할 필요가 없는 장소들과 비교해보자. 도대체 가장 최우선으로 전투태세를 갖추어야 할 장소가 어디란 말인가?

클립아트는 상상력이 부족함을 드러내는 가장 좋은 방법이다

'나치군을 저지하자!' 슬라이드에서 가장 우스꽝스러운 부분은, 클립아트 비주얼로 교통경찰관이 선택되었다는 것이다. 경찰관이라니, 그것도 미국 경찰관이라니, 게다가 그 우스꽝스러운 모습이라니, 정말로 어리석기 짝이 없는 선택이다. 하지만 클립아트 비주얼 중에서 누군가를 저지하는 모습을 담은 그림은 아무리 뒤져도 그것밖에 찾을 수 없었다. 백 번 천번 인정하는데, 정말 바보 같은 선택이다.

파워포인트 프레젠테이션을 몇 번 정도 겪어보았다면 이런 우스꽝스러운 비주얼이 심심치 않게 등장한다는 사실을 알고 있을 것이다. 사실이 책의 각 장 앞부분에 등장하는 바보 같은 이미지들도 모두 파워포인트 프로그램의 클립아트 갤러리에서 찾아낸 것들이다. 그 외에 다른 그림들도 많았지만, 이 책에 실린 그림들은 내게 가장 큰 실소를 자아내게 만든

이것은 팀워크에 대한 슬라이드입니다

● 옆의 클립아트 비주얼은 팀워크를 보여준다. 땀샘이 부풀어 있고 손이 아주 작은 푸른 정장을 입은 남자가 보라색 정장을 입은 여성에게 빛나는 물체를 건네주고 있다. 그녀의 손은 마치 도롱뇽 발을 갖다 붙인 것처럼 보인다.

것들이다. 이 책의 편집자는 사람들이 내가 진지한 의도로 이 그림들을 사용했을 것이라고 착각할지도 모른다고 경고했다. 하지만 절대 그렇지 않다. 그저 웃자고 사용한 그림들임을 알아주기 바란다.

전부 다 우스꽝스럽기 짝이 없다. 팀워크라는 주제에 하나도 들어맞지 않는다. 요점에 들어맞지도 않는 비주얼 이미지를 담는 것은 사실상 아무 소용도 없다. 좋게 말해서 아무 도움도 안 되고, 나쁘게 말하면 완전히 겉돌고 있다. 위에서 보여준 클립아트는 팀워크를 보여줄 때 전형적으로 사용되는 비주얼의 예이다. 클립아트 인덱스에서는 위의 그림이 팀워크를 의미하는 비주얼로 제시되기 때문에 상상력이 부족한 사람들은 아무 의심 없이 그것을 팀워크의 예로서 사용한다. 파워포인트 이용자들은 비주얼에 등장하는 남녀 모두가 강력한 방사능에 노출되어서 마치 양서류 동물로 변해가고 있는 것처럼 보인다거나, 그림이 팀워크에 대한 메시지 전달을 방해한다는 사실을 별로 꺼려하지 않는 것 같다. 물론 파워포인트에는 작성자가 자신의 사진을 삽입할 수 있는 기능이 있기는 하다. 그리고 적절한 사진을 찾는 데 필요한 시간을 할애할 수 있다면 이는 대체적으로 더 좋은 방법이 될 수도 있다. 하지만 때로는 아무 그림도 싣지 않는 것이 더 좋다. 나도 가끔은 파워포인트를 이용하는데, 그럴 경우 헤드라인과 사진을 적절히 혼합한 슬라이드를 만드는 편이다. 아무 내용도 없는 슬라이드도 여러 장 만드는데, 공백 화면 상태로 해놓으면 비주얼의 방해를 전혀 받지 않으면서 청중과 대화를 나눌 수 있기 때문이다.

처칠 연설문을 프레젠테이션으로 작성하면서 '나치를 저지하자!'라는 제목에 어울리는 비주얼이 필요하다고 생각했다고 가정해보자. 양자택일을 해야 한다. 첫째, 할 말을 한 줄로 요약한 단순한 헤드라인을 만드는 것이다. 다음의 헤드라인이 화면에 떠 있는 동안 내가 하는 말은 모두 한 가지 주제와 관련된 것이다.

우리는 우리의 섬을 지킬 것입니다

둘째는 내가 일반적으로 사용하는 방법인데, 고색창연한 아름다움이 물씬 풍기는 영국의 지도나 아니면 영국의 전형적인 시골 풍경을 담은 사진을 싣는 것이다. 그것이 우리가 지키고 있는 땅임을 보여주는 것이다. 나는 말을 생략하고 그림 하나만을 싣기도 한다. 그렇게 하면 주의를 흩트리지 않으면서도 사람들의 흥미를 돋울 수 있기 때문이다. 하지만 이는 슬라이드 각각을 작성할 때 내려야 되는 결정이다. 헤드라인을 이정표로 이용하거나 키포인트를 요약하는 용도로 사용할 수는 있다. 그러나 헤드라인이 여러 번 연속해서 나온다면 따분해질 수 있다. 조금만 상상력을 발휘하고 적당한 이미지를 찾기 위해 많은 시간을 투자하라. 그러면 성공 가능성이 훨씬 높아질 것이다.

화면 전환은 눈에 드러나지 않아야 한다

마지막으로 화면 전환(transition) 기법에 대해 한마디 하고 싶다.

절대 하지 말라.

화면 전환 때문에 청중이 메시지에 집중하지 못하거나 프레젠터에게 집중하지 못하는 일이 생기게 해서는 절대로 안 된다. 파워포인트는 화면 전환을 위해 온갖 종류의 마법을 부려준다. 때로는 그 순간 타이핑을 하는 것처럼 단어를 한 자 한 자 등장하게 하기도 하고, 때로는 단어들이 밖에서 안쪽으로 소용돌이치면서 등장하게 하기도 한다. 그리고 필요할 경우 여기에 걸맞은 소용돌이가 치는 것 같은 음향효과를 제공하기도 한다.

파워포인트의 화려한 화면 전환 기능은 축구 시합에서의 요란한 심판과 비슷하다. 심판의 본분은 원만한 경기 진행을 도와주는 것이며, 최고의 심판은 경기 흐름을 방해하지 않기 위해 휘슬을 최소한도로만 분다. 실제로 가장 훌륭한 심판은 눈에 보일듯 말듯 행동한다. 하지만 경기에 대한 애정이 아니라 자신의 경력을 쌓고 등급을 올리는 데에만 관심이 있는 심판들은 경기 규칙을 이목을 끌기 위한 기회로 악용한다. 그는 사사건건 휘슬을 불어대며 카드를 과도하게 남발한다. 이는 심판이 그라운드에서 뛰는 22명의 선수보다 자신을 훨씬 중요한 존재로 여기고 있음을 암시하는 것이다.

근사한 화면 전환도 이와 똑같이 청중의 이목을 끌 수는 있다. 하지만 이들은 앞에서 말한 프레젠터의 다른 보조 도구들과 마찬가지로 프레젠테이션의 의미와 본질을 해친다.

이제 끝났다.

에드워드 터프트는 『파워포인트의 인지적 스타일』에서 이렇게 말한다. "적절한 능력이 없고 체계도 전혀 없는 사람들에게 매일 파워포인트 프레젠테이션 하는 방법을 연습시킨다면 전체 프레젠테이션의 10~20%는 개선할 수 있을 것이다." 그런 다음 터프트는 이렇게 덧붙인다. "하지만 나머지 80~90%의 프레젠테이션에는 한눈에도 분명하게 드러나는 내용상의 손상이 빚어진다."

그가 지적하듯 프레젠테이션을 개선하는 가장 좋은 방법은 앞에서도 설명한 것처럼 내용을 개선하는 것이다. 청중에게 의미 있는 자료를 제공해야 하고 그들의 참여를 유도해야 하며, 쉽게 파악할 수 있도록 요점을 명확히 제시해야 한다. 또, 드라마틱한 위트와 반전이 있는 스토리도 제공해야 한다. 그렇게 할 때에만 프레젠테이션의 성공 가능성을 높일 수 있다.

청중에게 '무엇을 말할지'가 아니라 '무엇을 보여줄지' 결정하는 것은 검사가 증거 항목을 결정하는 것과 비슷하다. 검사는 검찰 측 주장에 도움이 되는 증거만을 채택해야 한다. 재판에서 이기는 데 아무 도움도 되지 못하는 다른 증거들은 채택해서는 안 된다. 9장에서 나오겠지만, 데이비드 매글리아노(David Magliano)와 그의 팀은 2012년 런던 올림픽 유치를 위한 프레젠테이션을 준비하며 적절한 비주얼 자료를 선택하는 일에 몇 시간, 며칠, 몇 주의 시간 투자를 아끼지 않았다. 어떤 사람들에게는 이러한 비주얼 이미지가 프레젠테이션을 보다 근사하게 꾸미기 위한 단순히 장식의 도구로만 비춰졌을 수도 있다. 하지만 각각의 슬라이드는 나름의 목적을 가지고서 청중 한 사람 한 사람에게 메시지를 전달하기 위해 고심해서 만들어진 것들이었다.

물론 데이비드와 그의 동료들도 이처럼 미묘한 메시지들이 정확히 어떤 영향을 미치는지 측정하기가 거의 불가능하다는 것을 누구보다도 잘 알았을 것이다. 하지만 한 가지는 분명했다. 런던 유치위원회가 사용한 비주얼은 그들에게 해가 아니라 득이 되었다. 하지만 파워포인트 템플릿을 맹목적으로 이용하는 오늘날의 세상에서 비주얼을 자신에게 유리하게 이용하는 사람은 서글플 정도로 드문 것이 현실이다.

PERFECT PITCH

CHAPTER 07

온화한 독재

완벽한
피치 팀 이끌기

내가 일하는 10년 동안 굿비 실버스타인은 같은 광고회사와 여러 번 경쟁 프레젠테이션을 벌였다. 그 회사의 체면을 위해 굳이 이름을 밝히지는 않겠지만, 미국 웨스트코스트 소재의 이 회사가 광고계에서 평판이 아주 좋다는 사실만은 밝히고 넘어가자.

이 광고회사와 경쟁 피치를 할 때마다 우리가 승리했다. 이상했다. 적어도 한두 번 쯤은 지는 것이 당연했지만 매번 같은 일이 벌어졌다. 피치 때마다 조금씩 달라지기는 했지만 우리는 다른 두서너 회사들과 함께 경쟁 프레젠테이션을 진행했는데, 막판에 가서 계약을 따내는 것은 늘 우리였다.

물론 훌륭한 전략적 통찰력과 번뜩이는 참신한 아이디어 덕분에 그런 결과가 나왔다고 생각하고 싶었고, 우리가 정말로 훌륭한 해결책을 제시했기 때문에 그렇게 된 것이라 믿고 싶었다. 정말로 근사한 착각이었다. 너무나도 황홀해서 깨어나고 싶지 않았다. 고객에게 우리를 선택한 진짜 이유를 물어보기 싫을 정도로.

어느 날 저녁, 우리는 다른 쟁쟁한 경쟁사들을 제치고 우리를 선택한 고객과 관계를 다지기 위해 저녁식사를 함께 했다. 기억이 맞다면, 샌프란시스코 불바드 호텔 별실에서 이루어진 매우 훌륭한 저녁식사였다. 운이 나쁜 것인지 아니면 좋은 것인지, 마침 우리와 새 고객 모두 캘리포니아 카베르네 와인의 열혈 팬이라는 공통점이 있었다. 레스토랑의 멋진 와인 리스트를 찬찬히 살펴보던 고객은 기분이 굉장히 좋아 보였다. 나는 차를 운전해야 해서 술을 마시지 않았고, 그 때문에 내 기억이 정확할 것이다. 고객(그냥 에릭이라고 부르자)은 차를 가져오지 않았다. 앙트레를 다 먹고 디저트가 나오기를 기다리고 있는데, 그가 테이블 쪽으로 몸을 붙이더니 말했다. 그의 혀는 조금 풀려 있었다. "내가 왜 다른 회사들을 제치고 여러분 회사를 선택했는지 알고 싶지 않으신가요?"

한참 동안 모두 꿀 먹은 벙어리가 된 것 같았다. 나는 냅킨을 떨어뜨렸다가 얼른 다시 주웠다. 내 파트너 해럴드는 빵 부스러기를 와인 잔에 떨어뜨려서 웨이터에게 새 잔을 갖다 달라는 신호를 보냈다. 제프와 로버트는 눈썹을 치켜뜨며 서로의 얼굴만을 멀뚱히 바라보았다. 정말로 그 이유를 알 필요가 있을까?

"굳이 말씀하지 않으셔도 상관없습니다." 콜린이 말했다. '역시 사장답게 행동하는군.' 그를 보며 나는 그렇게 생각했다.

"위든 말씀하시는 겁니까?" 테이블 건너편에 앉은 리치 실버스타인이 물었다. 포틀랜드에 있는 위든 앤드 케네디(Wieden & Kennedy) 광고 회사를 말하는 것이었다. 나이키와 ESPN 광고로 유명한 위든은 막강한 경쟁사였다. "아니요." 에릭이 거만하게 손을 휙휙 저으며 말했다. "위든이 만든 TV 광고는 훌륭했죠. 하지만 댄 위든은 리서치를 싫어해요. 그건 우리한테 별 도움이 되지 않습니다. 거기다 포틀랜드까지 비행기로 왔다 갔다 하는 것도 얼마나 힘든데요."

"팔론은요?" 리치가 물었다. 리치가 원한 것은, 굿비 실버스타인이 최소한 경쟁사 한두 곳보다는 광고를 더 잘 만든다는 대답이었다. 팔론 맥엘리고트(Fallon McElligott) 우리 전에 포르셰 광고를 전담하고 있었던 광고회사로 지난 10년 동안 지면 광고에 있어서는 세계 최고라는 평을 듣고 있었다.

"아니요." 에릭은 다시 한번 아니라는 대답을 했다. 그의 태도는 마치 안쪽 빠른 공을 던지라는 포수의 사인에 투수가 아주 확실한 태도로 싫다고 대답하는 것과 비슷했다. "광고 전략도 훌륭하고 지면 광고도 나무랄 데 없죠. 하지만 그 회사의 TV 광고는 신통치 않죠. 게다가 이런 날씨에 미니애폴리스에 갈 생각만 해도 끔찍합니다." 그가 계속 말을 이었다. "빌어먹게 추운 곳이죠. TV 날씨예보를 보니 10분만 밖에 있어도 동사하기 딱이겠던 걸요. 아마도 나 같은 사람은 택시 타려고 계단을 내려오다가 심장마비로 죽고 말 겁니다." 그가 사람들을 죽 둘러보았다. '내 말이 무슨 뜻인지 알겠어?' 그의 표정이 그렇게 말하고 있었다.

나는 고개를 끄덕였다. 나 역시도 1월에 미니애폴리스에 간 적이 있었는데, 목적지까지 몇 블록을 걸어가는 바보 같은 짓을 저질렀고, 건물 로비에 도착했을 때에는 내 이름조차 말할 수 없을 정도로 얼굴이 꽁꽁 얼어 있었다.

"아닙니다." 에릭이 다시 말했다. 콜린이 1991년산 케이머스(Caymus)를 한 병 더 주문해준 것이 싫다는 뜻은 절대 아니었다. "다른 광고회사들이라는 건, 그러니까 이 도시에 있는 다른 광고회사들을 말하는 겁니다." 그가 술잔을 내밀며 말했다. "그들이 그러는데, 자기네가 항상 굿비 실버스타인과 경쟁 프레젠테이션을 벌인다고 하더군요."

"그런가요?" 콜린이 아무것도 모른다는 듯 말했다. 팔론이나 위든이 아니라면, 우리는 에릭이 말하는 회사가 정확히 어디인지 잘 알고 있었다.

"맞습니다." 리치가 말했다. 우리가 위든과 팔론을 이긴 이유가 훌륭한 아이디어를 보여줘서가 아니라 번거로운 비행스케줄과 강추위를 피해서라는 것을 알고 리치는 기분이 상한 듯했다. 실제로 에릭의 말마따나 위든의 TV 광고와 팔론의 지면 광고가 우리보다 더 훌륭한 것은 사실이었다. 리치가 씁쓸하게 말했다. "맞습니다. 우리는 여러 광고회사들과 경쟁 프레젠테이션을 하죠."

"여러분은 팀으로 움직였습니다." 에릭이 말했다. 그리고는 왼손 주먹으로 테이블을 쾅 내리치며 다시 한번 강조했다. "그리고 그 회사들은 사람들이 다 따로따로 움직였죠."

"아." 콜린이 탄성을 질렀다. 이제서야 우리를 칭찬하는 말이 나온 것이다.

"굿비 실버스타인의 프레젠테이션은 처음부터 끝까지 똑같은 프레젠테이션을 받고 있다는 느낌을 주었죠." 에릭이 격려하듯 말했다. "그리고 여러분들은 동료들이 하는 말도 기꺼이 열심히 들었죠. 내가 그랬던 것처럼요." 그는 다른 광고회사들의 프레젠테이션은 프레젠터들의 발표가 마치 다른 회사 사람들이 말을 하는 것인양 서로 따로 놀았다고 말했다. 한 명이 프레젠테이션을 하면 동료들은 다른 곳을 보거나 자신이 발표할 내용을 읽었으며, 심지어는 눈이 마주쳐도 어쩔 줄 몰라 하다가 눈길을 피한 적도 있었다는 것이다. 그가 말했다. "그 사람들은 동료들을 별로 좋아하지 않는 것 같았어요. 여러분이라면 누구와 일하겠습니까?"

그는 옳은 결정을 내렸다. 우리도 이구동성으로 동의했다.

호감 가는 인물로 여겨진다는 것이, 고객이 우리와의 만남을 특히 최종 프레젠테이션을 즐겼다는 사실이 기뻤다. 하지만 그가 우리의 광고 전략이 다른 광고사들보다 더 흥미진진했다고 말해줬더라면, 아마도 훨씬 더 기쁘지 않았을까 싶다.

팀워크

지금까지 프레젠테이션과 설득에서 탁월한 능력을 발휘하는 개인들에 대한 예를 많이 들었다. 하지만 팀 단위로 프레젠테이션을 준비하고 발표할 때에도 대가들에게서 얻은 교훈을 그대로 적용할 수 있다. 팀 전체는 물론 팀원 모두가 앞서 설명한 원칙과 실천 방안을 받아들여 프레젠테이션 준비에서 발표에 이르기까지 전 과정에 적용할 수 있어야 한다.

　나는 여태까지 단 한 번만 빼고 팀의 일원이 되어 프레젠테이션을 진행했다. 대부분의 경우는 다른 사람이 팀장을 맡았고, 최근에 뉴욕의 광고회사인 벌린 캐머런(Berlin Cameron)에서 일할 때에는 내가 팀장이기도 했다. 즐겁기만 한 경험은 아니었지만 벌린 캐머런은 내가 팀장을 맡았던 프레젠테이션에서 모든 거래를 다 성사시킬 수 있었다. 여하튼, 내가 폭군처럼 굴지는 않았다고 자신할 수는 있다.

　지금부터 언급하는 내용은, 훌륭한 피치와 그렇지 못한 피치, 그리고 광고사가 별 성의를 기울이지 않았는데도 성공했거나 아니면 엄청난 노력을 기울였는데도 성공하지 못한 피치들을 관찰하며 내가 직접 체득한 교훈들이다. 이러한 교훈들, 특히 한 번의 거래 성사가 회사로서는 어쩌면 득보다 실이 될 수도 있음을 알려주는 몇몇 교훈들은 광고업계를 넘어 모든 업종에 중요한 의미를 전한다. 광고업이든 건설업이든 군수산업이든 어떤 업종에 종사하는지에 상관없이, 어떤 고객과는 처음부터 거래를 하지 말았어야 했다고 땅을 치며 후회해본 적이 당신도 한 번쯤은 있을 것이기 때문이다.

행복한 팀이 승리한다. 뻔한 소리처럼 들릴 수도 있지만 이는 새로운 일을 추진할 때 절대적으로 명심해야 할 진리이다. 행복한 사람들이 에너지가 흘러넘치고 더 창의적으로 생각한다는 사실은 심리학 박사가 아니라도 쉽게 알 수 있다. 팀원들이 어떤 일에 많은 노력을 기울이는 이유는 회사를 위해서가 아니라 스스로를 위해서이다. 그들에게 있어 일은 지극히 개인적인 것이다. 따라서 팀장은 피치 팀을 조직할 때 팀원들의 행복을 최우선으로 삼아야 한다. 팀원들이 행복감을 얻을 수 있다면 다른 일도 자연스럽게 해결될 것이다.

무엇보다도 적절한 비즈니스에 대해 피치를 할 수 있어야 한다는 것, 이것이 바로 행복하고 생산적인 피치 팀을 만들기 위한 가장 중요한 요소이다.

언제 'No'라고 말해야 하는지를 알라

여기서 말하기는 조금 쑥스럽지만, 앞에서도 이야기했듯 나 혼자서 일생일대의 피치를 한 적이 있었다. 1987년 5월 23일, 웨일즈 지방의 한 해변에서였다. 그날은 내가 아내에게 청혼한 날이었고, 그때의 피치가 이 책에서 설명된 훌륭한 프레젠테이션의 모든 특징을 다 가지고 있다고 생각한다. 나는 주의 깊게 계획을 짰다. 이리저리 빙빙 돌려 대화를 나누면서 나는 린다 캐롤린 웹이 나와의 관계를 조금은 진지하게 받아들이고 있다고 결론지었다. 그래서 나는 웨일스 서쪽 해안에 있는 펨브로크셔로 주말 여행을 다녀오자고 제안했다. 그곳에서 청혼할 생각이었다.

바람 부는 말로즈 백사장에서 우리는 바위를 피난처 삼아 앉아서 점심을 먹었다. 기분 좋은 침묵이 감돌았다. 린다는 내가 평소처럼 왕성한 식욕을 자랑하지 못하는 것은 알아차렸지만, 청혼에 대해서는 아무 짐작도 못했었다고 아직까지도 시치미를 뚝 떼고 있다. 점심을 먹은 뒤 나는 잠깐 실례하겠다고 말하고는 생리 현상을 해결하려는 척하면서 바위 뒤로 걸어갔다. 그리고 몇 분 뒤 나는 바위 위에서 그녀에게 올라오라고 손을 내밀었다. 바위 아래로, 그녀가 답해주기를 간절히 희망하며 내가 적어놓은 다섯 단어가 눈에 들어왔다. 내 메시지는 간단했다. 그리고 린다는 척 보기에도 무척 놀란 것 같았다. 그녀의 첫 마디가 "용변을 너무 오래 본다고만 생각했어요"였으니 말이다. 그리고 무척이나 고맙게도 오래 뜸들이지 않고 내 청혼에 답해주었다.

사실 이 이야기는 프레젠테이션 기법과는 전혀 상관이 없다. 어쨌든 나는 린다 웹을 사랑했고, 그녀와 일생을 같이 보내고 싶었으며, 그녀 역시 나와 일생을 보내기를 원할 것이라고 믿었기 때문에 청혼한 것이었다. 하지만 만약 앞의 두 이유만 있었다면 아마도 그때 그 자리에서 그녀에게 청혼하지는 않았을지도 모른다. 그녀에게 거절당하고 싶은 마음은 추호도 없었고, 근사한 주말을 망치고픈 생각도 절대 없었기 때문이었다.

새롭고 성공적인 비즈니스 전략의 중요한 요소는 자신이 진심으로 원하며 성공 가능성이 높다고 믿는 일에 대해서만 피치를 해야 한다는 것이다. 낯선 환경에서 새로운 비즈니스 프레젠테이션을 하는 것은 많은 시간과 비용, 노력을 들여야만 가능하다. 따라서 불가능한 일이나 또는 자신에게 맞지 않는 일을 좇는 것은 무책임한 행동인 동시에 자기 파괴적인 행동이기도 하다. 내가 청혼한 이유는 단지 결혼을 하고 싶어서가 아니라 나의 천생연분과 결혼하고 싶어서였다. 또, 그녀에게서 'No'라는 말을 들어서 좋은 관계를 망치고 싶은 생각도 전혀 없었다. 우리가 여전히 부부인 것도 바로 이런 이유들이 잘 맞아떨어졌기 때문이다.

물론 이렇게 생각하지 않는 기업들도 많다. 당신도 그들 무리에 속하고 잠재 고객과의 거래를 통해 얻게 될 눈앞의 이익에만 마음이 끌린다면, 내가 말하는 내용이 마땅치 않게 여겨질지도 모른다. 하지만 단순히 사업의 성장만이 아니라 고객과 적절한 작업을 진행하고 훌륭한 인간관계를 쌓음으로써 미래에 얻게 될 모든 사업관계에 관심이 있다면, 이 내용이 흥미롭게 다가올 것이다.

굿비 벌린 앤드 실버스타인에서의 내 첫 피치는 1989년 파이오니어 일렉트로닉스(Pioneer Electronics) 건이었다. 이 프레젠테이션은 내가 입사하기 두 달 전부터 시작되었지만, 전 직장인 BMP가 굿비 지분을 가지고 있던 덕분에 나는 퇴사하기도 전에 영국으로 날아가 프레젠테이션을 준비할 수 있었다.

지금 생각해보면 프레젠테이션 장소의 분위기는 대단히 묘했다. 하지만 그때는 영국과 미국의 문화 차이 때문이라고만 생각했다. 파이오니어의 중역 몇이 트집 잡듯이 질문을 던졌고, 테이블을 가운데 두고 양쪽 집단 사이에 기묘한 신경전이 일고 있었다. 나는 앞서 열렸던 미팅에 대부분 참석하지 못한데다가 시차에 적응하지 못해 그 순간에는 상황을 제대로 파악할 수가 없었다.

이직 문제가 완전히 정리되기 두 주 쯤 전에 우리가 거래를 따냈다는 전화를 받았다. 굿비로 옮겨온 첫날부터 나는 파이오니어 레이저디스크 사업부와의 브리핑에 참석하기 위해 로스앤젤레스로 날아가야 했다.

14일 뒤, 나는 LA에 있는 파이오니어사의 회의실에 앉아 있었다. 파이오니어의 중역 하나가 들어오더니 다짜고짜 말했다. "우리에게 프레젠테이션을 한 회사가 네 곳이었지요. 굿비는 4등을 했고요. 하지만 어쨌든 더 노력하면 좋은 결과를 볼 수 있겠지요."

조금 뒤 나는 굿비의 크리에이티브 디렉터가 파이오니어의 다른 사업부에 속한 일본인 중역에게 신문광고에 대한 프레젠테이션을 하는 자리에 참석했다. 그 중역은 프레젠테이션을 하는 내내 아주 열심히 졸았다. 그리고 비주얼에 대한 설명이 모두 끝나고 자료까지 다 나눠준 후에야 마침내 눈을 뜨더니 불쑥 말했다. "푸른색으로 해주시오."

"네?" 광고감독이 물었다.

"푸른색! 글씨를 푸른색으로 해달란 말이오!" 그가 주먹을 테이블에 쾅 내리치면서 말했다. 그러더니 벌떡 일어나서 아무 말도 없이 방을 나가버렸다.

그야말로 근사한 미국식 환영인사였다.

파이오니어와 일한 지 불과 6주 만에 굿비 벌린 앤드 실버스타인은 단 한 통의 전화로 계약 해지를 통보받았다. 레이저디스크 사업부는 우리를 굉장히 싫어했다. 자신들이 선택한 광고회사가 아니라는 이유 때문이었다. 다른 사업부들의 강압에 못 이겨 억지로 우리를 선택하게 되자, 그들은 우리 인생을 최악으로 만들기 위해 아주 열심히 노력했다. 그들은 우리 일을 엉망이 되게 해서 우리가 부적절한 광고회사임을 다른 사업부들이 알게 하거나, 아니면 우리를 극도로 불행하게 만들어서 스스로 나가떨어지게 만들기로 작정했다. 아마 십중팔구는 다른 사업부 사람들도 못살게 괴롭혔을 것이다. 우리 쪽을 지지했던 사람들이 언제 그랬나 싶게 순식간에 등을 돌린 것을 보면 내 생각이 틀림없다.

우리도 낌새를 알아차렸어야 했다. 미팅을 할 때마다 곳곳에서 조짐이 보였다. 각 사업부의 직원들 사이에 마찰이 존재하고 있었고, 레이저 디스크 사업부의 직원들은 BBDO가 더 마음에 든다고 노골적으로 말하기까지 했다. 광고 캠페인에 대해서도 효과적인 커뮤니케이션이 이루어지지 않았고 서로의 생각도 완전히 달랐다. 하지만 우리는 이 대기업과 꼭 광고 계약을 맺어야 한다는 욕심에 눈이 멀었다. 그래서 보고도 못 본체 듣고도 못 들은 체했다. 우리는 불한당을 착한 남자로 바꿀 수 있다고 생각하는 여자들처럼, 순전히 과시용으로 근사한 아내를 맞으려는 남자들처럼 어리석기 짝이 없었다.

처음 프레젠테이션 제안을 받았을 때부터 우리는 'No'라고 말했어야 했다. 하지만 우리는 그러지 않았고 그러지 않은 것을 뼈저리게 후회했다. 스스로가 자처해서 경쟁사들과 훗날의 고객들에게 웃음거리가 되었을 뿐 아니라 나를 포함해 우리 회사의 직원들 대다수가 아주아주 불행해졌다. 고작 몇 주밖에 안 되는 기간이 몇 년처럼 길게 느껴졌다.

이후 우리는 우리 앞에 다가오는 기회를 덥석 무는 일을 자제하게 되었다. 우리와 일하는 것에 관심을 표하는 고객하고만 일하기 위해 노력했으며, 고객에게 좋은 인상을 심어주기 위해 노력했다. 그리고 다음과 같이 자문했다.

● 이 고객은 왜 여기에 있는가?

고객이 우리나 우리의 일에 정말로 관심이 있는가? 아니면 누군가의 강요를 받았기 때문에 만남을 청한 것인가?

● **그들의 브랜드는 얼마나 강력한가?**

평소 우리가 존경하는 브랜드인가, 같이 일한다고 자랑스럽게 말할 수 있는 브랜드인가? 세상에서 자신만의 위치를 차지하는 브랜드인가? 아니면 내일 없어지더라도 아무도 알아차리지 못할 브랜드인가?

● **고객이 우리와 궁합이 잘 맞는가?**

그들 스스로 훌륭한 아이디어를 내놓을 수 있는가? 우리의 아이디어를 들을 준비가 되어 있는가? 그들과 함께 즐겁게 일할 수 있는가?

● **서로 합심해서 최고의 결과를 만들어낼 수 있을 것인가?**

우리만큼 그들도 최고의 결과를 원하는가?

● **고객이 진정으로 함께 일하고 싶어하는 회사는 어디인가?**

만약 그 회사가 우리가 아니라면, 그들이 마음을 바꾸도록 설득할 가능성이 있는가?

이러한 질문들에 대답함으로써 우리는 쓸데없이 많은 프레젠테이션에 매달리는 일을 줄일 수 있었다. 위의 질문들에는 "이 고객이 얼마나 많은 대가를 지불해줄 수 있는가?"라는 질문이 포함돼 있지 않다. 청구금액이나 우리에게 돌아오는 수수료가 중요하지 않다고 말할 생각은 전혀 없다. 하지만 그 문제가 가장 중요한 고려사항은 아니었다. 굿비 실버스타인은 대부분의 경우 고객이 우리에게 요구하는 것과 그들이 우리에게 지불할 금액 사이에서 어느 정도 원만한 합의점을 마련할 수 있다고 믿고 있었다. 내가 몸담고 있는 동안에도 굿비 실버스타인은 수지타산이 도저히 맞지 않아 제안을 거절한 경우보다는 많은 대가가 보장되더라도 광고 품질이 떨어질 소지가 다분한 거래 기회를 거절한 경우가 더 많았다.

우리 회사를 후보 목록에 포함하지 않았다면 제대로 된 광고회사를 물색해본 것이 아니라는 충고를 들었다는 이유만으로 우리를 찾아온 마케팅 임원도 있었다. 닷컴 붐이 일었던 몇 년 동안, 투자자들 돈으로 주머니가 불룩하고 머릿속은 옆집 개가 코웃음 칠 말도 안 되는 사업 아이디어로 그득한 젊은 기업가들도 수없이 만나보았다. 스탠퍼드 MBA 출신의 한 젊은이에게 사업 전략을 물어보자 그는 최대한 많은 돈을 벌어서 될 수 있는 한 빨리 은퇴하는 것이라고 자랑스럽게 대답했다. 똑똑하지만 남의 말에 귀 기울일 줄 모르는 사람들도 만나보았고, 성격은 좋지만 치열한 비즈니스 환경에서 살아남을 만큼 똑똑하지는 못한 사람들도 만나보았다. 굳이 창의적인 광고를 원한다면 마지막 5초를 우리한테 할애할 테니 앞의 25초는 자기네들 뜻대로 할 것이라고 고집 피우는 사람들도 만나보았다. 그리고 똑똑한 것에 있어서는 둘째 가라면 서러운 스티브 잡스도 만났다. 그는 분명 우리에 대해서는 별 관심이 없었으며 오랫동안 거래해온 리 클로우(Lee Clow)나 치아트/데이와 계속 관계를 유지하기를 원했다.

이 사람들 모두에게 우리는 정중하게 'No'라고 말했다. 만약 그들과 거래를 했다면 우리가 진심으로 자랑스러워할 만한 광고는 아마 만들어내지 못했을 것이다. 우리는 기존 고객들을 위해 만든 훌륭한 광고야말로 우리가 가진 단 하나의 가장 강력한 무기라는 사실을 잘 알고 있었다. 그렇기에 우리의 원칙을 타협하고픈 마음이 전혀 없었으며 새로운 일을 하느라 전부터 해오던 일에 들이는 시간을 줄이고픈 마음도 전혀 없었다.

경영진은 피치 팀을 만들기 전에 다음과 같은 대단히 중요한 두 가지 질문에 답을 해야 한다.

기존 고객을 위해 들이는 노력을 전혀 줄이지 않으면서도 새로운 프로젝트에 매달릴 수 있는 시간이 있는가? 어떤 회사든 기존 고객을 가장 소중히 생각해야 한다. 새로운 거래처와 일하느라 기존 고객들을 소홀히 한다면 이는 그들의 신뢰를 저버리는 행위이다. 이 질문에 대한 답이 '아니요'라면, 새로운 고객과 거래하기 위해 노력하거나 새로운 비즈니스를 위한 프레젠테이션을 준비해봤자 실제로 얻는 것은 거의 아무 것도 없다. 다른 일을 하느라 너무 바쁘다면 피치에서 성공적인 결과를 얻을 수 없을 뿐 아니라 기존 고객들을 실망시키게 될 수도 있다.

에이스들로 피치 팀을 꾸릴 수 있는가? 할애할 수 있는 시간이 얼마나 되느냐의 문제는 회사에만 해당되는 것이 아니다. 광고회사는 각각의 역할, 즉 IT · TV 및 지면광고 제작 · 디자인 및 인터액티브 광고 등을 떠맡을 사람들이 새로운 아이디어를 실현하는 작업에 참여할 시간이 있는지 반드시 알고 있어야 한다. 이는 건축업자가 자신의 전기기사, 미장이, 배관공이 새로운 일을 할 시간이 있는지 없는지를 파악하고 있어야 하는 것과 같다. 하지만 최우선으로 고려해야 할 점은 피치를 준비하고 발표할 때 가장 중요한 역할을 맡을 사람이 있는가의 여부이다. 다시 말해 회사를 가장 빛나 보이게 해줄 사람을 피치 팀에 투입할 수 있어야 하는 것이다. 최고의 인재들로 피치 팀을 꾸리지 못할지라도 새로운 프레젠테이션을 진행하고 싶다는 유혹에 빠질 수 있다. 하지만 그럴 경우 열이면 열, 100% 패배한다. 최고의 인재를 투입할 수 없고 그들이 새 프로젝트에 전념할 수 없다면, 멋진 아이디어를 만들어내고 훌륭한 프레젠테이션을 할 수 있는 가능성은 현저히 줄어든다.

따라서 결정을 내려야 한다. 그 순간에는 내리기 힘든 결정일 수도 있다. 회사가 새로운 비즈니스를 성사시키느냐 마느냐의 여부는 실제로는 얼마나 많은 기회를 거절하는가의 여부와 정비례할 수 있다. 이는 존 웨스트(John West)의 연어통조림 광고를 생각나게 한다. '우리는 매일 많은 연어를 버립니다. 이것이 존 웨스트가 최고가 된 비결입니다(It's the ones we throw away that make John West the best).' 새로운 기회를 거절하는 것은 배가 불러서가 아니라 실용적으로 굴기 때문이다. 기존 고객에게 온 정성을 쏟아야 하기 때문에 새 일을 할 시간이 없다는 말을 듣는다면, 고객의 마음에는 당신에 대한 존경심이 절로 생겨날 것이다. 또한 당신과 일하고 싶다는 생각이 전보다도 더욱 커지게 될 것이다.

앤디 벌린은 새로운 비즈니스에 있어서 가장 강력한 단어는 '아니오'라고 말하곤 했다. 때로는 그렇게 말하기만 해도 도저히 해결 불가능으로 보였던 문제들이 해결될 수도 있다. 휴렛팩커드가 1990년대에 처음으로 굿비 실버스타인 앤드 파트너스에 비즈니스 프레젠테이션을 요청했을 때, 회사는 이 제안을 순순히 받아들였다. 하지만 피치가 진행될수록 우리는 HP의 여러 사업부 사이에서 초조하게 눈치를 살피며 성공 확률이 희박하다고 생각하게 되었다. 피치에서 퇴장하는 것이 나을지도 모른다고까지 생각했지만 아닌 것에 대해서는 'No'라고 단호하게 이야기했다.

고객인 HP가 보여준 반응은 뜻밖이었다. 그들은 우리가 피치에서 퇴장하는 것을 원치 않았다. 오히려 우리를 아주 마음에 들어했다. 우리와 고객 모두를 만족시킬 만한 결과를 만들어내는 데 방해가 될 소지가 있는 문제들이 발견되면, HP가 나서서 필요한 조치를 취해주려 했다. 우리는 HP 담당자들을 초대해 피치 팀과 함께 이러저러한 문제들에 대해 논했다. 심지어는 피치 팀 구성까지 그들과 함께 협의할 정도였다. 결국 우리는 다시 전심으로 피치를 준비해 거래를 따낼 수 있었다. 현재까지도 굿비 실버스타인 앤드 파트너스는 HP의 주요 광고대행사로서 글로벌 광고 캠페인을 책임지고 있다.

진정한 책임감 부여해주기

피치를 하기로 결정했다면 프레젠테이션 준비와 작성을 책임질 적절한 사람들을 선택해야 한다. 먼저 팀장을 결정해야 하는데, 반드시 경영자만 팀장이 되라는 법은 없다. 프레젠테이션을 준비하는 데 모든 시간을 쏟아부을 수 있는 사람, 그리고 강력한 에너지와 가능성을 팀원들 모두에게 제공해줄 수 있는 사람이 팀장이 되어야 한다.

몇 년 전 독일 주펜하우젠에 있는 포르셰 생산시설을 방문한 적이 있었다. 공장은 다른 자동차 공장들과 다를 게 거의 없었지만, 생산라인에 한 가지 큰 차이가 있었다. 컨베이어벨트를 따라 움직이는 엔진에 일렬로 선 작업자들이 각자 맡은 부품을 조립해넣는 대신, 포르셰 공장에서는 작업자 각자가 엔진 하나를 처음부터 끝까지 좇아 움직이는 방식으로 일하는 것이었다. 작업자가 그 엔진의 품질을 전적으로 책임지며, 포르셰 엔진에는 그것을 만든 작업자의 이름이 새겨지게 된다. 포르셰 엔진을 만드는 작업자들은 자신의 일을 대단히 자랑스러워하며, 그에 걸맞게 포르셰의 엔진 또한 대단히 훌륭하다.

어떤 일을 처음부터 끝까지 진정으로 책임질 수 있을 때 가장 훌륭한 결과가 나온다는 포르셰의 생각에 전적으로 동의한다. 새로 프로젝트를 시작할 때에는 작고 알찬 팀일수록 성공할 가능성이 더 높다. 광고회사의 경우, 피치 전체를 책임지는 어카운트 디렉터 한 명, 전략을 책임지는 어카운트 플래너 한 명, 미디어를 책임지는 커뮤니케이션 플래너 한 명, 제작을 책임질 감독 한 명으로 팀을 구성해야 한다. 그리고 거래가 성사된 다음에도 이 사람들이 계속해서 그 일을 맡아야 한다. 이 점에 대해서는 이견의 여지가 전혀 없다. 고객들은 프레젠테이션을 했던 팀이 제작까지 담당하기를 원한다. 나는 광고회사의 '신규 사업 담당 이사(new business director)'의 역할에 대해 약간의 반감을 갖고 있다. 그럴 수밖에 없는 것이, 그들은 순전히 업무 배치 관점에서만 회사를 조직하고 새로운 고객들을 쫓아다니는 데에만 급급하기 때문이다. '신규 사업 담당'이라는 직함을 명함에 새기고 다니는 사람은 피치 팀에 넣어서도 안 되며 고객과 직접 만나게 해서도 안 된다. 또한 가능하다면 피치 팀에 고객 회사의 직원을 포함시키는 것이 좋다. 대부분의 고객들은 공정성 때문에 경쟁 프레젠테이션을 벌일 피치 팀의 일원이 되는 것을 원치 않지만 그들이 스스로를 팀의 중요한 일원이라고 생각하게 된다면 그들로부터 많은 도움을 받을 수 있다. 이렇게 될 수 있다면 고객은 당신을 선택하지 않는 것은 당신을 해고하는 것과 다름없다고 여기게 될 것이다. 딱 이 정도 인원이 좋다. 더 많아지면 토론이 길어지고 수도 없이 이메일이 오가야 하며 의사결정 과정이 끝없이 늘어지고 사람 다루기도 힘들어진다. 즉, 효과적인 프레젠테이션을 가로막는 장애물이 더 많이 생겨나는 것이다. 장애물을 없애야 한다. 자유로운 분위기를 조성해야 한다. 그래야 팀원들이 최선의 노력을 기울일 수 있다.

최근 몇 년 동안 미국과 영국의 군대에도 비슷한 움직임이 일고 있다. 덩치만 크고 유연성은 전혀 없던 군대 조직들이 보다 작고 유연하며 기동성과 전문성을 골고루 갖춘 부대 단위로 바뀌고 있다. 이라크 파견 부대들이 그 증거라고 할 수 있다. 그들이 훌륭한 성과를 거뒀다고는 말할 수 없지만, 적어도 조직 구조에 있어서만큼은 적절한 형태를 취하고 있다고 말할 수 있다.

나는 이른바 경영 툴이나 마케팅 약어들에 대해서는 설명할 생각이 별로 없다. 하지만 새 비즈니스 프레젠테이션 팀을 고르고 그들의 역할을 정의할 때 한 가지 약어 정도는 익혀두는 것이 좋다. 그것은 바로 RASCI이다. 많이 들어본 말 같지 않은가? 사실은, 어디서 들어본 표현 같다고 느껴진다는 말이 더 옳을 것이다. 당신 자신도 모르는 사이에 이를 사용해보았을 것이기 때문이다. 경영 툴 치고 RASCI는 지나칠 정도로 쉬운 단어들로 이뤄져 있다. RASCI를 풀어쓰면 다음과 같다.

● R - 책임(Responsible)

모든 피치 팀에는 팀장이 있다. 팀장은 회사와 고객 모두의 목표를 완수해야 할 책임을 진다. 팀장은 얼마나 많은 인력과 예산과 시간을 투입해야 하는지를 결정하고, 필요한 능력을 갖춘 개인들로 팀을 구성하며, 가장 중요한 일은 서로 협력해서 일할 능력이 있는 사람들을 고르는 것이다. 또한 프레젠테이션을 준비하는 핵심 멤버들이 스스로의 일을 책임질 수 있게 해주어야 한다.

● A – 승인(Approve)

어떤 프로젝트에서든 최종결정권을 가질 사람이 확실히 정해져야 한다. 최종결정권자는 격려와 지원을 아끼지 않는 등 프로젝트가 완수될 수 있도록 필요한 지원을 적극 제공해야 한다.

● S – 지원(Support)

프로젝트를 제대로 완수하려면 적절한 사람들의 지원이 필요하다. 그들은 앞에서 설명한 팀의 핵심 멤버일 수도 있다. 그들은 프로젝트의 전 과정에 참여한다. 또, 특정 전문 지식을 제공하기 위해 비교적 짧은 기간 동안 도움을 제공하는 사람들도 여기에 포함된다. 가령 리서치 결과로 만들어진 비디오 자료를 편집하거나 분위기 있는 화면을 제작하려면 프로듀서가 필요하며, 광고 끝에 삽입할 근사한 브랜드 로고를 만들기 위해 다른 누군가의 도움이 필요할 수도 있다. 하지만 이렇게 한 가지 작업만 하는 사람들은 피치 방향을 논의할 때에는 참여할 필요가 없다.

● C – 컨설팅(Consult)

프로젝트의 각 단계마다 외부 전문가의 도움이 필요할 것이다. 심리학자에게서는 특정 소비자 집단의 니즈나 인간관계에 대한 의학적 견해를 들을 수도 있고, 엔지니어에게서는 복잡한 첨단기술에 대한 조언을 얻을 수도 있다. 팀은 외부 전문가들의 조언을 통해 필요한 정보를 얻을 수 있으며, 후에 그들이 아이디어의 타당성 여부를 판단해줄 수도 있다.

● I - 정보 제공(Inform)

팀장 및 팀원들, 그리고 최종결정권을 가진 사람뿐 아니라 회사의 다른 사람들도 프로젝트의 진행 상황을 늘 알고 있어야 한다. 회사의 경영자가 업계 행사에서 잠재 고객이나 피치 컨설턴트(pitch consultant)를 만날 가능성은 언제나 존재하기 마련이다. 피치 팀에 직접 참여하고 있지는 않더라도 현재 팀이 중요하게 다루고 있는 문제가 무엇인지 그리고 피치가 어느 정도 진행되었는지 정도는 알고 있는 것이 좋다. 물론 그들은 피치 팀의 일원이 되어서도 안 되고 그들에게 직접적인 의사결정을 기대해서도 안 된다. 경영진의 역할은 그저 전반적인 차원에서 영향력을 발휘해주고 팀원들에게 적절한 충고를 해주는 것으로 그쳐야 한다.

어떤 회사에서 일하든 나는 프레젠테이션의 아이디어나 문제점, 세부 사항에 대해 평소 존경하던 사람들로부터 의견 듣는 것을 주저하지 않았다. 그들은 한 분야에 얽매이지 않고 다양한 의견들을 들려주었다. 마음을 열고 귀 기울여 들으면 프레젠테이션의 질을 높이는 데 도움이 될 만한 훌륭한 의견을 언제든 찾을 수 있다.

RASCI의 기본 원칙은 명확성과 책임성, 그리고 팀워크를 향상시키는 것이다. 이 세 가지를 적절히 결합할 때 보다 훌륭한 프레젠테이션을 더 빨리 만들어낼 수 있다.

속도는 그 자체로는 중요한 것이 아니지만 과거 내가 일했던 프로젝트들을 살펴볼 때 프로젝트 완수에 걸리는 시간과 그 결과로 탄생한 아이디어 사이에는 반비례 관계가 존재하는 것 같다. 사실 대부분의 사업에서 마감 시한이 빠듯할 때 가장 혁신적인 아이디어가 탄생한다. 전쟁 중 많은 기술발전이 이뤄지는 것도, 새로운 비즈니스 피치를 준비할 시간이 극도로 부족할 때 최고의 아이디어를 생각해내게 되는 것도 바로 이런 이유 때문이라고 할 수 있다.

그래서 나는 작고 유연한 팀을 고집했고, 끊임없는 회의와 수도 없는 전달 가능성 목록이 아니라 에너지 창출과 아이디어 창안을 중시하는 신속하고 공개적인 프로세스를 마련하는 쪽을 더 선호해왔다. 다시 말해 소규모 집단과 함께 제한된 시간과 공간에서 서로의 생각을 나누면서 에너지를 만드는 데 더 중점을 둔 것이다. 이는 업계의 전통적인 틀이나 고정관념을 벗어난 것으로, 참신한 아이디어를 창출하는 데 도움이 되었다.

우리는 오늘날의 기술을 이용하면 연결 관계를 조금은 더 많이 만들어낼 수 있다고 착각한다. 한 자리에 모여 대화하는 것보다 이메일을 주고받거나 한밤중에 메시지를 남기는 쪽을 더 선호하는 것이다. 이런 현실 속에서 우리는 악습을 끊고, 서로 한 자리에 모여 밥을 먹고 커피를 마시고 산보를 하고 점심시간에 야구를 같이 보러갈 수 있는 팀을 만들어야 한다. 카피라이터와 미술감독이 짝을 이뤄 일하는 데에는 그만한 이유가 있다. 카피라이터가 미술을 못하기 때문도 아니고 미술감독이 카피를 못 만들어내기 때문도 아니다. 백지장도 맞들 때 아이디어가 더 빨리 샘솟는다. 좋아하고 존경하는 사람들끼리 모여서 서로의 지식을 나누고 의견을 교환할 때 훌륭한 아이디어가 더 쉽게 생겨난다. 음성메일이나 이메일, 팩스로는 이런 관계가 생성될 수 없으며, 바다 건너 다른 시간대에 사는 사람들과의 전화나 화상회의로도 이런 관계는 생겨날 수 없다. 같은 공기를 들이마실 때 훌륭한 팀워크가 등장한다.

따라서 글로벌 피치를 목표로 삼는다면, 가장 먼저 신경 써야 할 부분은 주요 구성원들을 한 자리에 불러 모을 장소를 결정하는 것이다. 어떤 피치를 준비하든, 전에 함께 일해본 사람들로 구성될 때 최고의 피치 팀이 만들어진다. 올스타 게임을 생각해보라. 각 선수들은 구단을 대표하는 더할 나위 없이 훌륭한 선수지만 정작 올스타 게임에서는 훌륭한 경기를 펼치지 못한다. 나는 서로 잘 알고 있으며 전에도 훌륭한 팀워크를 발휘했던 사람들로 팀을 꾸릴 것이다. 그들 혼자서는 스타플레이어가 아닐지라도 서로 힘을 합쳤을 때 훌륭한 결과를 만들어낼 수 있기 때문이다.

개시 미팅 : 새로운 일을 시작하다

고객으로부터 브리핑을 받는 바로 그날 또는 그전부터, 나는 핵심 팀원들과 신중하게 선택한 외부 인사들을 한 자리에 모을 회의를 준비한다. 4장에서 설명했듯 나는 이를 '개시 미팅(Day One)'이라고 부른다. 크레이그 데이비스의 5/15/80 규칙을 적용하면, 개시 미팅의 참석자들은 자신이 알고 있는 5%의 지식을 내놓으며 모르고 있던 15%의 지식을 배우고, 모르고 있다는 사실조차 몰랐던 80%의 지식을 얻기 위해 무엇을 해야 할지를 알게 된다. 프로젝트를 성사시키기 위해 어떤 문제를 해결해야 하는지를 정확히 알아낸 다음, 이에 대한 해결책을 모색하는 것이 개시 미팅의 목표이다. 개시 미팅에 모인 사람들은 서로가 가진 정보를 나누며, 고객이나 경영자 또는 심리학자의 입장에서가 아닌 한 개인의 입장에서 이러한 정보의 의미를 토론한다. 살고 사랑하고 웃고 울고 여행하고 소비하고 듣고 보고 꿈꾸고 두려워하는 평범한 사람의 입장에서 서로 의견을 나누는 것이다. 개시 미팅에 모인 사람들이 서로의 경험을 공유하고 허심탄회하게 의견을 나누는 분위기가 조성될 때 우리 주변의 문화를 평가하는 장을 마련할 수 있으며, 사람들이 원하는 연결 관계가 모습을 드러내기 시작한다.

외부인을 영입할 때에는 훌륭한 시각을 갖고 있거나 멋진 경험을 들려줄 수 있는 사람 또는 촉매 작용을 할 수 있는 사람을 선택하는 것이 좋다. 예를 들어, 광고기술이나 청중의 심리, 새로운 미디어 기회에 대한 통찰력을 얻고 싶다면 이 분야의 전문 컨설턴트를 초대하는 것이 좋다. 올림픽 유치 프로젝트와 관련된 피치를 준비 중이라면, 2012년 런던 올림픽 유치를 성공적으로 이끌었던 사람이나 아테네 올림픽에서 독일팀 수영 선수로 활약했던 연수생을 초빙할 수도 있다. 아니면, 대단히 열정적이거나 기발한 해결책을 내놓을 수 있을 것 같은 사람을 초청하는 것도 좋다.

개시 미팅이 시작되면 우선 그 프로젝트에 대해 고객이 원하는 답과

의견을 묻는다. 그리고 다른 사람들이 유용하다고 생각하는 정보 한 가지씩만을 포함해서 짧은 프레젠테이션을 한다. 프레젠테이션 사이사이에는 토론을 한다. 때로는 그들을 소규모 팀으로 나눈 다음, 자신들이 나이키나 애플의 마케팅 팀이라면 이 프로젝트를 어떻게 시작할 것인지 생각해보라고 요청한다. 중재자의 역할이란 모든 사람의 에너지를 한 차원 끌어올려주고, 서로 허심탄회하게 의견을 나누는 분위기를 조성하고, 현재의 주제가 적당한 대화를 이끌어내지 못할 경우 재빨리 새로운 주제로 옮겨가는 것이다.

이러한 '개시 미팅'에서는 앞으로 해결해야 할 문제와 그 해결책을 조금씩은 훑어볼 수 있어야 한다. 미팅이 끝난 후 참석자들은 해결해야 할 문제의 정확한 특징이 무엇인지 알아야 하며, 더 많은 정보를 갖춘 지금 각자의 의견 중에서 흥미로운 해답이 될 만한 것은 무엇인지 합의점을 마련할 수 있어야 한다. 또한 팀장과 팀원들은 이번 프로젝트를 어느 정도 규모로 진행하고, 언제까지 끝마쳐야 하고, 필요한 자원은 얼마인지도 분명하게 파악할 수 있어야 한다.

둘째 날 이후

개시 미팅을 성공적으로 끝냈다면 아이디어 준비를 위한 순조로운 첫 발을 내디딘 셈이다. 개시 미팅을 통한 정보 공유와 아이디어 창출로 팀원들은 어느 부분에서 더 많은 정보를 모아야 하는지를 알게 되었다. 다시 말해, 기존 정보에서 모자라는 부분을 채울 수 있게 되었고, 프레젠테이션에서 아이디어를 입증할 증거를 내놓을 준비를 하게 된 것이다.

피치 팀의 구성원들은 각자의 전문 분야와 관련해 중요한 정보를 수집해야 할 의무가 있다. 내 전작인 『진실, 거짓 & 광고』에서도 언급한 바 있는데, 새로운 비즈니스에 리서치 결과를 적용할 때 다음의 세 가지 사항만은 반드시 명심해야 한다.

목적이 있는 리서치

누구나 새로운 비즈니스 프레젠테이션을 준비할 때에는 최소한의 비용만을 들이고 싶어한다. 물론 새로운 비즈니스를 통해 앞으로 얻게 될 이익을 분명히 파악하고 그에 맞추어 비용을 정하는 것이 합리적인 행동이기는 하지만 그렇다고 해서 무턱대고 리서치 비용부터 줄이는 것은 합당하지 못한 행동이다.

최종 프레젠테이션에서 고객은 피치 팀 혼자 머리 싸매고 생각해낸 제안만 듣기를 원하지 않는다. 소비자 리서치 없이 피치를 하는 것은 검사가 아무런 물증이나 증인 없이 '피고는 유죄 선고를 받아 마땅하다'는 확신만을 가지고 배심원들을 납득시키려 하는 것과 같다. 주의 깊은 소비자 리서치를 통해 유용한 정보를 많이 수집할 수 없다면, 4장에서 언급한 정보들 간의 연결 관계를 마련하기가 매우 힘들어진다.

피치용 리서치는 많은 비용과 시간이 든다는 사실을 인정하고, 리서치에 들어가기 전에 신중하게 계획을 세워야 한다. 리서치에 돈 쓰기를 주저하는 거의 모든 광고회사들은 비용을 들이는 행위 자체를 위해 돈을 쓴다. "이 리서치 하는 데 돈 정말 많이 들었습니다. 우리는 그 정도로 당신과 거래하기를 원합니다"라는 것을 보여주기 위해서 말이다. 지나치게 많은 광고회사들이, 심지어 비용을 스스로 부담해야 하는 회사들조차도 딱 한 번 브리핑을 한 후 프로젝트 팀을 선정해 곧바로 소비자 인터뷰를 하고 포커스그룹을 마련한다. 리서치 목표를 무엇으로 삼아야 하는지에 대해서는 고민하지도 않는다. 한 번의 리서치에 너무 많은 열정과 에너지가 낭비될 수가 있고, 처음부터 목표점을 분명히 정하지 않았기 때문에 똑같은 낭비가 여러 차례 반복될 수도 있다. 잘 되기만 한다면, 개시 미팅을 통해 어떤 질문에 대한 답을 구해야 하는지 알아낼 수 있을 것이다. 모임에 참가한 사람들이 자신이 아는 지식을 내놓음으로써 대부분의 답을 손쉽게 알아낼 수도 있으며, 최소한 어디를 살펴봐야 하는지만이라도 알아낼 수 있다.

첫 리서치는 매우 세부적인 질문들에 대한 답을 알아내는 것을 목표로 삼아야 한다. 가령 앞에서 나온 포르셰 프레젠테이션을 위한 리서치에서 우리 팀은 포르셰 운전자들에 대한 일반 대중의 인식이 문제라는 사실을 처음부터 잘 알고 있었다. 하지만 그 문제가 얼마나 중요한지는 모르고 있었다. 그래서 다른 차원에서 이 문제를 살펴보고 이를 계량화하기로 결정했다. '망할 놈!' 요소를 만들어낸 그림 때문에 포르셰 중역들이 숨이 넘어갈 정도로 큰 충격을 받았다는 사실은 앞에서도 설명했다. 하지만 이 감정이 개인의 것이 아니라 보다 폭 넓게 퍼져 있다는 사실을 입증하지 못한다면, 그 충격은 그리 오래 가지 못할 것이 분명했다. 이를 증명하는 데에는 많은 비용이 들었지만, 결국 그만한 가치가 있었다.

프레젠테이션을 위한 리서치

포르셰 예를 통해 나는 피치 리서치의 중요한 의미를 또 발견할 수 있었다. 피치 리서치는 전략적으로 중요하게 쓰일 수 있지만 그 리서치를 어떻게 사용할지도 곰곰이 생각해보아야 한다. 훌륭한 리서치가 강력한 설득력을 발휘하려면, 단순히 흥미진진한 정보를 제공하는 차원에 그쳐서는 안 된다. 피치 리서치를 계획할 때에는 어떤 데이터를 담을 것인지와 그 데이터를 어떻게 제시할 것인지를 신중하게 고려해야 한다.

나는 리서치 응답자나 포커스그룹의 사람들에게 브랜드에 대한 본인의 감정을 그림으로 표현해달라고 부탁했다. 어떤 특정한 활동을 마친 다음에 답변을 써달라고 부탁하는 경우도 있었는데, 이럴 경우에는 일지 작성도 함께 요청했다. 새로운 광고 아이디어에 대한 응답자들의 반응을 조사할 때에는 광고 내용이 무엇을 말하고 있는 것 같은지, 그리고 광고를 본 느낌이 어땠는지를 적어달라고 요청했다. 또 리서치 응답자들에게 일회용 카메라로 그들의 집과 냉장고, 옷장, 작업대를 사진으로 찍어달라고 부탁했고 그 사진들을 최종 프레젠테이션에서 고객에게 보여주었다. 우리는 극적인 메시지 전달에 도움이 되는 자료를 만들기 위해 모든 수단과 방법을 동원했다. 이 모든 작업 하나하나가 되돌리기 힘든 것이었기 때문에 처음부터 신중하게 계획을 짜야 했다. 리서치에서 얻은 자료를 프레젠테이션에서 다 이용할 필요는 없었지만, 적절한 순간에 자료를 활용할 수 있어야 했다.

가끔은 청중에게 리서치 응답자들에게 했던 것과 똑같은 질문을 제시하는 흥미진진한 방식을 이용하기도 했다. 1991년 자동차 회사인 이스즈(Isuzu)의 북미 사업에 대한 프레젠테이션을 준비할 때의 일이었다. 나는 이스즈의 브랜드 파워를 다른 경쟁사들과 비교해서 계량화하는 작업을 리서치 회사에 위탁했다. 우리는 이스즈의 SUV인 지오(Geo)가 아니라 소형차에 대한 프레젠테이션을 준비해야 했기 때문에 혼다, 도요타, 닛산 등과 비교해야 했다. 지오 스톰은 원래 이스즈 임펄스(Isuzu Impulse)와 똑같은 차종이었다. 하지만 생산은 이스즈가 하고 판매는 지오라는 브랜드 이름으로 제너럴 모터스가 맡고 있었다.

우리는 이스즈 임펄스의 사진을 찍은 다음 이것을 보드에 붙이고 그 아래에 다섯 줄의 설명을 달았다. 차 이름을 적고 중요한 수치를(마력, 가속, 연비 등) 적은 다음, 로터스(Lotus) 사와 같은 핸들링이 설계되었다는 사실도 적어두었다. 그런 뒤 이스즈의 타깃 소비자 200명에게 차의 특징에 대해 어떻게 생각하는지를 물어보았다.

또, 사진과 설명은 똑같지만, 차 이름을 다르게 해서 설문을 진행했다. 200명의 사람들에게는 차 이름을 '혼다 DRX'라고, 다른 200명에게는 '도요타 CR2'라고 알려주었다.

프레젠테이션 당일, 나는 제일 먼저 이스즈라는 이름이 적힌 보드를 보여주었다. "이 설명이 자동차의 특징을 적절히 말한다고 생각합니까?" 나는 이스즈 중역들에게 물어보았다. 그들은 그렇다고 답했다. 나는 보드에 적힌 설명만 가지고 자동차의 품질과 안전성, 신뢰성 수준에 대한 등급을 매기는 내용의 리서치를 했다고 알려주었다. 중역들이 고개를 끄덕였다.

다음으로 두 번째 보드를 보여주었다. "이것은 혼다 DRX입니다." 이어서 세 번째 보드를 보여주었다. "이것은 도요타 CR2입니다." 사람들이 어리둥절해하고 있었다.

"하지만 그건 우리 회사 차 아닙니까?" 한 사람이 말했다. "똑같잖아요, 그런데……"

"그런데 사람들은 그걸 전혀 알지 못했죠." 내가 말했다. "우리는 이 사진들을 여러 집단에 보여주었습니다. 여러분과 달리 응답자들은 다섯 대를 구분하지 못했습니다. 그들은 그냥 사진을 흘끗 보기만 한 뒤 이건 혼다구나, 닛산이구나, 이스즈구나, 라고 생각했습니다. 각 보드들의 유일한 차이점이 무엇인지 아시겠습니까?"

브랜드 네임.

이제 알겠다는 표정이었다. 몇몇 사람들은 걱정스럽다는 듯한 표정을 지었다.

마음 깊숙이 그들 모두는 잘 알고 있었지만 그 차이가 얼마나 큰 것인지는 느끼지 못했다. 우리의 테스트 방법은 조금은 잔인한 것이었다. 하지만 이를 통해 우리는 이스즈의 당사자들조차도 전혀 보지 못했던 방식으로 브랜드 네임의 영향력을 새삼 확인할 수 있었다. 혼다라는 이름이 붙었을 때 이스즈 임펄스는 모든 특징에서 평균 80점을 받았다. 도요타라는 이름이 붙었을 때는 평균 70점을 받았다. 닛산이나 지오 스톰이라는 이름이 붙자 평균 60점을 받았다. 그렇다면 이스즈라는 이름이 붙었을 때는? 평균 40점이었다. 이스즈라는 브랜드 네임에 사람들의 자동차 구매 욕구는 확 줄어들었던 것이다. 그리고 이는 피치 팀과 이스즈 자동차가 극복해야 할 문제점이 무엇인지를 분명히 드러내고 있었다.

이스즈가 우리를 고용한 유일한 이유가 그 특별한 리서치를 행하기 위해서만은 아니었다. 하지만 리서치는 아주 많은 도움이 되었다.

토론을 위한 촉매작용으로서의 리서치

개시 미팅이 끝나면, 다음날부터 팀원들은 매일 프레젠테이션에 대해

의논해야 한다. 각자 맡은 일이 정해지지만 모두의 협력이 필요한 일도 반드시 존재한다. 회의 참석자 모두가 동등한 발언권을 가져야 한다는 사실을 명심해야 한다. 물론 팀장이 결정권을 가지지만 가능하면 모두가 의논해서 합의점을 마련하는 것이 좋다. 중요한 것은 누가 어떤 말을 하든지 절대로 그 말을 무시하거나 조롱해서는 안 된다는 점이다. 앤 래모트가 '조잡하기 짝이 없는 초고'가 글쓰기에 반드시 필요한 과정이라고 설명한 것처럼, 나 역시도 어리석은 생각들을 말로 표현하는 작업을 거친 후에야 훌륭한 아이디어를 끌어낼 수 있었다. 같이 일하는 사람들은 내가 말도 안 되는 생각을 표현해도 무시하지 않고, 생각을 가다듬어서 훌륭한 아이디어를 만들어낼 때까지 꾹 참고 들어주었다. 그런 점에서 나는 행운아였다.

리서치 과정을 직접 지켜볼 수 있는 경우에는 피치 팀 직원들은 물론이고 고객 회사의 담당자도 참석하는 것이 좋다. 그들과 함께 리서치를 관찰하고 소비자 의견을 촉매 삼아 핵심 문제를 토론한다면 생산적인 결과를 이끌어낼 수도 있기 때문이다. 정확히 어느 순간에 위대한 아이디어가 불쑥 튀어나올지는 아무도 모르지만 포커스그룹에 속한 사람의 말 중에서 위대한 아이디어를 얻게 되는 경우가 상당히 많다. 우유 광고를 위한 포커스그룹에 속한 사람의 말이 큰 힌트가 되었던 것처럼 말이다. "다른 때는 우유 생각이 안 나요. 하지만 우유가 없을 때면 우유 생각이 간절하죠." 이 말 덕분에 머릿속에서 뱅뱅 돌기만 할 뿐 명확히 설명할 수는 없었던 생각이 구체적인 아이디어로 자리잡았다.

벌린 캐머런이 화이자의 알레르기 약품인 지르텍(Zyrtec) 광고를 위한 피치를 준비하던 때를 예로 들 수도 있다. 응답자 중 한 여성이 남편의 알레르기 때문에 불편하다고 투덜댔다. 그녀의 남편은 죽어도 의사한테는 가지 않으려 했으며, 그 고집 때문에 식구들 모두가 피해를 입는다는 사실은 전혀 모르고 있었다. 몇 분 뒤 우리는 지르텍 광고 전략을 생각해냈다. 알레르기로 인해 다른 식구들이 즐거운 생활을 방해받는다는 내용으로, 약을 먹지 않겠다고 고집 피워서는 안 되며 본인의 알레르기로 인해 식구와 친구들까지 피해를 입는다는 사실을 알아야 한다는 메시지였다. 카피는 이러했다. '당신을 위해서가 아니라 소중한 사람들을 위해 사용하세요(If you won't do it for you, do it for them).'

위대한 아이디어를 위대한 프레젠테이션으로 바꾸기

피치를 준비하는 시간의 3분의 1은 핵심적인 브랜드 아이디어나 관점을 마련하기 위한 개요를 짜는 데, 또다른 3분의 1은 이렇게 모아진 관점을 가장 적절하게 표현해줄 창의적인 아이디어를 마련하는 데 할애해야 한다. 그리고 나머지 3분의 1은 아이디어에 깊이와 폭을 실어줄 방안을 여러 각도로 모색하는 데 쓰여야 하며, 이때 프레젠테이션 내용을 본격적으로 작성하는 작업에 들어가야 한다.

벌린 캐머런의 지르텍 피치에서 알레르기가 환자뿐 아니라 주변 사람들에게도 영향을 미친다는 생각은 준비 과정 초기부터 등장했다. 따라서 나는 팀을 이끌면서 이 아이디어에 대한 사람들의 합의점을 가능하면 빨리 마련하는 것을 목표로 삼았고, 그런 방식으로 담당자들은 광고제작과 TTL 마케팅*에 최대한 많은 시간을 쏟아부을 수 있었다. 또한 프레젠터 역할을 맡은 사람들은 피치에서 제안할 해결책에 대한 증거 자료를 마련하기 위한 리서치를 수행하고, 키포인트를 설명하는 데 필요한 자료를 작성하고, 프레젠테이션의 세부 사항들을 갈고 다듬는 데 시간을 낼 수 있었다. 다시 한번 말하지만, 가장 좋은 결과를 얻으려면 팀원들이 서로 협조할 수 있어야 한다. 그리고 이러한 분위기를 만드는 것이 바로 팀장의 역할이다. 프레젠테이션의 기본 아이디어가 알레르기로 환자뿐 아니라 주변 사람들 모두가 고통을 받는다는 것이라면, 팀원들 모두가 이 아이디어에 힘을 실어줘야 한다. 비록 그 순간에는 각자가 제시한 정보 사이의 연결 관계가 드러나지 않을지라도 말이다. 지르텍 피치의 경우, 모든 사람이 합심해서 일할 수 있는 구심점을 제공하기 위해 나는 핵심 아이디어를 통합하는 짤막한 문서를 작성했고, 이 문서를 바탕으로 프레젠테이션 내용을 요약 정리해 후속자료에 포함시킬 수 있었다. 그 내용은 다음과 같다.

● 기본 아이디어

알레르기 환자들에게 타성은 커다란 영향력을 발휘합니다. 다른 약이 효과가 더 좋다는 합당한 증거를 들이밀어도 소 귀에 경 읽기입니다. 그들은 의사의 상담을 받거나 더 적당한 치료 방법을 알아보는 대신 알레르기를 '견뎌내는' 쪽을 택합니다.

우리는 현재 사용하는 의약품으로는 알레르기를 잘 치료할 수 없다는 의심

■ through-the-line: 온라인과 오프라인을 통합하는 마케팅. 일명 컨버전스 마케팅이라고도 한다.

의 씨앗을 그들에게 심어줄 필요가 있습니다.

그들의 이성은 타당한 설명에 귀를 기울이지 않으려 할 수도 있습니다. 그렇다면 감정적으로 설득하기 위해 노력해야 합니다. 우리는 그들에게 자신들의 알레르기를 돌아보라고 말해야 합니다. 다른 알레르기 약품 광고에서 나오는 것처럼 환자 본인의 고통만을 생각하지 말고, 옆에서 함께 고통스러워하는 식구와 친구들의 입장도 생각해보라고 말해야 합니다.

알레르기로 고통 받는 사람은 환자 본인만이 아니라는 것이 핵심 아이디어입니다. 다른 사람들도 고통을 받는다는 것이지요. 다시 말해 우리는 간접흡연처럼 간접알레르기라는 개념을 소개해야 합니다.

환자들에게 이렇게 말해야 합니다. "당신 본인을 위해서는 사용할 생각이 없더라도, 당신의 알레르기로 함께 고통스러워하는 다른 사람을 위해 사용할 생각은 없습니까?"

"당신의 짜증을 참고 견뎌야 하는 식구들을 생각하세요. 꽃가루가 날려서 당신이 밖에 나가지 못하기 때문에, 덩달아서 산책을 나갈 수가 없는 애완견이 불쌍하다고 생각하지 않습니까? 같은 사무실을 쓴다는 죄로 하루 종일 당신의 훌쩍거림, 코 푸는 소리, 색색거리는 소리를 참아내야 하는 동료들의 입장을 생각해본 적이 있습니까? 아이들은 어떨까요? 같이 공원에 놀러갈 수 없다는 소리를 들어야 하고, 사랑스러운 아기고양이 대신 재미없는 금붕어로 만족해야 하는 아이들 생각은 해보았습니까? 연신 재채기와 기침만 해대다가 연인과의 근사한 순간을 완전히 망쳐버린 적은 없나요?"

"불공평한 일입니다. 하지만 당신의 선택으로 바뀔 수 있습니다. 의사에게 지르텍에 대해 문의하세요."

지금까지 내가 '아이디어' '위대한 아이디어' '핵심 아이디어'라고 여러 번 말했지만 단 한 번도 '아이디어들'이라고는 말하지 않았다는 것을 알아차렸는지 모르겠다. 단 하나의 아이디어에 집중하는 것이 얼마나 중요한지는 아무리 강조해도 모자라다. 하나의 아이디어에만 집중하는 것이 여러 사람들이 전심전력으로 일하는 강력한 팀을 만드는 최고의 방법이고, 단순하고 논리적인 프레젠테이션을 만들고 유지하는 최선의 방법이며, 프레젠테이션의 모든 중요한 요지를 뒷받침할 수 있는 유일한 방법이다.

우리는 지르텍 피치를 준비하면서 알레르기가 발생했을 때 어떻게 하는지 환자들과 대화를 나누었고, 또한 알레르기 환자들의 배우자들이나 아이들과의 인터뷰를 통해 식구 중 하나가 알레르기를 앓을 때 가족 전체의 삶이 어떻게 영향을 받는지에 대한 이야기를 들었다. 그리고 이 사람들의 사진을 비롯해 아름다운 풍광(꽃이 활짝 핀 나무)과 인생의 동반자(가족)와 재미(야구장이나 아이들의 놀이터 등)를 나타내는 사진들로 인터뷰실 전체를 뒤덮었다. 하지만 알레르기 환자와 그 식구들은 그러한 사진들에서 위협감과 접근 금지라는 느낌을 받았다. 우리는 알레르기 환자들에게 알레르기가 발생했을 때 어떤 느낌이 드는지 그림으로 표현해달라고 부탁했다. 또한 식구들에게는 간접알레르기로 어떤 영향을 받는지를 그려달라고 부탁했다. 그 외에도 여러 자료를 준비했지만 일부는 비밀로 유지해야 하기 때문에 더이상은 보여줄 수 없다. 어쨌든 이런 그림들 모두가 우리의 핵심 아이디어에 구체적인 형태와 색깔을 제공해주었다는 사실만 유념하고 넘어가자.

화이자의 임직원들도 알레르기와 무관하지 않았다. 그들 중 적어도

크리스틴(35세)이 그린 '알레르기가 발생했을 때의 내 기분'

몇몇은 본인이 알레르기를 앓고 있거나 식구들이 알레르기를 앓고 있었다. 우리는 그들의 경험에 호소하기 위해 모든 기회를 다 이용하기로 했다. 우리가 겪은 경험을, 본인의 경험이든 아니면 식구의 경험이든 알레르기 때문에 고통 받았던 경험들을 프레젠테이션에서 들려주기로 한 것이다. 단순히 사업적 차원에서만이 아니라 인간다운 삶을 누리기 위해 해결해야 할 중요한 문제로써 알레르기를 바라봐야 함을 입증하는 것이 우리의 목표였다.

정보를 모으고 자료를 작성하고 스토리를 꾸미고 팀 모두가 한목소리로 같은 말을 한다는 것은 무척 힘든 일이다. 그렇기 때문에 팀원들을 신중히 선택하는 것이 매우 중요하며, 또한 팀원들에게 책임을 부여할 때에는 프로젝트의 처음부터 끝까지 전적으로 믿고 맡겨야 한다.

지금부터 그 이유를 설명하겠다.

한 회사의 경영진이 각 분야에서 엄선한 사람들 다섯 명 정도를 회의실로 불러들인 뒤 이렇게 말한다. "우리는 자네들을 믿네. 자네들이라면

크리스틴(35세)의 딸이 그린 '엄마에게 알레르기가 발생했을 때'

이 비즈니스를 성사시킬 수 있을 거야. 우리 도움은 필요 없을 거네. 일체 간섭하지도 않을 생각이고."

경영진의 확실한 믿음을 얻고 있다는 생각에 자신감을 얻은 팀원들은 방을 나선 즉시 피치를 준비하기 시작한다. 정보를 모으고 서로 협조하면서 정보 사이에 필요한 연결 관계를 마련한다. 그런 다음 피치에 딱 맞는 위대한 아이디어를 생각해낸다. 그들은 이 아이디어를 실현할 수 있는 여러 광고 방안을 생각해본다. TV 광고를 생각하기도 하고, 레스토랑의 식탁 매트나 길거리 그림으로 활용해볼 생각도 하고, 인기 있는 시트콤의 대사에 집어넣을 생각도 해본다. 그들은 경영진에게 진행 상황을 보고하지 않아도 되는지, 준비 중인 아이디어를 살펴볼 생각은 없는지 여러 번 물어본다. 경영진의 대답은 항상 같다. "아니, 그럴 필요 없네. 이 피치는 전적으로 자네들한테 맡겼잖은가."

팀은 프레젠테이션을 작성한다. 그리고 발표일 하루 또는 이틀 전에 경영진에게 자신들이 노력해서 만들어낸 결과물을 봐달라고 부탁한다.

경영진이 말한다. "자네들한테 전부 맡겼다니까. 그래도 우리 피드백이 필요하면 시간을 마련해보겠네."

그래서 피치 팀과 경영진은 회의실에 모여서 간단한 프레젠테이션을 선보인다. 팀은 자신들이 생각해낸 아이디어와 광고 캠페인을 보여준다.

"전부 다 엉터리야!" 경영진이 소리친다. "자네들한테 전부 맡겼더니 이번 계약 못 따게 생겼잖아! 내일까지 더 좋은 아이디어랑 광고캠페인 만들어내! 못 하면 우리 회사는 완전 끝이야!"

중역들은 회의실이 떠나갈 듯 고래고래 소리를 지르고는 자신들의 사무실로 들어간다. 그들이 문을 쾅 닫는 소리가 회사 전체에 울릴 정도이다. 회의실에는 피치 팀만이 남았다. 그들은 무엇을 어떻게 해야 할지 모른다. 자신감이 이미 산산조각 나버렸다.

다음 날, 피치 팀은 활기가 없어진 프레젠테이션을 고객에게 선보인다. 프레젠테이션에서 제시한 아이디어는 팀이 원래 생각해낸 소위 엉터리 아이디어와 경영진이 가까스로 생각해낸 새롭고 개선된 아이디어를 혼합한 것이다. 그러다보니 프레젠테이션 내용은 조금씩 아귀가 안 맞는다. 하지만 팀은 지금 말하는 내용이 바로 고객이 원해왔던 해결책일 것이라고 스스로를 위안한다.

고객은 프레젠테이션에 명확한 요점이 없다는 사실을 알아챈다. 원래의 아이디어와 전략은 일맥상통하지만 다른 부분들에서는 기발하기는 한데 요점을 파악할 수가 없다.

회사는 거래를 따내지 못했다. 경영진은 피치 팀을 탓하고 피치 팀은 경영진을 탓한다. 하지만 그걸로 끝이 아니다.

이 광고회사는 또 한번 경쟁 프레젠테이션에 참석하게 되고, 경영진의 새로운 구성원이 피치팀장을 맡게 된다. 하지만 그 경영자는 팀원들에게 동기부여를 제대로 할 수가 없으며 심지어는 사기가 떨어진 이유조차 제대로 파악할 수가 없다. 팀원들의 속을 여러 번 떠본 후에야 팀장은 한 팀원으로부터 열심히 아이디어를 생각해봤자 소용없지 않느냐는 말을 듣게 된다. 자신들이 얼마나 좋은 아이디어를 내든 높으신 분들이 하루 전에 다 뒤집을 것이 뻔하지 않느냐는 것이다.

이것은 실화이다. 그리고 내 짐작보다 훨씬 더 많은 회사들이 이런 상황을 겪고 있을 것이라고 확신한다.

귀에 딱지가 앉을 지경이라도 다시 말하겠다. 새로운 비즈니스 피치가 성공적인 결과를 거두기 위해서는 프레젠테이션에서 훌륭한 내용을 제시하는 것이 가장 중요하다. 하지만 피치 팀의 자신감과 사기, 그리고 자신들의 아이디어에 대한 믿음 역시 성공에 결정적인 역할을 한다. 위의 예에서처럼 경영자가 막판에 모든 것을 뒤집어버린다면, 경영진으로부터 전적인 '권한'을 부여받았다고 자부하던 팀원들의 자신감은 순식간에 사라지고 말 것이다. 5분 전까지만 해도 아이디어를 발표할 생각에 들떠 있던 사람들이 이제는 동기를 잃고 초조해하고 두려워한다. 그리고 그들이 발표장에 들어선 순간, 청중은 팀의 분위기를 즉시 감지한다.

새로운 비즈니스 피치 팀의 팀장을 맡으면 나는 위와 같은 일이 절대로 생기지 않도록 조심하고 또 조심한다. 모회사나 계열사에서 파견 나온 파트너나 중역들에게 처음부터 끝까지 피치 팀의 일에 참여하든가, 아니면 전혀 관여하지 않든가 둘 중 하나를 선택해달라고 말한다. 경영진에게 일의 진행 상황을 계속 알려주는 것이 내 역할이며, 최악의 상황이 발생해서 경영자들이 다른 말을 할 경우 팀원들에게 그 불똥이 튀지 않게 하는 것도 내 역할이다. 팀원들의 에너지와 열정이 피치의 승패를 좌우하기 때문이다. 나는 경영진이 프레젠테이션 일주일 전에 크리에이티브 디렉터를 팀에서 빼버리는 실수를 막기 위해 8,000킬로미터를 날간 적도 있다. 또한 회장이 다른 의견을 말했다는 이유로 지금까지 준비했던 캠페인을 무시하고 최종 피치 24시간 전에 프레젠테이션 방향을 완전히 뒤집어야 하는 사태가 벌어지는 것을 막기 위해 경영진을 설득해야 하기도 했다. 두 경우 모두에서 우리 일에 관심을 보였던 경영자는 우리가 준비한 프레젠테이션 내용과 아이디어를 열정적으로 지지해주었고, 고객 역시 우리의 단순한 메시지와 팀의 높은 사기와 결집력 때문에 우리를 선택했다고 말해주었다.

이러한 트라우마를 피할 수 있을 때 프레젠테이션을 향한 카운트다운이 본격적으로 시작된다.

프레젠테이션 전까지 여러 세부 사항을 꼼꼼하게 준비해야 한다는 말로 시간을 낭비할 생각은 없다. 하지만 피치 성공률이 높은 회사들을 보면 세부 사항을 계획하는 사람이 항상 있기 마련이다. 앤디 벌린은 이런 사람을 일컬어 '포수'라고 했다. 포수라는 말에서도 알 수 있듯, 바닥에 떨어지기 전에 모든 공을 잡는 것이 이 사람들의 역할이다. 그들은 호텔과 비행기표를 예약하고, 리허설 장소와 음식을 준비하고, 리허설에 맞춰서 보드가 제작될 수 있도록 한다. 또한 필요하면 물품 선적을 책임지고, 광고 캠페인에 대한 소비자 반응을 한데 모으고, 필름을 편집해야 할 때에는 담당자가 그렇게 할 수 있도록 스튜디오를 준비하며, 그 외에 필요한 여러 가지들을 마련한다. 그들은 팀원들이 잘 일할 수 있도록 자잘한 일들을 챙기며, 팀장에게 돌아가는 상황을 수시로 보고한다. 그들은 금만큼이나 귀한 가치를 지닌 사람들이다.

리허설만이 살 길이다

어느 크리에이티브 디렉터가 자신의 회사는 중요한 프레젠테이션을 준비할 때 리허설 하는 것을 좋아하지 않는다고 말한 적이 있다. 경영진이 즉흥적인 것을 더 선호한다는 것이었다.

하지만 즉흥성이 흘러넘치는 프레젠테이션을 받을 때 고객은 과연 그것을 인정해줄까? 혹시 체계적이지 못하고 준비가 덜 되었으며 말만 많고 논리적이지 못한 프레젠테이션이라고 생각하는 것은 아닐까?

그 디렉터에게 최근에 한 여섯 번의 피치에서 몇 번이나 성공했느냐고 물어보았다. 단 한 번도 없었다.

미국 대통령이 기조연설을 준비하기 위해 리허설을 한다면, 우리도 그래야 한다. 마이클 조던이 하루에 세 시간씩 자유투를 연습하고, 첼리스트 요요마가 하루에 여덟 시간씩 연주 연습을 하고, 축구 선수 데이비드 베컴이 동료들이 연습장을 떠난 뒤에도 혼자 남아 프리킥을 연습한다면, 프레젠터들이 프레젠테이션을 연습하는 것은 전혀 이상한 일이 아니다. 아주 여러 번 연습해야 한다. 옷까지 완벽하게 갖춰 입고 최종 프레젠테이션이 열리는 장소에서(그게 힘들면 아주 비슷한 장소를 골라서) 당일에 사용할 모든 장비와 도구들을 똑같이 갖춘 리허설을 적어도 두 번 정도는 해야 한다. 연습한다고 해서 즉흥성이 사라지는 것은 아니다. 오히려 분위기에 적응하고 자신감이 붙으면 프레젠터는 즉흥성을 '더 많이' 발휘할 수 있게 된다. 피치까지의 카운트다운은 프레젠테이션 장소가 홈이냐 원정이냐에 따라 크게 달라질 수 있다. 나는 대부분 홈에서 피치를 했지만, 샌프란시스코에서 뉴욕으로, 샌안토니오로, 메인 주의 포틀랜드로, 그리고 뉴욕에서 덴버나 서울로 출장을 가야 했던 경우도 여러 번 있었다. 장거리 출장 피치의 경우 스크립트나 자료를 전부 갖추어야 할 시한이 하루나 이틀 정도 앞당겨진다(서울일 경우는 사나흘 정도). 개시 미팅 때 리허설 날짜를 정확히 정해놓아야 하며, 프레젠터, 프로듀서, 무대 담당자, 중역 모두 이 시한을 절대로 어겨서는 안 된다.

예를 들어보자. 내가 이끄는 팀이 수요일 오후에 프레젠테이션을 해야 한다면 날짜가 가까워질수록 리허설의 강도를 높인다. 리허설 사이사이에는 내용을 수정하거나 개선할 시간을 충분히 마련한다. 이런 식으로 리허설 시간을 배치하면 프레젠터들은 마지막 날까지 내용을 최대한 많이 숙지할 수 있게 된다.

리허설 일정은 사정에 따라 달라질 수 있지만 다음의 방법을 따르는 것이 가장 좋다.

전주 금요일 : 첫 번째 리허설

대단히 중요한 단계이며 매우 불쾌한 경험이 될 수도 있는 단계이다. 첫 번째 리허설에는 프레젠터뿐 아니라 피치 내용이나 방식에 대한 조언을 할 수 있는 사람들이 모두 참석한다. 연극에서는 첫 번째 리허설 때 감독이 지시하는 동선과 몸짓, 손짓에 맞춰서 배우들이 대본을 연습하는데 프레젠테이션의 첫 번째 리허설도 이와 크게 다르지 않다. 첫 번째 리허설 때 팀장은 가장 먼저 팀원들에게 마지막 며칠 동안의 일정을 설명하고, 팀원 각자가 무엇을 해야 하는지를 거듭 확인시키며, 피치 형식을 이야기하고 각자에게 주어진 시간이 몇 분인지를 알려준다. 가령 최고경영자는 10분 동안 발표를 끝마쳐야 하고, 15분 동안 사업 개요를 전부 설명해야 하며, 30분 동안 광고 전략을 다 설명해야 하는 것이다.

프레젠테이션에서 어떤 내용을 말하고 무엇을 보여줄지는 각 부분의 발표를 책임진 사람들에게 달려 있다. 어떤 사람은 이미 스크립트를 다 작성했을 수도 있다. 그렇다면 그들은 진짜 프레젠테이션을 하는 것처럼 내용을 발표해야 한다. 어떤 사람들은 아직 스크립트 초안도 작성하지 못했을 수 있다. 하지만 그렇다 하더라도 리허설은 그대로 진행해야 한다. 이 단계에서 프레젠터들은 다른 사람과 어떻게 박자를 맞춰야 할지 알 수 있다. 다른 사람들의 발표 내용을 보며 겹치는 부분을 확인하고 생략해야 할 부분을 파악할 수 있으며, 서로의 내용이 겉돈다 싶을 때 일관되게 통합하는 방법을 보다 분명히 짚어낼 수 있다. 또한 다른 사람들의 날카로운 지적을 받음으로써 어느 부분에 보충 설명이 필요하고 그림을 더 보완해야 하는지를 전체적으로 살필 수 있다.

어떤 리허설이든 당황스럽고 쑥스럽기는 마찬가지이다. 하지만 좋든 나쁘든 피드백을 얻을 기회가 필요하다. 물론 어떤 사람들은 공개 비난을 당하는 것에 별로 익숙하지가 않다. 이런 사람들은 아주 조심스럽게 다루어야 한다. 건설적인 비평을 해주어야 하며 전체적으로 지지와 격려의 분위기가 사라지지 않게 신중을 기해야 한다. 그렇지만 내용 수정이 필요하다면, 상대방의 기분이 상할까봐 할 말을 못 하고 넘어가는 일이 있어서는 안 된다. 누군가는 총대를 메고 어려운 질문을 해야 하며 논리적이지 못한 부분을 과감히 지적할 수 있어야 한다. 다만 이러한 피드백을 관리할 때에는 프레젠터가 말하는 내용보다는 청중이 듣는 내용이 더 중요하다는 것을 명심하다.

월요일 아침 : 스크립트와 비주얼 자료를 모두 갖춘 리허설

몇몇 프레젠터들은 전 주의 금요일 리허설을 바탕으로 내용을 강화한다. 그리고 이번에는 비디오를 편집하고 프레젠테이션용 슬라이드나 보드를 작성하는 등 비주얼 자료를 마련한다. 그런 다음 비교적 편안한 마음으로 주말을 보낸다. 하지만 어떤 사람들은 금요일 리허설이 끝난 뒤 프레젠테이션 내용을 완전히 뒤집느라 주말을 정신없이 보내기도 한다. 결국 월요일 아침의 리허설이 첫 번째 본격적인 리허설이 되는 것이다. 첫 번째 프레젠터가 일어선 순간부터 스톱워치가 째깍대기 시작한다. 그리고 모든 프레젠터는 자신이 발표하게 될 내용을 세부사항까지 모두 말한다. 물론 당일에 쓸 차트나 비디오, 기타 비주얼 자료도 모두 선보이게 되고 피치 팀은 이 자료들이 프레젠테이션 전체에 어울리는지 판단한다.

될 수 있으면 어떤 불확실성이든 없애는 것이 좋다. 후속자료에 적을 스토리를 확실하게 마련해두어야 하며, 최후 이틀은 마지막 4~5%를 정리하는 데 할애해야 한다. 이렇게 세부사항을 다듬는 것이 좋은 프레젠테이션과 훌륭한 프레젠테이션의 차이를 결정짓는다. 시간을 들여서 프레젠테이션을 연습한다면 제2의 천성이 될 수 있을 것이다. 제프 굿비와 리치 실버스타인은 '준비된 즉흥성(prepared spontaneity)'의 대가들로, 다른 사람들이 프레젠테이션을 하는 동안 형식에 구애받지 않는 즉흥적인 코멘트를 많이 하는 편이다. 그 자리에서 즉흥적으로 말하는 경우도 있기는 했지만, 대부분은 몇 날 며칠 동안 고심해서 생각해낸 말들이었다. 리치는 이런 말을 자주 했다. "콜린과 이야기를 나누다보면 그 점이 더 중요하다는 것을 알게 됩니다. 여러분도 마찬가지일 겁니다." 콜린이 프레젠테이션을 하기 전에 리치는 그와 재빨리 대화를 나누곤 했다. 누가 보더라도 콜린과 리치는 사이가 좋다는 것이 역력했으며, 또한 최종 프레젠테이션을 할 때면 두 사람이 고객의 문제를 진심으로 고심해왔다는 것이 분명하게 드러났다. 무엇보다 중요한 점은 리치는 자기가 맡은 부분을 발표하면서 콜린이 짚었던 요점을 재차 강조할 수 있었다는 것이다. 이러한 행동은 콜린이 말한 전략이 제작 방향에도 충실히 반영되었음을 보여주었다.

이러한 종류의 연결 관계는 그냥 나오지 않는다. 시간을 마련해서 서로 머리를 맞대고 상충되는 부분들을 일관적으로 연결하기 위해 노력해야만 얻을 수 있다. '앞서 크레이그가 말한 것처럼'이나 '이 부분에 대해서는 조금 뒤에 팀이 훨씬 흥미진진하게 말씀드릴 것입니다'라고만 말할 수도 있다. 하지만 제작팀이 전략팀에게 도움을 줄 수 있거나 전략팀이 제작팀에게 도움을 줄 수 있는 기회가 생기면, 절대로 그 기회를 놓쳐서는 안 된다. 물론 프레젠테이션에 가장 큰 도움이 될 수 있다고 생각되는 경우에만 그런 기회들을 사용해야 한다. 연결 관계가 마련될 때, 고객에게 단순한 메시지를 전달하고 공통된 목표를 제공할 수 있으며 상호 호의와 존중의 느낌을 줄 수 있다.

화요일 오후 : 드레스리허설

최종 프레젠테이션까지 만 하루도 남지 않았다. 이제는 드레스리허설을 해야 할 시간이다. 차트와 슬라이드, 보드, 비디오, 후속자료 등 모든 준비가 끝났다. 남은 하루 동안 모든 프레젠터는 자신이 쓸 자료를 최종 점검하고, 내용을 다듬고, 서로에게 질문을 하는 등 마지막 연습을 해야 한다. 이제는 한자리에서 전체 쇼를 점검해야 한다.

최종 프레젠테이션이 열릴 장소에서 직접 드레스리허설을 하는 것이 가장 좋다. 만약 장소 섭외가 어렵다면 실제 장소에 직접 가서 회의실 규모를 관찰하고 사진을 찍어와 그 장소를 똑같이 재현해서 리허설을 해보아야 한다.

드레스리허설에서 가장 중요한 것은 프레젠테이션의 각 부분을 세심하게 구성하는 것이다. 이렇게 하면 프레젠터는 자료를 어디에 두어야 하는지, 청중에게 보드를 보여준 다음에는 어디에 두는 것이 좋은지, 누가 비디오 장비를 작동할지 등에 대한 문제들을 편안한 마음으로 다룰 수 있다. 별것 아닌 것처럼 들릴 수도 있지만, 이런 사소한 사항들이 커다란 차이를 만들어낸다.

내가 BMP에서 처음으로 맡았던 피치는 오스트레일리아 관광청을 대상으로 하는 것이었다. 나는 그 프로젝트에서 그때까지 곧잘 사용했던 오버헤드 프로젝터가 아닌 보드를 가지고 프레젠테이션을 해야 한다는 말을 들었다. 나는 보드로 프레젠테이션을 해본 적이 한 번도 없었고, 게다가 보드 제작부는 리허설 때까지 보드를 제작해주지도 못했다. 피치 당일 아침, 나는 보드를 순서대로 정리하고 가장 처음의 것을 제일 안쪽으로 가게 해서 벽에 세워두었다. 하지만 나는 마지막 보드를 제일 안쪽에, 그리고 처음 보드를 바깥쪽에 세워뒀어야 했다. 그러면 하나씩 뒤집어 보이면서 차례차례 보드를 보일 수 있었을 것이다. 무슨 말인지 잘 이해되지 않는다면, 제일 먼저 뒤집어 보인 보드가 가장 마지막에 설명해야 할 내용을 담고 있었을 때 내가 얼마나 당황했을지 상상해보기 바란다. 그 상황에서 피치를 계속 할 수 있었던 것은 거의 기적이나 다름없었다.

드레스리허설의 목적은 아주 사소해서 때로는 눈에 잘 드러나지 않는 함정들을 밝혀내고 정정하는 데 있다. 또, 드레스리허설은 에너지와 자신감을 모으는 시간이며, 재미까지 얻을 수 있다면 더할 나위 없이 좋다.

피치 전날 리허설을 할 때에는 절대로 밤을 새서는 안 된다. 잠을 제대로 자지 못한 사람들은 겉보기에도 표가 나기 마련이다. 피로가 쌓이면 에너지를 모으고 명쾌하게 생각하기가 훨씬 힘들어진다. 밤새도록 프레젠테이션 내용을 점검해야 할지 아니면 잠자리에 들어야 할지를 선택할 때, 나는 대부분 숙면을 취하는 쪽을 택했다.

수요일 아침 : 최종 드레스리허설

피치 시간이 오후로 예정되어 있다면 아침 8시쯤에 총 점검을 시작하는 것이 좋다. 단, 프레젠터들에게는 회의장에 도착해서 고객이 들어오기 전까지 조용히 자신만의 시간을 가질 수 있게 해주어야 한다. 첫 번째 드레스리허설이 완벽하게 잘 끝났기 때문에 더이상 리허설을 할 필요는 없다고 말할 사람들이 있을지도 모른다. 하지만 한 번이라도 더 연습해서 자신이 맡은 부분을 확실히 다듬기를 원하는 프레젠터도 있을 수 있다. 나도 그렇다. 연습을 할 때마다 프레젠테이션에 대한 자신감이 조금씩 더 쌓이는 것을 몸으로 느낄 수 있기 때문이다. 종이에 적은 내용을 큰 소리로 읽어보고 스크립트를 외울 때마다 그 내용을 완전히 숙지하기 위해 노력한다. 이렇게 하면 최종 프레젠테이션을 하는 30~45분 동안 서류를 뒤적이지 않고도 막힘없이 내용을 발표할 수 있다. 청중의 왼쪽에 서서 처음 그림을 보여주며 프레젠테이션을 시작하고, 천천히 방을 한 바퀴 돌면서 발표를 하다가 청중의 오른쪽에서 마지막 그림을 제시한다. 이 방식은 청중이 내용을 익히게 하는 데 많은 도움이 된다. 신체적 행동과 말은 서로 교묘하게 연관되어 있기 때문이다.

모두가 모여서 하는 리허설의 진정한 목표는 팀원들의 에너지 수준을 한 차원 끌어올리고, 서로의 생각을 숨김없이 솔직하게 말하는 것이다. 드레스리허설이 끝났을 때 팀원들은 동료들이 어떤 내용을 발표할 것인지 속속들이 파악하고 있어야 한다. 서로의 아이디어가 진정한 조화를 이룰 수 있도록 약간의 퍼포먼스를 할 것인지의 여부는 팀원들에게 달려 있다.

무슨 말을 어떻게 할지 다 아는데 최종 리허설이 왜 필요하냐고 묻는 사람들이 있다. 그들은 진짜 중요한 사실을 놓치고 있다. 물론 리허설은 연습일 뿐이다. 하지만 리허설의 가장 큰 목적은 팀의 사기와 자신감을 높이는 데 있다. 리허설 한 번이 끝날 때마다 팀원들은 자신의 프레젠테이션 내용이 향상되었음을 몸으로 느끼게 된다. 수없이 자료를 확인하고 점검하면서 혼자만 이득을 얻는 것이 아니다. 서로를 도와주고 격려해줄 수 있다는 것이 리허설의 가장 큰 장점이다.

징크스

최종 피치를 시작하기 전에 징크스에 대해 몇 마디 하겠다. 나는 징크스를 믿는 사람이고, 지난 몇 년 동안 새로운 비즈니스 피치를 시작할 때마다 의식처럼 반드시 지키는 징크스가 한 가지 있었다. 어떤 징크스인지 밝히고 싶지는 않다. 밝히기에는 조금 창피하기도 하고 밝힌다면 더이상 효과가 없을 것 같아서이다.

하지만 팀만이 가진 특별한 의례행사는 팀의 사기를 높이는 데 많은 도움이 될 수 있다. 벌린 캐머런은 새로운 비즈니스 프레젠테이션을 위해 회사 문을 나서는 피치 팀에게 항상 똑같은 음악을 틀어주었다. 굿비 실버스타인의 피치 팀은 피치 전날 밤 항상 캘리포니아산 카베르네 한 병을 비웠는데, 이 전통은 제프 굿비가 아내의 출산 때문에 우넘(Unum) 보험 회사 피치를 위해 팀과 함께 메인 주로 갈 수 없었을 때부터 시작되었다. 그는 행운을 빌어주는 뜻으로 우리에게 카베르네 몇 병을 보내주었다. 우리는 피치에서 승리했고, 그후로는 피치를 위해 장거리 출장을 떠날 때마다 카베르네를 구할 수 있는지부터 따지게 되었다. 나는 다른 광고사들도 이런 전통이 생기기를 바라는 마음에서 와인 몇 종류를 소개해주었다. 그들이 별 효과를 보지 못하더라도, 효과를 보는 다른 회사를 찾을 때까지 계속 실험해볼 생각이다.

PERFECT PITCH

피치 그 너머

고객이
더 자세한 내용을
원하게 만드는 방법

최종 프레젠테이션의 날이 밝았다.

몇 주 동안 어쩌면 몇 달 동안 회사는 이날을 향해 달려왔다.

거의 다 끝났다. 정말로 끝난 것일까?

아무리 프레젠테이션을 훌륭하게 해냈을지라도 고객이 곧바로 결정을 내리는 경우는 거의 없다. 비즈니스가 성사되었는지를 알기까지는 시간이 꽤 걸리며, 때로는 아주 오랫동안 까다로운 협상 절차를 거쳐야 할 때도 있다. 또, 보수나 막후 협상과 같은 문제가 중요 관건이 될 수도 있다. 막후 협상 전략은 프로젝트마다 달라지기 때문에 딱히 어떤 전략이 좋다고 자신 있게 말하기는 힘들다. 다만 분명한 것은, 피치 팀은 고객의 핵심 문제를 확실히 이해하고 그들이 원하는 해결책을 프레젠테이션을 통해 분명히 보여줘야 하며, 의사결정을 좌우하는 사람들의 동기나 편견, 욕구를 이해하기 위해 철저히 준비해야 한다는 사실이다. 그리고 프레젠테이션에서 제시한 아이디어와 전략을 실행에 옮기는 것이 재무적으로 채산성이 맞는지도 고려해야 한다. 스태프나 보수에 대한 문제는 최종 피치를 하기 전, 막후 협상 과정에서 함께 논해야 한다. 그렇게 하면 양쪽의 기대치가 얼마나 다른지를 확실히 알 수 있기 때문에 나중에 곤란하거나 힘든 상황에 처하는 것을 미연에 방지할 수 있다.

이 장에서는 피치 당일에 어떻게 해야 하는지에 대해 설명한다. 그리고 고객이 당장 결정을 내려주지 않더라도 어떻게 하면 그들로 하여금 당신의 프레젠테이션 내용을 더 검토해보고 싶다는 생각이 들게 할 수 있는지에 대해서도 이야기할 것이다. 이런 분위기를 만들기 위해서는 에너지와 열정을 가지고 있음을 드러내야 하고, 팀 전체는 물론이고 팀원 개개인이 경쟁사를 훨씬 뛰어넘는 문제 해결 능력을 가지고 있음을 보여야 한다. 고객과 만났을 때의 당신들의 분위기에서, 프레젠테이션의 분위기에서, 그들에게 제시하는 아이디어에서 열정과 에너지를 풍겨야 하는 것이다. 또한 고객이 더 자세히 검토할 수 있도록 아이디어를 정리해주는 방식에서도 열정과 에너지를 풍길 수 있어야 하는데, 이를 위해서는 매우 신중한 후속계획이 필요하다.

레벨 상승을 환영합니다

1992년, 굿비 벌린 앤드 실버스타인은 난항을 겪어야 했다. 공동창립자인 앤디 벌린이 회사를 떠난 것이다. 그때까지 회사는 맹렬한 속도로 성장하고 있었는데, 외부 사람들이 볼 때 이러한 성장의 가장 큰 주역은 누가 뭐래도 앤디 벌린이었다. 광고전문지들 대부분은 그가 떠남으로써 굿비 실버스타인의 성장 속도에 제동이 걸릴 것이라 점치고 있었다.

하지만 남아 있는 사람들의 생각은 달랐다. 정작 우리를 괴롭히는 문제는 앤디가 없으면 굿비 실버스타인의 미래도 없을 것이라는 외부 사람들의 생각이었다.

"사람들의 생각이 틀리다는 것을 입증해야 하지 않겠습니까?" 앤디가 떠난 것이 공식적으로 발표된 며칠 후, 전 사원이 모인 자리에서 제프 굿비가 말했다. 당시 우리는 비디오게임 회사인 세가(Sega)의 북미사업 광고 피치를 준비해야 하는 상황이었으며, 경쟁사는 1992년 전미광고대행사 (U. S. Agency of the Year) 상을 수상한 FCB와 서해안지역 광고대행사 상을 수상한 위든 앤드 케네디였다. 제프는 세가 피치에서 이기면 앤디 없이도 우리가 여전히 잘 나갈 수 있음을 외부에 증명할 수 있을 것이라고 말했다. 그는 쿡쿡 웃으며 말을 이었다. "하지만 지면 정말로 별볼일 없는 회사가 되겠지요."

6주 뒤 세가의 경영진이 캘리포니아주 포스터시에 있는 한 호텔에 왔다. 우리 회사에서 얼마 떨어지지 않은 곳이었다. 프레젠테이션을 위해 세가의 경영자들이 회의실에 들어섰을 때, 방에는 우리 쪽 경영자 한 명만이 있었다. 그는 세가 경영진에게 공간이 더 필요해서 같은 층에 있는 좀더 큰 방으로 발표장을 옮겼다고 말했다. 더 큰 방으로 바꾼 데에는 그만한 이유가 있었고, 추가 비용은 우리가 이미 지불한 상태였다.

새로 준비한 방의 문이 열렸다. 세가 경영진이 안으로 들어서자 실내 스타디움처럼 꾸며진 방의 모습이 드러났다. 세 벽면을 따라 계단 모양으로 설치된 긴 의자에는 우리 직원들이 나란히 앉아 있었다. 입구 맞은편의 벽에는 낮은 단상이 마련되어 있고 그 뒤로 모니터가 벽면을 가득 메우고 있었다. 스크린들이 다 이어져 있어서 마치 하나처럼 보였고, 연결된 스크린에서는 게임 실력이 웬만한 고수 뺨치는 굿비 실버스타인의 TV 프로듀서가 세가의 고슴도치 소닉(Sonic the Hedgehog)을 가지고 게임을 하는 모습이 생중계되고 있었다.

연단 앞에 마련된 의자에 세가의 경영자들이 앉자, 제프 굿비는 맞은편에 있는 피치 팀을 소개한 뒤 다른 직원들까지 합세한 이유를 밝히며,

세가의 유명한 게임 캐릭터 고슴도치 소닉

직원들 모두가 세가의 게임을 적어도 하나씩은 마스터해야 하는 임무를 부여받았다고 설명했다. 방 곳곳에서 보이는 장면은 제프의 말이 사실임을 입증하고 있었다. 세가의 경영자들이 미심쩍어 하며 우리 중 아무에게나 게임을 해보라고 요구하거나 게임에 대해 어떻게 생각하느냐고 물어본다 해도 우리는 아무 군말 없이 응대할 준비가 되어 있었다.

이후 세 시간 동안 우리는 세가의 비전을 담은 프레젠테이션을 진행했다. 그것은 '레벨 상승된(next level)' 비디오게임의 모습을 보여주고 있었다. 세가의 하드웨어와 게임 상품들을 가장 빠르고 가장 컬러풀하며 가장 도전적인 비디오게임으로 포지셔닝하는 것, 그것이 바로 우리의 광고 전략이었으며, 그것은 세가를 가장 훌륭한 게임으로, 닌텐도를 시시껄렁한 게임으로 보이게 만드는 전략이었다. 닌텐도 게임은 다 자라면 코흘리개 동생에게 물려줘야 하지만, 세가의 게임은 절대 지루해지지 않으며 유행에도 뒤처지지 않는 게임이라는 것이었다. '레벨 상승을 축하합니다(Welcome to the Next Level).' 이것이 캐치프레이즈였다. 또, 닌텐도는 세가의 세 배에 달하는 광고비를 쏟아붓고 있지만, 세

가는 30초짜리 광고에 들어갈 내용을 10초짜리로 압축함으로써 비용의 차이를 상쇄시킨다는 것이 핵심 아이디어였다. 핑핑 돌 정도로 빠른 속도, 어른들이 눈살을 찌푸릴 요란한 사운드, 그리고 30세가 넘은 성인들은 도저히 이해 못할 메시지를 담을 생각이었다. 그러나 아이들이라면 그 메시지를 이해할 수 있을 것이고, 자기들끼리만 통하는 그 은밀한 메시지에 마음이 움직일 것이 분명했다. '이리 들어와. 너희가 정말로 원하는 것이 뭔지 우린 잘 알아.' 그것은 초대장인 동시에 도전장이었다. 이러한 아이디어를 토대로 우리는 프레젠테이션 전체를 한 편의 드라마처럼 꾸몄다. 그리고 맹렬한 속도로 피치를 진행했다. 무선 마이크 헤드셋을 끼고 돌아다니는 프레젠테들의 모습은 광고장이들이 아니라 콘서트장의 마돈나처럼 보였다. 최근에 록그룹 그레이트풀 데드도 사용했었다는 AV 시스템을 통해 목소리가 방 전체에 쾅쾅 울려 퍼졌고, 뒤에서는 한쪽 벽면을 가득 메운 스크린들이 여러 장면을 내보내고 있었다. 우리는 세가 임원들에게 리서치를 수행한 장소인 아이들의 침실 내부와, 아이들과 우리가 합심해서 피치를 준비하는 모습을 보여주었으며, 우리가 제안하는 핵심 아이디어가 무엇인지를 설명하였다. 그리고 MTV 비디오자키처럼 프레젠테이션을 하고 있는 제작팀 직원들의 모습을 담은 비디오와 함께 그들이 만든 광고를 함께 보여주었다. 프레젠테이션이 진행되는 1시간 15분 동안 우리는 쉴 틈 없이 계속해서 비디오를 상영했다.

그것이 포인트였다. 세가는 비디오게임 브랜드이다. 그래서 우리 역시 비디오게임이 진행되는 것처럼 피치를 보여주고 싶었던 것이다. 신나고 재미있는 피치를 하고 싶었다. 게이머들이 소닉이나 타즈와 같은 캐릭터에 애정을 느끼듯 우리 또한 세가에 대한 열정이 대단하다는 것을 고객들의 뇌리에 분명하게 각인시키고자 했다. 피치가 끝난 뒤 우리는 아이디어를 총 정리한 비디오테이프를 고객들에게 나눠주면서 집에 가서 아이들과 함께 봐달라고 부탁했다. 그리고 이런 말을 덧붙였다. "진짜로 중요한 것은 아이들의 생각입니다. 우리가 그 아이디어를 얼마나 흡족하게 여기고 있는지는 중요하지 않습니다. 결정을 내리기 전에 아이들의 생각을 물어보시기 바랍니다."

그 여세는 세가 경영자들이 최종 결정을 내릴 때까지도 계속 이어졌다.

이삼일 후, 세가 중역 한 명이 우리 회사를 방문해서 계약을 맺으면 다음 주 금요일까지 아이디어에 맞게 TV용 광고를 두세 편 정도 제작하고 편집까지 할 수 있느냐고 물어왔다. 사실 그렇게 촉박하게 광고를 만들면 실패작이 나올 수도 있었다.

"잘 모르겠습니다." 제프가 말했다. "하지만 못 할 이유도 없는 것 같습니다." 석 달 만에 TV 광고를 제작하는 것도 무리라고 혀를 내두르는 이 바닥에서 그렇게 말한 것이다.

다음 주 금요일. 피치를 한 날로부터 딱 두 주가 지났다. 세가의 '레벨 상승을 축하합니다'라는 광고가 처음으로 방송을 탔다. 두세 달 동안 최신 게임에 대한 열풍과 그 게임 열풍을 더욱 뜨겁게 달구는 정신없이 소란스러운 광고에 힘입어, 세가는 닌텐도를 추월하고, 무한한 가능성을 가진 비디오게임 시장에서 1위 자리에 등극할 수 있었다.

세가 피치는 장소를 장악(owning)하는 것이 중요하다는 사실을 생생하게 일깨워주었다. 특히 피치 팀의 회사가 아니라 다른 곳에서 피치를 할 때 단순히 물리적으로 공간을 장악하는 것만이 아니라 감정적으로 장악하는 것도 매우 중요함을 알려주었다. 다시 말해 피치 팀과 핵심 아이디어 모두를 구체적으로 보여줄 수 있는 방식으로 장소를 활용해야 하는 것이다.

피치 장소가 고객의 회사이든 호텔 방이든, 고객이 그 장소에 들어선 순간 뭔가 다르다고 느낄 수 있어야 한다. 마찬가지로, 피치 장소가 피치 팀의 회사라면 아무나가 아닌 그들을 환영한다는 분위기가 방 전체에서 풍겨 나와야 한다.

나는 새로운 비즈니스 프레젠테이션을 위해 출장을 갈 때에는 항상 펠트 천을 두른 판자를 꼭 챙겨간다. 준비한 자료를 고정하기 위해서이다. 또, 보드를 고정하기 위해 이젤을 가져가는 것도 잊지 않는다. 대부분의 광고회사 회의실 벽에는 사진이나 그림을 고정할 공간이 별도로 마련되어 있지만, 고객의 회의실이나 호텔 방에 그런 설비가 있는 경우는 거의 없으며, 대체로 값비싼 가구와 미술품으로 장식되어 있다. 당신이 아무 생각 없이 마호가니 벽에 핀을 꽂거나 고객이 아끼는 그림 위에 보드를 붙인다면, 그들은 무척 당황할 것이다.

사람마다 좋아하는 방식이 다르지만 나는 벽면 한쪽을 전부 활용하는 것을 선호한다. 그렇게 하면 고객이 방에 들어온 순간부터 우리가 피치를 위해 얼마나 많이 노력했는지를 금방 알아볼 수 있기 때문이다. 때로는 프레젠테이션에서 사용할 비주얼 자료들을 전부 걸어놓기도 하는데, 소비자가 그린 그림, 정량조사 결과를 보여주는 그래프, 「타임」지 표지, 응답자들의 사진, 경쟁사 광고 등 어떤 자료든 개의치 않는다. 고객이 그 자료들을 한꺼번에 다 본다는 것은 중요하지 않다. 내가 프레젠테이션을 하면서 자료들 사이의 연결 관계와 각각의 의미를 설명해주지 않는 이상, 그 자료들은 그냥 흥미로운 그림 정도에 불과하기 때문이다. 또한 소비자들이 직접 그린 그림이나 일기가 멀리서도 또렷하게 잘 보이는지의 여부도 크게 문제가 되지 않는다. 청중의 수가 적으면, 그들에게 자리에서 일어나서 앞으로 다가와 그림들을 더 자세히 봐달라고 부탁한다. 때로는 자료들의 출처를 알려주면서 쉬는 시간에 인터넷에서 검색해보라고 말하기도 하고, 자세히 볼 수 있도록 대형 스크린에 프로젝터로 쏘기도 한다.

여러 비주얼 자료를 보여주며 프레젠테이션을 한다면, 완성된 보드와 슬라이드, 비디오, 그 외에 최종 피치에서 사용할 자료를 모두 갖춘 채 적절한 장소에서 드레스리허설을 해보는 것이 매우 중요하다. 그렇게 하면 동선과 같은 까다로운 문제들이 저절로 해결된다. 다시 말해 방의 한 끝에서 다른 끝까지 걸어가는 것이 힘들거나, 보드를 보여준 다음에 마땅히 기대둘 장소가 없을 때 어떻게 해야 하는지에 대한 해결책을 마련할 수 있다. 보드나 비디오 장비처럼 덩치가 큰 물건들을 다룰 때에는 팀장 등의 도움을 받는 것이 좋을 수도 있다. 높으신 분들이 하찮은 일을 도와주는 것을 보며 조금은 심술 맞은 즐거움을 느낄 수 있을 뿐 아니라, 상관이 팔을 걷어붙이고 도와준다면 팀의 사기를 높이는 데에도 큰 도움이 된다.

장소를 꾸밀 때에는 뚜렷한 목적을 갖고 무대를 마련하는 것이 가장 중요하다. 단순히 근사하게 꾸미는 것만을 목적으로 삼아서는 안 된다.

발표장에 들어선 고객이 방을 그렇게 꾸민 우리의 의도를 한눈에 알아보지 못할 수도 있지만, 핵심 아이디어를 충분히 반영해서 발표장을 꾸며야 하며, 프레젠테이션과 방의 모습의 어우러져 한 편의 완전한 스토리가 탄생할 수 있어야 한다. 마치 이집트 피라미드 벽에 적힌 상형문자들이 파라오의 일생을 말해주는 것처럼 말이다. 포르셰 피치를 할 때 나는 벽 한 면 가득, 어린아이들이 꿈의 자동차를 그린 그림들을 붙였다. 대부분은 빨간색 포르셰 911처럼 눈에 튀는 외관을 가진 차들이었다. 그리고 이렇게 설명했다. "이 아이들은 스포츠카를 갖기를 꿈꾸며 특히 많은 아이들은 포르셰를 원합니다. 도대체 어디서부터 잘못된 것일까요?" 다른 벽에는 어른들이 그린 그림을 붙여두었다. 거기에는 현재 그들이 가지고 있는 차들이, 진입로에 세워놨을 때 남들 눈에 좋아 보이며 안락한 좌석에 배기량이 크고 연비 효율이 높은 차들이 그려져 있었다. 스포츠카를 꿈꾸던 아이들이 어쩌다가 이런 차를 가지게 된 것일까? 스토리를 말해주며 우리는 많은 사람들이 아직도 스포츠카에 대한 열망을 버리지 않고 있음을 보여주었다. 따라서 우리는 꿈에 그리는 차를 사면 다른 사람의 비웃음을 살지도 모른다고 염려하는 그들의 감정적 장벽을 극복하도록 도와야 했다. 그렇게만 될 수 있다면 여전히 진정한 스포츠카의 대명사는 포르셰임을 입증할 수 있을 것이 분명하기 때문이었다.

유니레버의 '더러워져도 좋다' 피치에서는 나이트브리지에 있는 JWT의 가장 큰 사무실을 다섯 칸으로 나누었다. 첫 칸에서는 고객들을 맞이하고 커다란 원탁에 모두 둘러앉아 중요한 사업 이슈들을 논할 작정이었고, 두 번째 칸에서는 광고 전략에 대한 프레젠테이션을 하고, 아이들의 탈의실로 꾸며진 세 번째 칸에서는 아이들과 함께 운동하고 뛰어놀라고 부모들을 설득하는 내용이 담긴 크리에이티브 아이디어를 발표할 예정이었다. 슈퍼마켓 세제 코너로 꾸며진 네 번째 칸에서는 핵심 아이디어를 소비자들의 구매로까지 연결시키기 위한 방안들을 제안하기로 했다. 그리고 마지막 다섯 번째 칸은 질문 및 답변을 위한 공간이었다. 유니레버 피치에서는 각 칸들을 어떤 모습으로 배치하는 것이 가장 좋을지 신중하게 계획하고 준비해야 했다. 시계 방향이 좋을까, 아니면 반시계 방향으로 하는 것이 좋을까? 우리는 처음에는 반시계 방향으로 다섯 칸을 배치했다. 하지만 그렇게 되면 벽에 붙여진 비주얼 자료들을 설명할 때 청중의 오른쪽에서 왼쪽으로 움직여야 했다. 우리는 밤을 새서 칸들을 새로 배치했고, 다음날 배열이 왼쪽에서 오른쪽으로 싹 바뀐 방은 전보다 훨씬 좋아보였다.

발표장 관리하기

솔직히 말해 프레젠테이션 장소 내부를 디자인하거나 레이아웃 할 때 대다수 사람들은 별다른 상상력을 발휘하려 하지 않는다. 집을 살 때도 대부분의 사람들은 전 주인이 쓰던 대로 방을 이용한다. 심지어 가구마저 같은 구조로 배치하기도 한다.

애석하지만 가장 창의적인 사람들이 모여 있다는 광고계에서도 같은 현상이 벌어진다. 광고회사의 피치 팀이 호텔이나 고객 회사의 회의실에 들어간다. 방은 여느 회의실과 다를 바 없다. 긴 테이블이 방 한가운데 있고 의자들이 양쪽에 놓여 있으며 앞쪽에는 연단이 있고 테이블 끝에는 프로젝터 콘센트가 붙어 있다. 피치 팀은 이러한 배치를 바꿀 생각조차도 하지 않는다. 자신들은 테이블 한 편에 앉고 고객들은 맞은편에 앉는다. 프레젠터는 당연히 앞에 있는 연단에 서서 발표를 한다. 그리고 그렇게 하면서 그들은 회의 결과에 영향을 미칠 수 있는 중요한 기회도 같이 놓치게 된다.

물론 발표 장소의 가구 배치를 바꾸는 것이 전혀 불가능할 수도 있다. 하지만 고객 회사가 회의실의 가구 배치를 절대 바꿔서는 안 된다는 규칙을 내세우거나, 회의실 테이블이 너무 무거워서 기중기로 테이블을 들어내야 하지 않는 한 절대로 못 바꾼다는 것은 말이 되지 않는다. 설사 그런 경우일지라도 의자 배치를 바꾸거나 프레젠터가 테이블 끝이 아니라 옆쪽에서 발표를 하는 등 최소한의 변화를 고려하는 것이 좋다.

이처럼 변화를 꾀하는 것은 프레젠터와 청중과의 거리를 좁히기 위해서이다. 보통, 진행자 자리로 여겨져온 테이블 끝에 진행자가 앉지 않고 테이블 옆면에 앉을 때 방 안의 분위기는 극적으로 바뀐다. 응답자는 진행자 오른쪽이나 왼쪽에 앉음으로써 자신이 한 수 아래라는 심리적인 느낌을 없앨 수 있고, 진행자도 리서치를 책임지는 사람이 아니라 집단의 일원으로서 스스로를 생각할 수 있다. 이러한 심리 상태의 변화는 결과적으로 커다란 차이를 이끌어낸다.

이와 마찬가지로, '수평적'인 상황에서 프레젠테이션을 하면 청중의 참여와 토론을 더 많이 유도할 수 있다. 또한 필요하다 싶을 때에는 프레젠터가 청중과 팀 동료들과 함께 테이블에 앉아서 발표를 진행하는 것도 비슷한 효과를 줄 수 있다. 테이블 주위를 돌아다니며 프레젠테이션을 할 때 더 많은 에너지를 발산할 수 있는 사람에게는 가만히 앉아 있는 것이 맞지 않을 수도 있다. 어떤 사람은 프레젠테이션에서 튼튼한 두 다리를 자랑하는 경우도 있지만, 내 전 동료인 콜린 프로버트와 같은 사람은 솔직히 말해 엉덩이가 무겁기로 정평이 나 있다. 그는 처음부터 끝까지 자리에 앉아서 프레젠테이션을 한다. 이런 방식은 마치 평범한 회의를 하는 듯한 느낌을 주며 우리의 목적이 청중을 가르치는 것이 아니라 그들과 대화를 나누는 것이라는 생각을 갖게 한다. 콜린은 다른 사람들이 모두 앉아 있는데 자기만 일어서서 프레젠테이션을 하는 것이 조금 머쓱하다고 곧잘 말했었다. 비록 나나 다른 프레젠터들은 벽에 걸린 그림을 일일이 짚으면서 테이블 주위를 돌아다니며 발표를 할지라도 콜린은 가만히 자리에 앉아 끝날 때까지 한결같은 어조를 유지했다.

분리해서 옮길 수 있는 테이블이라면 나는 그것들을 한쪽으로 붙여둔다. 그렇게 하면 테이블 위에 프레젠테이션 자료를 올려놓거나 후속자료를 정리해두거나 다과를 준비해두는 등 여러 용도로 사용할 수 있다. 가장 좋은 방법은 테이블을 아예 치워버리는 것이다. 피치 팀은 반원형으로 앉아 있고 그 뒤에는 여러 개의 이젤이 놓여 있다. 스크린은 비디오나 슬라이드를 보여주기 위한 것이다. 프레젠터들은 스크린 옆에 서서 프레젠테이션을 시작한 다음 적절한 순간에 배치해두었던 비주얼 자료 앞으로 가서 필요한 내용을 발표한다. 청중은 피치 팀과 대칭되는 방향으로 반원형으로 앉아 있다. 이런 배치라면 프레젠터는 피치 팀과 청중 사이의 공간을 적절히 활용할 수 있다.

어떤 프레젠터들은 청중과 자신 사이에 아무 것도 없는 상태에서 발표를 하는 것이 불편하다고 생각하기도 한다. 하지만 그들은 강력한 프리킥을 막기 위해 골문 앞에 죽 늘어선 축구 선수들이 아니므로 그렇게 생각할 필요가 없다. 오히려 청중과 피치 팀 사이에 서서 프레젠테이션을 하면서 프레젠터는 자신감과 개방적인 태도를 동시에 내보일 수 있다. 물론 윤나게 닦은 구두, 점잖은 사회가 요구하는 대로 얌전히 채운 버튼이나 지퍼 등 세심한 부분들 역시 성공적인 결과에 영향을 미친다는 점을 잊지 말아야 한다.

질문을 적극 유도하고 다루기

주의 깊은 계획과 리허설이 꼭 필요한 이유는 또 있다. 철저히 준비해야 제 시간에 맞춰 프레젠테이션을 끝낼 수 있기 때문이다. 2010년 올림픽 유치를 위한 프레젠테이션에서 런던 팀은 45분 안에 모든 프레젠테이션을 마쳐야 하며 시간 초과 시에는 중간에 잘릴 것이라는 통보를 받았다. 그들은 세바스천 코의 감동적인 연설로 프레젠테이션을 마무리할 예정이었기에, 각 프레젠터에게 초 단위까지 발표 시간을 정해주었다. 피치 팀장인 데이비드 매글리아노는 여러 번 리허설을 하며, 마치 코치가 육상 선수의 기록을 일일이 체크하듯이 프레젠터들이 할당된 시간을 초과하는지 아닌지를 점검했다. 30초만 초과해도 올림픽 유치에 심각한 먹구름이 낄 수도 있기 때문이었다. 그들은 단 4초의 시간을 벌기 위해 필름 하나에서는 특수기법으로 만든 장면을 완전히 빼버리기도 했는데, 이처럼 세부 사항에 주의를 기울이고 리허설을 여러 번 해보는 것은 대단히 중요하다.

프레젠테이션 계획을 짤 때에는 추가적인 시간을 고려해야 한다. 다음 스크립트로 넘어가는 데 시간이 걸릴 수도 있고 사람들이 힘들어할 때는 속도를 늦춰야 할 수도 있기 때문이다. 또한 4장에서 나온 것과 같은 최악의 시나리오도 염두에 두어야 한다. 예정 시간이 갑자기 줄거나 경영자가 이런저런 설명을 하며 예상보다 시간을 더 오래 쓸 수도 있다. 이런 때를 대비해서 예정보다 더 짧은 시간 안에 요점만을 명확하게 전달할 수 있도록 만반의 준비를 해놓아야 한다. 또한 미리 신호를 정해둔 다음, 팀장이나 다른 누군가가 스톱워치로 시간을 재며 프레젠터에게 속도를 높여야 할지 늦춰야 할지를 알려줘야 한다. 그렇기에 프레젠터들은 어떤 신호가 오는지에 항상 주의를 기울여야 한다. 신호를 무시했다가는 동료 모두에게 큰 피해가 갈 수도 있기 때문이다.

타이밍이 중요한 이유는 어떤 프레젠테이션이든 중간에 또는 다 끝난 뒤에 청중의 질문을 받기 위한 시간을 마련해야 하기 때문이다. 프레젠테이션을 아무리 잘했더라도 질의응답 시간을 마련하는 것이 좋은 프레젠테이션과 훌륭한 프레젠테이션을 판가름한다. 질의응답은 설명만 하는 프레젠테이션보다 고객의 참여를 더 많이 유도한다. 또한 피치 팀은 질의응답을 통해 메시지가 제대로 처리되고 있는지에 대한 명확한 신호를 처음으로 얻을 수 있다. 아이디어가 명확하게 전달되었다면, 아이디어를 발전시키는 것과 관련된 질문들이 나올 가능성이 높다. 고객이 어떤 점을 궁금해하는지 알아낼 수 있다면, 피치 며칠 후에 고객에게 후속자료를 나눠줄 명분이 생긴다. 또한 어떤 식으로 후속자료를 만들어야 할지에 대해서도 귀중한 정보를 얻을 수 있다.

나는 고객에게 궁금한 점이 있으면 언제든 질문을 하라고 말한다. 하지만 이 방법은 시간 계획에 치명타가 될 수도 있는데, 질문들이 꼬리를 물고 이어져서 프레젠테이션의 흐름이 끊길 수도 있기 때문이다. 일분일초 정해진 시간대로 움직여야 하는 프레젠터라면, 정말로 중요하다 싶은 질문에 대해서는 바로 대답을 해주고 중요도가 떨어지거나 광범위한 주제를 다루는 질문들은 프레젠테이션이 끝난 다음에 답하겠다고 하는 것이 좋다. 결국 프레젠터에게는 질의응답을 하기 위해서라도 프레젠테이션을 예정된 시간 안에 끝내야 할 책임이 있다.

고객이 어떤 질문을 할지 정확히 알아낼 수는 없지만, 대부분의 경우 예상 질문들을 미리 뽑아볼 수는 있다. 따라서 피치를 계획하고 편집하는 사람은 책임지고 중요 예상 문제들을 미리 생각해본 뒤 고객이 질문하기에 앞서서 그 내용을 프레젠테이션에 담을 수 있어야 한다. 질문 및 답변 시간을 준비할 때에는 누가 질의응답을 이끌 것인지, 그리고 누가 어떤 질문에 답할 것인지 세세한 계획을 짜야 한다. 질문의 분야가 분명하지 않을 경우에는 팀장이 팀원 한 사람을 지적해서 답하게 하는 것도 좋은 방법이다.

아주 가끔은 처음 답변자의 답에 대해 다른 팀원이 부연 설명을 하는 것이 도움이 되기도 한다. 예를 들어 아이디어 개발을 위한 리서치가 우리가 제안한 광고 캠페인에 어떤 영향을 미쳤는지에 대한 질문이 나왔고 내가 그 질문에 답했다고 가정하자. 그럴 경우 내 뒤를 이어 크리에이티브 디렉터가 리서치를 통해 많은 것을 배울 수 있었으며 참신한 광고를 고안하는 데에도 도움이 많이 되었다고 말하는 것이 좋은 방법이 된다. 하지만 앞사람의 답변을 그대로 되풀이하는 식의 부연 설명은 큰 도움이 되지 못한다.

질문을 받고 답을 할 때에는 경제성과 체계성이 필요하다. 고객은 질의응답을 통해 피치 팀이 자신들이 제시한 아이디어를 얼마나 믿고 있는지, 그리고 다른 의견이 나왔을 때 팀이 얼마나 귀 기울여 들을 준비가 되어 있는지 알고 싶어 하기 때문이다. 물론 둘 사이에서 균형을 잡기는 쉽지 않다. 핵심 아이디어에 대해 고객의 신랄한 비판이 일 때, 피치 팀이 태도를 바꿔 "그 말이 맞네요. 저희 생각이 틀렸습니다"라고 한다면 경청 부분에서는 좋은 점수를 따겠지만 믿음 측면에서는 점수가 깎일 것이다. 반면 "세부적인 부분들에는 조금 변화를 주는 것도 좋을 것 같습니다. 그 부분에 대해 리서치에서 어떤 결과가 나왔는지 궁금하신가요? 오늘 보여드리지는 못했지만 광고에 응용할 만한 다른 리서치 자료가 또 있습니다. 염려하시는 문제들을 해결하는 데 도움이 될 겁니다"라고 말한다면, 경청과 믿음 모두에서 좋은 점수를 받을 수 있을 것이다. 한편, 고객의 뜻을 그대로 따르기에는 반대 증거가 너무 뚜렷해서 절대로 의견을 굽히지 못할 수도 있다. 그럴지라도 거래를 맺고 함께 일할 수 있다면 서로의 의견차를 이겨내고 훌륭한 결과를 이뤄낼 수 있을 것이라는 의지를 분명히 보여주어야 한다. 이 경우에도 믿음과 경청 모두에서 좋은 점수를 받을 수 있다.

새로운 비즈니스 프레젠테이션을 할 때 질의응답에서 예상 못한 질문이 나온 적이 딱 한 번 있었다. 그 뜻밖의 질문을 던진 사람은 고객 회사의 임직원이 아니라 우리 팀의 일원이었다. 그것도 순전히 즉흥적으로 나온 질문이었다.

칼스 주니어 햄버거에 프레젠테이션을 하고 있을 때였다. 캘리포니아 주 오렌지카운티에 있는 칼스 주니어는 창립자인 칼 카처(Carl Karcher)가 여전히 회사를 경영하고 있었다. 칼은 로스앤젤레스 거리에서 노점 하

나로 시작해 맨몸으로 햄버거 제국을 일궈낸 미국의 전설적인 기업가였다. 그는 골수 공화당원인 동시에 독실한 가톨릭 신자였다. 처음 만난 날, 그는 우리에게 칼스 주니어 식당의 샌드위치 시식 쿠폰과 기도카드 한 장씩을 주었다. 칼의 사무실 벽에는 그가 세계 지도자들과 함께 찍은 사진들이 즐비하게 걸려 있었다. 회의를 시작하기 전에는 항상 기도를 하고 국기에 대한 맹세를 해야 했다. 우리가 자유분방한 분위기에서 칼과 그의 경영진에게 피치를 하지는 못했을 것이라는 사실쯤은 미루어 짐작할 수 있을 것이다. 우리는 성조기와 캘리포니아 주기가 옆에 꽂혀 있는, 아서 왕과 원탁의 기사들이 좋아했음직한 둥그런 테이블에 둘러앉아서 최대한 진지하면서도 전문가다운 태도로 프레젠테이션을 진행했다. 프레젠테이션 자체에는 별다른 문제가 없었다. 칼이 광고에 출연하는 것이 이 회사의 전통이었기에, 우리는 만화 캐리커처로 바꾼 그의 모습을 칼스 주니어의 로고인 해피스타"와 같이 출연시킬 것이라는 아이디어를 제안했다. 칼은 그 제안에 별다른 이의를 제기하지 않았고 프레젠테이션이 끝나

■ Happy Star: 이 로고는 별 안에 사람의 웃는 얼굴이 그려 있어서 해피스타라고 불린다

고 질의응답을 할 때에도 순조롭게 흘러갔다.

마지막 질문에 대한 답을 듣자 칼은 우리의 노력에 감사를 표하면서 떠나기 전에 더 하고 싶은 말은 없는지 물어보았다. 테이블에 앉아 있던 우리는 고개를 흔들며 말했다. "아뇨, 칼. 없습니다. 저희야말로 즐거웠습니다."

그때, 방 뒤편에서 조용한 목소리가 들려왔다. "제가 한마디 해도 될까요?" 우리 팀의 TV 제작부 일원인 크리스 루스였다. 그는 비디오장비를 조작하는 중이었다. 프레젠테이션을 시작할 때 소개받기는 했지만 그 후 곧바로 뒤쪽으로 물러났기에, 비디오를 돌릴 시간이 되었을 때 몇 번 고개를 끄덕인 것을 제외하면 사람들은 그가 방 안에 있다는 사실조차 잊고 있었다.

"물론이오." 칼이 말했다.

우리 모두 딱딱하게 웃으며 크리스 쪽으로 몸을 돌렸다. 콜린의 얼굴이 새파래졌고, 벌린의 입술이 달싹였다. "지금 무슨……?"

크리스가 일어서더니 말했다. "원래 이런 회의에는 프레젠테이션을 맡은 간부급 직원들 몇 명만이 참석하지요. 하지만 많은 직원들이 이번 프레젠테이션을 위해 열심히 준비했습니다. 그냥 저는 이번 일을 하게 되는 것이 우리 모두에게 대단히 중요한 의미를 가지고 있다는 점을 말씀드리고 싶었습니다. 이 자리에 참석하지는 않았지만 그들도 저와 똑같은 생각일 겁니다. 그래서 저만이라도 그들을 대표해서 한 마디 해야겠다고 생각했습니다. 그리고 음…… 대단히 고맙습니다."

크리스가 앉았고, 벌린은 안도의 한숨을 내쉬었다.

나중에 앤디와 다른 사람들은 피치 팀이 회사 직원 모두를 대표하는 것이라고 크리스에게 따끔하게 지적하면서, 그런 식의 돌발 행동은 우리 회사가 체계도 없는 것처럼 보이게 할 수도 있다고 충고했다. 하지만 크리스의 행동은 아무 해도 입히지 않았다. 오히려 우리 회사는 직원들의 자유로운 행동을 적극 장려하며 직원들은 단순히 시키는 일만 하는 것이 아니라 맡은 바 책임을 다하기 위해 적극 노력하고 있음을 칼스 주니어에 분명히 보여준 셈이 되었다. 그리고 칼과 그의 임직원들은 크리스의 행동을 아주 만족스럽게 여기며, 곧바로 우리와 광고계약을 맺었다.

이 일화를 언급하는 이유는 어떤 프레젠테이션이든 프레젠테이션을 최고로 잘하는 것만을 목표로 삼아서는 안 되기 때문이다. 고객 회사의 최고결정자들에게 당신과 함께 일하는 것이 얼마나 좋을지를 실감하게 해주는 것도 프레젠테이션의 목표가 될 수 있다. 내가 참여했던 피치들 중에서도 가장 훌륭한 피치들은 대부분 편안한 분위기에서 행해졌다. 우리 프레젠터들은 편안한 분위기에서 서로에 대해 농담을 하기도 했으며, 심지어 전략이나 제작에 대해 서로의 생각을 기탄없이 말하기도 했다. 칼스 주니어 프레젠테이션에서 크리스 루스의 그 돌발 행동은 청중에게 우리 회사 문화의 일부를 엿볼 기회를 제공했고, 그후 프레젠테이션에 간접적인 영향을 미쳤다. 우리는 잠재 고객에게 직원을 다 소개한다는 결정을 여러 번 내렸고 심지어 세가 피치에서는 전 직원이 참석하기도 했던 것이다. 그리고 그후 우리의 후속자료는 프레젠테이션에서 제안한 아이디어를 요약하고 정리하는 것을 넘어, 광고맨으로서의 모습만이 아니라 한 인간으로서의 모습도 담게 되었다.

후속자료에 어떤 내용을 담을 것인가

프레젠테이션이 끝나고 나면, 결정을 내릴 때 참조하도록 고객에게 프레젠테이션 내용을 정리해놓은 서류를 전해주는 것이 관례이다. 프레젠테이션이 끝난 다음에 전해주는 것이기 때문에 일반적으로 이런 자료를 일컬어 '후속자료(leave-behind)'라고 한다.

많은 피치 팀은 프레젠테이션에 맞게 방의 가구 배치를 조금만 바꾸어도 성공적인 결과를 얻을 가능성이 높아진다는 사실을 무시한다. 마찬가지로, 후속자료를 적절히 이용해서 성공 가능성을 높여야겠다고 생각하는 팀도 거의 없다. 피치에서 보여주었던 슬라이드들을 모두 출력해서 한데 묶은 서류 뭉치, 이것이 대부분의 피치 팀이 넘기는 후속자료의 모습이다. 만약 이 슬라이드들이 6장에서 언급한 파워포인트 슬라이드들이라면, 이를 건네는 것은 고객을 지루함으로 두 번 죽게 만드는 행동이다. 또 어떤 후속자료에는 심지어 경영진에 대한 간략한 설명이나 피치팀 팀원들의 경력, 프레젠테이션에서 보여주었던 광고도안 등이 그대로 첨부되어 있는 경우도 있다.

물론, 이러한 후속자료는 내용을 상기하는 데에는 도움이 될 것이다. 또한 고객이 원하는 바를 약간은 충족시켜줄지도 모른다. 하지만 이는 프레젠테이션 내용을 그대로 복제할 뿐 그 영혼까지 보여주지는 못하는 것으로, 한 번 말했던 내용을 재탕하는 것에 불과하다.

지금부터 설명할 두 가지 후속자료는 이보다 훨씬 많은 것을 담는다. 우선 프레젠테이션에 대한 스토리와 함께, 명확하고 쉬운 문장으로 프레젠테이션의 내용을 요약하며, 프레젠테이션에서 제시했던 핵심 아이디어

사이의 관계를 설명한다. 두 가지 모두 책자 형태이며 모양도 훌륭하다.

첫 번째 후속자료는 굿비 실버스타인이 1994년 니콘 사의 피치를 위해 만들었던 것이다. 첫 페이지의 내용은 다음과 같았다.

사진을 찍기 위해 :

한 사람은 감도를 맞추고 노출계를 체크하고 렌즈 구경과 노출을 조절합니다. 그런 다음 세 발짝 뒤로 물러서서 쪼그려 앉아 샷을 프레임에 맞추고 포커스를 맞춥니다. 그리고 다시 렌즈 구경과 초점을 조절한 뒤 이내 셔터를 누릅니다.

다른 사람은 대상을 본 즉시 그냥 셔터를 누릅니다.

둘 중 세상에서 가장 멋진 사진을 찍은 사람은 누구라고 생각합니까?

이 책은 그 답을 제시하고자 합니다.

4월 18일, 굿비 실버스타인 앤드 파트너스의 직원들은 자신에게 가장 큰 의미를 지닌 사진 한 장씩을 제출하고 그 사진을 고른 이유를 설명해달라는 부탁을 받았습니다.

우리는 그날 사진에 대한 새로운 무언가를 배웠습니다.

가장 중요한 것은 사진을 찍는 테크닉이 아니라 그 안에 담긴 마음이라는 것을 배운 것입니다.

우리는 구성이 엉망이고 초점이 안 맞고 노출이 잘못 조절된 사진이더라도 멋진 사진이 될 수 있다는 것을 알게 되었고, 대다수 사람들에게는 아니더라도 적어도 사진을 찍은 당사자나 그것을 받은 사람에게는 최고의 사진이 될 수 있음을 배웠습니다.

우리는 사진이 이미지만이 아니라 순간을 포착해준다는 것을 배웠고, 그 순간을 추억하게 하고 자세한 기억을 떠올리게 해준다는 것도 깨달았습니다. 고모네 사냥개의 이름, 케이프 코드에 모여 조개를 구워먹을 때 풍겨 나오던 먹음직스러운 냄새, 거실 소파에서 아빠가 엄마에게 장난을 치던 모습, 결혼식에서 평생의 동반자가 건배를 하던 모습 등 사진은 모든 것을 떠올리게 합니다.

여기에 실린 사진 중 전문가가 찍은 것은 하나도 없습니다. 또한 그렇기에 우리는 사진이야말로 가장 민주적인 예술이 될 수 있다는 것을 알았습니다. 누구든 세계에서 최고의 사진을 찍을 수 있습니다.

그리고 모두가 세계 최고의 사진을 찍습니다.

이후 페이지를 넘길 때마다 굿비 실버스타인의 직원들이 직접 찍은 사진들이 모습을 드러냈다. 그 사진들은 일부러 오래된 듯 보이게 처리한 사진 코너에 붙어 있었다. 컬러사진들도 있었고 빛바랜 흑백사진들도 있었다. 우리가 태어나기도 전에 돌아가신 할머니, 침대 위에서 뛰노는 친구들, 아름다운 드레스를 입은 엄마와 근사한 턱시도를 입은 아빠의 결혼식 사진, 오래 전에 죽었지만 생각만 해도 기분이 좋아지는 애완견, 몹시도 열광하던 순간 또는 더할 나위 없이 완벽했던 순간 등을 담은 사진이 붙어 있었다.

내가 제출한 것은 르완다에 갔을 때 찍었던 고릴라 사진이었다. 그리고 그 사진이 내게 그토록 소중한 의미를 지니는 이유를 나는 다음과 같이 적었다.

그는 내가 처음으로 본 야생의 마운틴고릴라였습니다. 세상일에 관심이 없다는 듯 그는 나무 등걸에 기대앉아 이빨로 나무껍질을 솜씨 좋게 벗기고 있었습니다. 그 순간의 기억이 그토록 생생한 까닭은, 사진을 찍으려 하는 데 내 뒤로 다른 고릴라 한 마리가 모습을 드러냈기 때문입니다. 나는 그 고릴라가 있다는 것을 전혀 알지 못했지만 다른 사람들 얘기로는 그놈은 잠시 멈춘 뒤 내가 옆으로 비켜주기를 기다렸다고 했습니다. 내가 비켜주지 않자 고릴라는 나를 옆으로 살짝 밀친 뒤 쐐기풀이 난 곳으로 들어갔습니다. 내 반응을 살피려는 듯 고릴라는 한 번 멈췄다가 다시 어슬렁어슬렁 걸어갔습니다. 6개월 후 일어난 르완다의 내전으로 그 두 고릴라와 볼칸스국립공원에 사는 다른 모든 마운틴고릴라들의 목숨이 위태롭게 되었습니다. 이때가 내가 마운틴고릴라를 직접 본 마지막 경험이 되지 않기를 바랄 뿐입니다.

두 번째 후속자료의 예는 벌린 캐머런이 화이저의 지르텍 피치를 끝낸 다음 제출한 것이었다. 지르텍 피치의 핵심 아이디어는 알레르기가 알코올만큼이나 안 좋은 영향을 미친다는 것이었고, 우리의 목적은 알레르기 환자들에게 알레르기로 인해 고통 받는 사람이 본인만이 아니라는 사실을 알리는 것이었다. 따라서 후속자료에 실린 알레르기로 고통 받는 사람들의 이야기는 우리의 아이디어와 마찬가지로 프레젠테이션에서 제시했던 핵심 아이디어를 완벽하게 포착하고 있었다. '잃어버린 기회(Opportunity Lost)'라는 제목의 후속자료에서 벌린 캐머런의 총괄매니저는 이렇게 적었다.

어머니가 고양이와 강아지 알레르기가 있었음에도 우리 가족은 고양이를 길렀습니다. 하지만 고양이는 지하실에서만 지낼 수 있을 뿐 절대 올라올 수 없었습니다. 그래서 나는 고양이 새미를 안고 TV를 볼 수도 잠을 잘 수도 없었으며 같이 숨바꼭질 놀이를 할 수도 없었습니다. 새미를 보려면 지하실로 내려가야만 했습니다.

다른 직원들 역시 주위 사람들이나 자신의 알레르기 때문에 고통을 겪거나 괴로웠던 순간들을 담은 이야기를 실었다. 사진과 이야기가 같이 실려 있었기 때문에 화이자의 담당자들은 소개받은 적조차 없는 벌린 캐머런 직원들을 만나볼 수 있었을 뿐 아니라, 이미 안면이 있던 직원들의 생활까지도 엿볼 수 있었다.

이런 종류의 후속자료를 만들 때에는 모두가 참여하는 것이 중요하다. 처음 한두 번만 치르고 나면 별로 어렵지 않다. 직원들 모두가 참여해서 정성껏 만든, 특정 시점에서의 기업문화를 생생히 보여주는 책자는 가지고 있는 것만으로도 뿌듯함을 느끼게 한다. 내가 굿비 실버스타인에 있었을 때 처음부터 우리 피치 팀은 직원들이 기고한 내용을 결코 수정하거나 편집하지 않겠다고 결정했다. 기억은 그들만의 것이었으므로 내용 역시 전적으로 그들이 만든 것이어야 했다.

우리 모두에게는 이런 스토리가 존재한다. 후속자료에 당신의 삶을 담는다는 것은 고객에게도 그들의 삶을 담으라고 권유하는 것과 다름없다. 그렇게 함으로써 아이디어는 힘과 의미를 얻고 최종 판단을 내리는 사람들에게 매우 중요한 영향력을 발휘한다.

적어도 이런 후속자료는 파워포인트 슬라이드나 화려한 경력을 떠들어대는 서류뭉치보다 훨씬 훌륭하다.

물론 후속자료에는 프레젠테이션에서 제시했던 아이디어의 시안이 당연히 담겨 있어야 하며, 다른 고객을 위해 만들었던 광고를 담은 비디오나 DVD를 포함하는 것도 좋은 방법이다. 하지만 가장 이상적인 것은 고객이 집에서 가족과 함께 볼 수 있는 후속자료를 만드는 것이다. 왜냐하면 가정이야말로 TV 광고를 비롯해 다른 마케팅 커뮤니케이션이 발생하는 실제 장소이기 때문이다. 고객에게 가정에서 후속자료를 보라고 권해야 한다. 이런 행동은 가장 신랄한 비평가(고객의 배우자와 아이들)에게도 자신만만하게 보여줄 수 있을 만큼 훌륭한 후속자료를 만들었다는 것을 의미한다.

마지막으로, 혹시 고객이 당신과 계약을 맺겠다고 결심할 때를 대비해 연락처를 적어두는 것도 나쁜 생각은 아니다.

그 이후의 조치

이 부분에 대해서는 많이 말할 생각이 별로 없다. 피치가 끝난 다음에 고객에게 어떻게 언제 사후조치를 취할지는 프레젠테이션에 대한 고객의 반응에 따라 크게 달라질 수 있기 때문이다. 게다가 어떤 경우에는 고객이 직접 어떤 식의 사후조치는 안 된다고 잘라 말하기도 한다.

고객이 무슨 말을 하든 어떤 형태로든 반드시 사후조치를 취해야 한다. 다음 날 전화를 걸거나 메일을 보내 환대해주셔서 고맙다고 감사인사를 하는 것은 최소한의 조치이다. 감사 메일이나 전화를 할 때 꼭 기억해주기를 바라는 핵심 메시지를 다시 언급할 수도 있다. 또는 프레젠테이션 중간에 고객이 제기했던 문제점들에 대해 답을 해주는 것도 좋다. 고객이 더 자세히 의논하고 싶어한다면 기꺼이 그렇게 해야 한다.

굿비 벌린 앤드 실버스타인이 이스즈 자동차에 프레젠테이션을 한 날 오후, 앤디 벌린은 대형 차량전광판을 빌린 뒤 정말로 그 일을 하고 싶다는 내용을 입력해서 이스즈 주차장에 세워두었다. 지금 생각해도 그 전광판은 도움이 되기는커녕 출구를 꽉 막아버려서 사람들의 야유만 잔뜩 들었을 뿐이었다. 이스즈가 결국 우리를 선택하기는 했지만, 앤디는 그런 어리석은 행동을 두 번 다시 되풀이하지 않았다. 물론 아무리 똑똑하게 굴어도 그에 못지않게 행동하는 경쟁사들이 있기 마련이다. 메인 주 포틀랜드에 있는 우넘 보험회사는 우리를 광고대행사로 선정하면서, 다른 광고회사 한 곳은 아주 훌륭한 피치를 했지만 피치 팀 전원이 메인 주의 어부 복장을 하고 찍은 사진을 보내는 바람에 탈락했다고 말해주었다. 우넘의 마케팅 담당자들은 그 삔지르르한 뉴요커들이 자신들을 촌뜨기라고 놀리고 있다는 느낌을 받았던 것이었다.

사후조치를 취할 때는 상식이라는 여과장치를 통과시켜야 한다. 그 일을 정말로 하고 싶다는 마음을 고객에게 보여주는 것도 중요하지만, 그런 마음을 지나치게 내보이는 것은 자칫 절망적인 몸부림으로 여겨지기 십상이다.

사후조치에서 대화를 나눌 때는 실질적인 내용을 위주로 해야 하며, 현명한 결정을 내리는 데 필요한 정보를 언제든 제공하겠다는 태도를 보여야 한다. 고객의 질문에 언제든 답할 준비가 되어 있어야 한다. 언제 어느 때든 잠재 고객이 피치 팀 대표에게 잠깐 얘기 좀 하자고 요청할 수도 있고, 때로는 몇 가지 중요한 질문에 대한 답을 하기 위해 수천 마일을 날아가야 할 때도 있다.

지금까지 내가 승리했던 대규모 피치들 중 대부분은 이런 식으로 끝났다. 고객들은 추가 미팅을 가지자고 요구했고, 워낙 비밀리에 진행되었기 때문에 피치 팀 직원들마저도 그런 미팅이 있다는 사실조차 알지 못했다. 돈 문제가 주된 안건인 경우도 있었고 우리가 제시한 전략이나 아이디어가 주된 안건인 경우도 있었지만, 대부분 가장 중요한 관심사는 재확인이었다. 고객이 우리를 만나보고 싶어한 이유는 자신이 정말로 옳은 결정을 내리고 있는 것인지 마지막으로 한 번 더 확인하고, 우리가 같이 일할 만한 사람들인지 찬찬히 살펴보기를 원하기 때문이었다. 집을 구입하려는 사람이 창가에 앉아도 보고 일요일에 신문을 읽는 것이 어떤 느낌일지 상상도 하면서 집을 두세 번 반복해서 살펴보듯, 고객은 우리를 요모조모 살펴보고 있었던 것이다.

이러한 회의에서 가장 중요한 것은 일관적인 메시지, 그리고 귀 기울일 줄 아는 태도와 행동방식이다. 이를 유지할 수 없다면 원하는 결과도 얻지 못할 것이다.

거래에 대한 포상

이 부분은 피치를 하는 방법에 대한 책과는 어울리지 않을 수도 있다. 하지만 이 부분을 굳이 포함한 것은 경쟁 피치를 주최하고 최종 결정을 내릴 고객들이 적어도 한두 명 쯤은 이 책을 읽게 되기를 바라는 마음에서이다.

소규모 프로젝트일지라도 새로운 비즈니스 피치를 준비하는 데에는 많은 시간과 돈과 열정이 투입된다. 광고회사는 고객의 신뢰와 믿음을 얻기 위해 많은 노력을 기울인다. 그리고 성공과 실패의 차이는 엄청나다. 그 차이가 얼마나 큰지는 굳이 말하지 않아도 잘 알 것이다. 하지만 거래를 맺었을 때 포상을 주는 행동이 새로운 관계를 형성할 때 엄청난 차이를 만들어낸다는 사실을 아는 사람은 별로 없을 것이다.

이스즈 자동차가 1991년 굿비 벌린 앤드 실버스타인을 광고대행사로 선정했을 때, 이스즈의 마케팅팀은 매우 독특한 방법을 취했다. 피치를 한 지 일주일이 지났지만 앤디의 차량전광판 사건 때문인지 우리는 고객이나 피치 컨설턴트로부터 아무 말도 듣지 못했다. 그러다가 화요일 전화 한 통을 받았다. 이스즈의 중역이 목요일 아침에 우리 팀 모두와 전화회의를 하고 싶어하는데, 우리 모두 그 회의에 참석할 수 있겠냐는 내용이었다.

당연히 우리는 참석할 수 있다고 말했고, 목요일 아침 9시에 전화회의가 잡혔다. 정해진 시간에 우리는 리치의 사무실에 모여 전화벨이 울리기를 기다렸다. 사람들의 손에는 예상 질문을 정리해놓은 메모지가 들려 있었고, 보수에 대한 질문이 나올 것을 대비해 CFO도 참석했다.

9시 5분, 전화가 울렸다. 접수계원의 전화였다. 아메리칸 이스즈 모터스의 미스터 컨이라는 사람이 로비에 있다는 것이었다.

로비라니? 그 사람이 지금 여기서 뭐하는 거지? 리치가 서둘러 아래로 내려갔다.

몇 분 뒤 전화벨이 다시 울렸다. 리치의 전화였다. "어서 전부 로비로 내려오게."

로비로 내려가니 이스즈의 담당자들이 모두 와 있었다. 프리츠 컨, 딕

길모어, 제리 오코너, 마크 달링. 그들은 커다란 샴페인 한 상자와 우리 회사 직원 모두에게 돌릴 수 있을 만큼 많은 유리잔을 가져왔다. 또한 피치 기간 내내 우리 회사가 빌려서 타고 다녔던 이스즈 자동차 두 대에 대한 권리증서도 함께 가져왔다. 이스즈 광고와 더불어 두 대의 자동차 역시 이제 우리 것이었다.

우넘 보험회사의 담당자들 또한 계약을 맺은 것을 알려주기 위해 우리를 직접 찾아왔다. 그들은 전화로만 통보하는 것은 그동안의 우리의 노고를 제대로 치하하는 것이 아니라면서 앞으로 우리와 좋은 관계를 맺기를 바란다고 말했다. 그들은 그 말을 하기 위해 메인 주의 포틀랜드에서 캘리포니아 주의 샌프란시스코까지 날아온 것이다.

하지만 광고계에서 이렇게 행동하는 고객은 가뭄에 콩 나듯 드물다. 보통은 피치가 끝난 다음에도 침묵했다가 협상하고 다시 침묵하고 협상하는 행동이 지루할 정도로 오랫동안 반복된다. 그러다가 내가 이 일을 왜 하려고 했던가 하는 생각이 들 즈음에 계약이 성사되곤 한다. 하지만 이스즈 자동차와 우넘 보험회사는 달랐다. 우리는 고객도 우리만큼 열정을 가지고 있다고 확신하면서 그들과 새로운 관계를 시작할 수 있었다.

큰 프로젝트를 맡은 마당에 고객의 이런 행동은 별로 중요하지 않은 것일 수도 있었다. 하지만 그들의 행동을 통해 우리는 우리가 했던 일을 그들이 높이 평가하고 있음을, 그리고 앞으로의 결과를 그들 역시 기대하고 있음을 알 수 있었다. 그날 이후로 우리는 고객을 위해 무엇이든 그들이 원하는 것 이상을 해주겠다는 각오로 일에 매진했고, 광고와 소비자들의 반응 모두에서 성공적인 결과를 이끌어낼 수 있었다.

PERFECT PITCH

CHAPTER 09

사례 : **퍼펙트 피치**

런던의
2012년 올림픽
유치 성공

2005년 7월 6일, 현지시각 오후 7시 48분. 자크 로게(Jacques Rogge) 국제올림픽위원회 위원장이 싱가포르 컨벤션센터의 단상에 올랐다. 로게의 손에는 크고 하얀 봉투가 들려 있었다. 그의 뒤로는 전통에 따라 IOC 위원들이 서 있었으며, 컨벤션센터에는 각국에서 온 국가올림픽위원회 위원장들과 각 스포츠 종목별 국제연맹 대표들이 모여 있었다. 그들의 눈은 흰 봉투에 고정되어 있었다. IOC 117차 총회가 열리고 있었고, 자크 로게는 2012년 하계올림픽 개최지로 선정된 도시를 발표하려는 참이었다.

컨벤션센터에는 2012년 올림픽 유치를 신청했던 다섯 개 도시의 대표단들도 있었다. 뒤쪽에는 이미 탈락이 확정된 모스크바, 뉴욕, 마드리드의 대표단이 앉아 있었다. 3차 투표까지 끝난 지금, 자신들의 도시가 탈락했음을 알게 되었기 때문인지 그들의 수는 아침보다 줄었고 당연히 분위기도 침통하게 가라앉아 있었다. 모스크바는 1차 투표에서 가장 낮은 득표를 기록했고, 2차 투표에서는 뉴욕이 꼴찌를 했다. 3차 투표에서는 마드리드가 탈락했다. 도시 하나가 탈락할 때마다 국제올림픽위원회 위원들은 다시 투표를 진행했고, 탈락한 도시를 지지했던 위원들은 새로운 투표에서는 남은 도시에 표를 던졌다. 이제 런던과 파리, 두 도시만이 남아 있었다.

연단에 오른 로게의 오른쪽 너머로는 회색 양복을 입은 파리의 대표단들이 어깨동무를 하고 서 있었고, 왼쪽으로는 영국의 패션 디자이너 제프 뱅크스(Jeff Banks)가 디자인한 맞춤 양복을 입은 런던의 대표단이 서 있었다. 공공장소에서는 친밀한 행동을 보이지 않는 영국인들의 습성 때문인지 그들은 어깨동무를 하지도 팔짱을 끼지도 않고 있었다. 하지만 프랑스 대표단이나 영국 대표단이나 초긴장 상태인 것은 같았다. 지난 두 주가 넘는 기간 동안 그들은 육상 경기를 벌이듯 숨 가쁘게 달려와야 했다. 조국과 도시의 자존심을 걸고서 후보국들의 국왕, 대통령, 수상, 시장들은 다가올 최종 투표에서 경쟁 도시들보다 한 표라도 더 많은 표를 얻기 위해 열심히 뛰었다. 순수하게 사업적 관점으로만 따져도 2012년 하계올림픽의 경제적 가치는 80억 달러나 되는 것으로 예상되었다. 올림픽을 성공적으로 치른 뒤 남게 되는 훌륭한 인프라와 스포츠시설은 미래 세대와 관람객들에게 많은 도움이 될 것이 분명했다. 모스크바와 뉴욕, 마드리드는 이미 온 몸으로 느끼고 있겠지만 놓쳐버린 기회는 그들에게 비용만을 남긴 셈이었다. 게다가 올림픽 유치를 위한 프레젠테이션 준비에 그들이 지난 몇 주, 몇 달, 또는 몇 년 동안 쏟아부은 돈도 수백만 달러나 되었다.

발표가 났을 때의 대표단의 반응을 단 하나도 놓치지 않으려는 듯, 런던 대표단과 파리 대표단 앞에는 세계 각지 언론사에서 온 50여 명의 카메라맨들이 밀집해 있었다. 하지만 영국 대표단 앞에 서 있는 카메라맨은 단 세 명에 불과했고, 나머지 마흔일곱 대의 카메라는 프랑스 쪽에 맞춰져 있었다. 프랑스 대표단은 승리를 자신하는 듯 옆에 샴페인 여러 병까지 대기해놓은 상태였다.

"별로 희망적이지 않아 보이네요." 잉글랜드 축구팀 주장인 데이비드

베컴이 영국인 특유의 정중한 말투로 옆에 서 있는 영국 축구의 살아 있는 전설 보비 찰튼 경에게 속삭였다. 두 사람은 런던을 응원하기 위해 서둘러 싱가포르로 달려온 참이었다. 두 사람 주위에 서 있는 런던 대표단 동료들은 최악의 결과를 예상하며 잔뜩 얼어 있었다.

마침내 로게 위원장이 봉투에서 카드를 꺼내 들었다.

그리고 담담한 표정으로 카드에 적힌 내용을 읽기 시작했다. "국제올림픽위원회는 2012년 제30회 하계올림픽을 개최할 도시를 발표하게 된 것을 영광으로 생각합니다. 그 도시는 바로……" 그가 잠깐 멈췄다. 1,000분의 1초도 안 되는 시간이었지만, 싱가포르 컨벤션센터에 모인 사람들과 그 장면을 지켜보고 있는 전 세계 수백만 시청자들에게는 **파리**라는 말을 떠올릴 수 있을 만큼 충분히 긴 시간이었다.

"런던입니다."

유동표

최종 프레젠테이션 1주일 전에 런던의 일간지 「이브닝 스탠더드」지는 런던의 대표단이 성공할 확률은 거의 희박하다는 기사를 실었다. "최근 도박가 소식에 따르면, 다음 주에 있을 투표를 두고 파리와 런던에 걸린 판돈이 1:6이라고 한다. 승률이 이 정도라면 세바스천 코*와 런던 대표단이

★ 영국의 대표적인 육상 스타로 1980, 1984년 올림픽 육상 1500m에서 2연패를 달성했으며 당시 런던 올림픽유치위원장을 맡고 있었다.

월요일에 싱가포르행 비행기를 타지 않기로 한다고 해도 전혀 이상할 것이 없다." 유치 경쟁이 벌어지는 내내 가장 유력한 후보지는 파리였다. 하지만 2012년 런던 올림픽유치위원회 사무총장인 키스 밀즈(Keith Mills)는 "최종 투표에서는 파리가 질 것이다"라고 여러 번 말하며 대표단의 사기를 북돋아주었다. 런던의 승패 여부는 최종 프레젠테이션까지 남은 며칠 동안 싱가포르에서 얼마나 로비를 잘 하느냐에, 그리고 국제올림픽위원회에게 45분 동안 얼마나 훌륭하게 피치를 하느냐에 달려 있었다.

최종 프레젠테이션이 그토록 중요했던 이유는, 그리고 이 책의 마지막을 장식하는 의미로 그때의 프레젠테이션 내용 전체를 싣기로 결정한 이유는 따로 있다. 2002년 솔트레이크시티 동계올림픽 유치와 관련된 비리 사건이 터진 이후 올림픽 유치를 둘러싼 경쟁이 180도 변했기 때문이다. 그런 불미스런 사태가 재발하는 것을 막기 위해 IOC 위원들이 후보 도시들을 방문할 때에는 반드시 자크 로게 위원장의 승인을 받아야 했다. 평가는 IOC가 선정한 내부 행정위원과 외부 전문가들로 구성된 평가위원회가 후보 도시들이 제출한 기술 보고서를 자세히 분석하는 방식으로 이루어졌다. 런던은 2004년 11월에 보고서를 제출했다. 3권 분량에 17장으로 구성된 이 보고서는 2012년 8월의 예상 기온 및 각 경기장의 풍향과 풍속을 자세히 예측한 것은 물론이고, 종교적인 이유로 음식을 가려먹어야 하는 운동선수들을 위한 식사 제공 방법까지 자세히 담고 있었다.

IOC 위원들은 최종 프레젠테이션이 있기 몇 달 전, 다섯 개 후보 도시들을 차례로 방문했다. 각 후보 도시들은 6월에 위원회의 평가 및 조사 결과에 대한 피드백을 받았으며, 유치 기간 동안 열린 국가올림픽위원회 총회나 국제스포츠연맹 총회를 통해 경쟁 도시들의 핵심 전력이 무엇인지도 직접 들을 수 있었다. 이런저런 정황으로 볼 때 7월 초가 된다고 해도 후보 도시들의 전력이 크게 차이 날 확률은 거의 없어 보였다. 한 달도 안 되는 사이에 경기장 마련을 위한 시설 확충이 크게 달라질 리도 만무했다. 이는 마케팅이나 커뮤니케이션 전략이 중요하다는 것이었고, 또한 7월 6일에 있을 최종 프레젠테이션을 철저히 계획하고 준비해서 경쟁 도시들보다 훌륭하게 해내는 것이 그 어느 때보다도 절실하다는 것을 의미했다.

사실 투표권이 있는 106명의 IOC 위원들은 총회장에 들어서기 전에 1차 투표에서 어떤 도시에 표를 던질지 미리 점찍어놓을 것이 분명했다. 어쩌면 2차와 3차 투표에서 표를 던질 도시도 미리 정해놓았을 가능성이 컸다. 하지만 런던 유치위원회는 4차 투표에 진입하기만 한다면 어쩌면 10~20표 정도의 유동표를 확보할 수 있을지도 모른다는 사실을 알고 있었고, 또한 그 정도의 유동표를 끌어오지 못한다면 그들이 올림픽을 유치할 수 없다는 사실도 잘 알고 있었다.

런던은 싱가포르 프레젠테이션을 앞두고 3차 투표까지 순차적으로 4위, 3위, 2위 안에 드는 것을 목표로 삼아 모든 과정을 철저하고 세심하게 계획했다. 시간이 점점 다가올수록 런던은 1차와 2차 투표에서 모스크바와 뉴욕을 이길 수 있을 것이라는 확신을 가졌다. 가장 강력한 경쟁자는 분명 파리였다. 하지만 마드리드도 만만치 않았다. 누가 보기에도 마드리드 시민들은 런던 시민들보다 한층 열광적인 지지를 보내고 있는 것이 분명했기 때문이었다. 혹시라도 런던이 마드리드를 꺾고 4차 투표에 무사히 안착하게 된다면, 마드리드에 표를 던졌던 IOC 위원들의 마음을 파리가 아니라 런던 쪽으로 향하게 하는 것이 성패의 관건이었다. 8년 전,

2004년 하계올림픽 유치의 영광을 안았던 아테네도 최종 투표에서 경쟁 도시인 로마와의 표차는 단 한 표에 불과하지 않았던가.

　런던 대표단은 별 탈 없이 프레젠테이션을 마치기만 한다면, 충분히 유동표를 확보해서 올림픽 유치에 성공할 수 있을 것이라고 믿었다. 이를 위해서는 약간의 위험을 감수해야 하겠지만, 어차피 이길 확률이 낮은 마당에 안전한 길을 택하는 것보다는 불구덩이로 뛰어드는 쪽을 택하는 것이 더 나을 수도 있었다. 그들은 그렇게 믿었다.

준비

런던, 파리, 마드리드, 뉴욕, 모스크바가 다섯 개 후보도시로 공식 선정된 순간인 2004년 5월부터 최종 프레젠테이션을 향한 카운트다운이 시작되었다. 런던은 2003년 6월에 입후보 신청서를 제출했다. 하지만 파리는 이미 2년 전부터 유치 활동을 활발하게 벌이고 있었고, 뉴욕 유치위원회는 무려 8년 동안이나 준비를 해왔었다. 뉴욕은 국내 다른 도시들과의 경쟁을 뚫고 국가올림픽위원회에서 자격을 획득했기 때문에 준비 상태 역시 다른 도시들보다 훨씬 앞서 있었다.

　현재 2012년 런던올림픽 준비위원회의 마케팅 디렉터를 맡고 있는 데이비드 매글리아노가 유치위원회에 처음 합류한 것은 2003년이었다. 그는 런던 유치위원회의 열의와 에너지만큼은 경쟁 도시들보다 한 발 앞서 있다고 확신했다. 경쟁 도시들은 기술적 측면을 부각시키기 위해 끊임없이 노력했지만, 매글리아노는 메시지 창안을 책임질 핵심 팀을 만드는 데 주력했다. 앞에서도 여러 번 강조한 것처럼, 그 역시 의사결정에 관여하는 사람들의 수가 적으면 적을수록 의사결정의 질과 효율성이 높아진다고 믿었다. 그래서 그는 자신과 사무총장인 키스 밀즈, 커뮤니케이션 디렉터인 마이크 리(Mike Lee), 올림픽 금메달리스트 출신이며 유치위원회 위원장인 세바스천 코로 구성된 '키친 내각'을 만들었다. '키친 내각'은 전직 IOC 마케팅 디렉터인 마이클 페인(Michael Payne)과 영화제작자인 스튜어트 빈스(Stewart Binns)의 자문을 받으며 긴밀하게 작업을 추진했다. 그들은 아이디어를 만들어내는 일을 책임졌고 그 아이디어를 최종 프레젠테이션에 옮기는 작업은 별도의 좀더 작은 집단이 맡았다. 이 집단의 여러 사람이 데이비드 매글리아노와 함께 일했다. 마케팅 전문가이며 변호사 훈련을 받은 크리스 데니(Chris Denny)는 짜임새 있는 주장을 펼치는 능력을 인정받아 고용되었고, 스포츠 작가이며 저널리스트인 닉 발리는 가장 많은 스크립트를 작성할 임무가 주어졌다. 제작 전문가인 마이클 댈지얼(Michael Dalziel)은 최종 프레젠테이션에서 쓸 사진과 비디오 자료를 제작하는 회사들을 조정하는 역할을 맡았다.

2006년 초 나와 처음 만났을 때, 데이비드 매글리아노는 자신들이 프레젠테이션을 위해 여러 일반적인 정보를 몇 달 동안 광범위하게 수집해왔다고 설명했다. "우리는 나중에라도 필요할지 몰라서 여러 내용들을 조금씩 다 수집하고 있습니다." 여기에 반드시 노란색 포스트잇이 쓰였다고는 말할 수 없겠지만, 그가 말한 '수집'의 원칙은 제임스 웹 영이 제시한 원칙과 기본적으로 같았다. 유치위원회는 4월, 5월, 심지어는 최종 프레젠테이션을 코앞에 둔 6월까지도 포커스를 좁히거나 구성을 다듬거나 의미를 연결하는 작업을 하지 않았다.

유치위원회가 가장 첫 번째로 해야 할 일은 청중을 이해하는 것이었다. IOC는 90개 나라를 대표하는 107명의 위원들로 구성되어 있다. 그들의 평균 연령은 65세였으며, 80세가 넘는 위원도 20명 이상이었다. 런던은 이러한 사실을 유념하고서 프레젠테이션의 어조와 내용을 꾸려야 했다. 런던은 IOC 위원들의 가치관에 어긋나지 않도록 정중한 어조로, 그리고 IOC 총회의 엄격한 규칙을 철저히 따르면서 프레젠테이션을 해야 했다. 그들은 형식을 매우 중시했다. 따라서 세계 최대의 스포츠 축제를 주관하는 사람들의 입맛을 거스르지 않으면서도 경쟁 도시들과 적절히 차별돼 보일 수 있도록 단어 하나하나를 신중하게 선택해야 했다. 런던에 한 표를 던진 것이 올림픽 운동사에 한 획이 될 수 있도록 런던의 프레젠테이션은 그 내용에 있어서 특별한 무언가를 제시해야 했다. 더욱 중요하게는, 어쩌면 이번이 올림픽 개최 도시 투표에 참석하는 마지막 기회가 될 수도 있는 고령의 회원들에게 특별한 선물을 제시해야 했다. 그들은 죽을 때까지 기억할 수 있는 무언가를 원하고 있었다. 그리고 데이비드와 런던 유치위원회는 자신들의 프레젠테이션이 그들의 바람을 충족시켜줄 피뢰침 역할을 해야 한다는 사실을 처음부터 잘 이해하고 있었다.

IOC 위원들에게는 또다른 중요한 특징이 있었다. 그들의 삶과 올림픽은 떼려야 뗄 수 없는 관계였다. IOC 위원들의 75%는 과거 올림픽 경기에 출전했으며, 심지어 몇몇 위원들은 1948년 런던 올림픽에서도 뛰었던 사람들이었다. 자크 로게 위원장 역시 1968년, 1972년, 1976년 올림픽 요트 경기에서 벨기에 대표로 뛰었으며, 국가대표 럭비 선수이기도 했다. 다행히 올림픽 출전 선수가 유치위원장인 도시는 런던 밖에 없었다. 여러 면에서 세바스천 코는 IOC 위원들이 동지 의식을 느끼기에 충분한 인물이었다.

과거에 올림픽 유치 프레젠테이션이 어떻게 이뤄졌는지를 알아보기 위해 데이비드와 크리스 데니, 닉 발리는 승리한 도시와 패배한 도시의 프레젠테이션을 녹화한 비디오를 여러 편 봤다. 그들 모두 자신들의 도시가 얼마나 멋진지를 보여주는 필름으로 프레젠테이션을 시작하고 있었다. 즉, "우리에 대해 설명하겠습니다"가 그들 프레젠테이션의 내용이었다. 파리 대표단도 똑같은 실수를 저지를 것이 분명했다. 하지만 데이비드는 런던은 절대로 그렇게 해서는 안 된다고 믿었다. 그는 청중의 참여를 유도하는 것이, 그들의 흥미를 불러일으키는 내용을 말하는 것이 프레젠테이션의 목표라고 믿었다. 올림픽 운동 전체를 위해, 특히 IOC 위원들을 위해 런던에 한 표를 던져야 하는 이유가 무엇인지를 제시해야 했다.

데이비드와 대표단의 희망대로 런던과 파리가 최종 투표에서 경합을 벌이게 된다면, 두 후보 도시의 상대적인 약점과 강점을 파악하는 것이 무엇보다도 중요했다. 런던의 약점이라고 여겨지는 부분을 은근히 가리는 동시에 파리의 강점이라고 여겨지는 부분을 미묘하면서도 아주 정중하게 깎아내릴 수 있는 프레젠테이션을 준비해야 했다.

프랑스 사람들이 말하듯 파리의 최고 강점은 **가장 강력한 후보**라는 점이었다. 현대 올림픽 운동의 창시자는 프랑스의 피에르 드 쿠베르탱(Pierre de Coubertin) 남작이었으며, 한때 국제외교의 공식 언어가 프랑스어였듯 현재 올림픽 운동의 공식 언어도 프랑스어이다. 파리에는 세계 최고의 경기장으로 손꼽히는 프랑스 스타디움이 있다. 그리고 바로 이 스타디움에서 열린 1998년 월드컵 결승전에서 프랑스는 경쟁국을 물리치고 우승을 거머쥐었으며, 프랑스 대표팀이 브라질 대표팀을 꺾고 우승을 차지했을 때, 파리 시내에 쏟아져 나온 축하 인파는 2차 대전이 끝나고 해방을 축하하기 위해 나온 인파와 맞먹을 정도였다. 파리는 1900년과 1924년 두 차례에 걸쳐 올림픽을 개최했다. 그리고 또 한 번의 올림픽을 개최하기 위해 파리는 아주 오랜 시간을 기다려왔다. 런던보다도 25년이나 더 오랜 시간이었다. 그동안 파리는 유치 경쟁에서 두 번이나 고배를 마셨고, 2012년 올림픽 유치 신청은 세 번째 도전이었다. IOC 위원들은 물론 프랑스 대표단 사이에서도 파리가 또 한 번 낙방한다면 앞으로는 올림픽을 유치할 기회가 영영 날아가버릴지도 모른다는 분위기가 팽배해 있었다.

런던이 파리의 맞수가 될 수 있을까? 런던 역시 1908년과 1948년 두 번에 걸쳐 하계 올림픽을 치른 경력이 있으며, 영국인들은 처음부터 올림픽 운동의 열렬한 지지자들이었다. 런던은 1948년 올림픽 이후 유치 신청을 낸 적이 없었으나 맨체스터와 버밍엄은 신청을 낸 바 있었다. 두 번 낙방한 뒤 20년 만에 네 번째 유치 신청을 낸 것이었다. 런던에는 프랑스 스타디움에 필적하는 경기장이 없었고(그 때문에 프랑스 언론은 런던의 올림픽 유치 신청을 '꿈같은 유치 신청(The Virtual Bid)'이라고 비웃었다), 다른 시설물들 역시 아직은 건축가의 상상 속 산물에 불과하다는 것은 상당히 커다란 문제였다. '키친 내각'이 찾아낸 해결책은 후보 도시들을 평가하는 IOC 위원들의 '결정 기준을 바꾸는 것'이었다. 런던은 웸블리 스타디움－축구, 윔블던－테니스, 원래는 크리켓 경기장이었던 로드(Lord's)－양궁 등 현재 사용 중인 세계 수준의 경기장들을 이용함은 물론, 호스가드 퍼레이드(Horseguards Parade)－비치발리볼, 그리니치 파크(Greenwich Park)－마술 시합과 같은 상징적인 장소에도 임시 경기장을 마련하겠다는 계획을 제시하기로 했다. 또한 다른 시설에 있어서도 프랑스 스타디움과는 비교도 되지 않을 최첨단의 맞춤형 경기장들을 짓겠다는 계획을 제시할 생각이었다.

이는 전략적으로 상당히 용의주도한 결정이었다. 그리고 IOC 위원들은 이런 제안에 노골적으로 관심을 보일 것이 분명했다. 이는 그들의 머릿속에 일종의 핵폭탄을 터뜨리는 일이 될 것이었다. 또한 나중에 드러났듯, 런던 팀은 프레젠테이션의 단어 하나, 비주얼 하나까지 현명하게 선택하고 그 폭발을 교묘하게 숨김으로써 폭발력을 배가시켰다.

프레젠테이션이 윤곽을 갖추기 시작하면서, 세 부분으로 나누어 정보를 전달해야 한다는 것도 서서히 드러나기 시작했다. 가장 먼저 갖춰야 할 내용은 '이성적이고 기술적인 부분'이었다. 이 부분에는 IOC 위원들이 가장 관심을 쏟고 있는 시설 배치에 대한 내용이 담겨야 했다. 모든 후보 도시가 이 내용을 자세하게 다룰 것이 분명했으므로 런던은 다른 도시들과 근본적으로 차별화될 수 있는 방법을 찾아야만 했다. 무엇보다도 네 종류의 시설물들에 대한 내용이 가장 중요했다. 경기장, '올림픽 패밀리(IOC 위원과 국제 스포츠 연맹 및 각국 국가올림픽위원회의 위원들은 물론이고 올림픽 후원사나 각국 취재진 등)'를 포함한 방문객들을 위한 숙소, 교통, 선수들의 숙소가 바로 그것이었다. 뉴욕은 오래 전부터 'X'자 형태의 인프라를 갖출 것이라는 안을 제시해왔다. 파리는 도시 외곽으로 올림픽촌과 경기장들이 밀집된 군락 두 곳을 짓겠다는 상당히 그럴듯한 안을 제시했다. 런던은 외곽이 아닌 도심에 경기장들을 짓고, 올림픽 성화가 보이는 범위 안에 선수들의 숙박시설을 짓겠다는 안을 제시했다.

2004년 아테네 올림픽 당시 관람객과 선수들은 시내에서 상당히 멀리 떨어진 경기장까지 가기 위해 먼 거리를 움직여야 했고, 이는 아테네 올림픽에서 가장 준비가 미흡했던 부분으로 지적되었다. 런던 유치위원회는 이러한 최근의 기록들을 꼼꼼히 살피면서 시설 확충을 위한 여러 방안들을 마련했다. 2012년이면 런던은 선수들이 숙소와 멀지 않은 곳에서 훈련을 하고 시합을 벌일 수 있도록 만반의 준비를 갖출 것이다. 세계 최고의 도시인 런던 시내에 경기장을 마련함으로써 관람객들의 편의를 최대한 도모할 것이다. 마지막으로, 올림픽 패밀리를 위해서는 민간 숙박업체들의 바가지요금 행태를 막기 위해 법적 장치를 마련해줄 것이다. IOC 위원들이나 미국과 영국을 제외한 나라의 외국인들에게 이는 상당히 강력하고도 매력적인 제안이었다. 2004년 당시 아테네의 호텔 주인들이 올림픽으로 한 몫 단단히 벌기 위해 호텔 숙박비를 다섯 배까지 올렸기 때문이었다. 런던에서는 이런 폭리행위가 재연되지 않을 것이라 약속했다.

프레젠테이션의 두 번째 부분은 보다 추상적이면서도 감정적인 내용을 담을 예정이었다. 한마디로 '런던의 마법(The Magic of London)'을 담을 계획이었다.

첫째, 진정한 다문화 도시에서 올림픽을 개최하는 것의 장점을 IOC 위원들에게 역설할 생각이었다. 런던에서는 매일 300개 이상의 언어가 사용된다. 매년 다른 나라 학생들이 런던으로 유학을 온다. 해마다 전 세계 600만 명 이상의 젊은이들이 런던을 방문한다. 드러내놓고 말할 수는 없지만 이것은 런던의 확실한 경쟁우위가 될 수 있었다. 사실 파리와 마드리드에서 인종 갈등이 빈번하게 발생한다는 사실을 모르는 사람은 아무도 없지 않은가.

둘째, IOC 위원들과 올림픽 패밀리들을 환영하며 그들을 왕족처럼 대우할 것을 약속했다. IOC 평가위원회가 2월에 런던을 방문했을 때 그들은 버킹엄 궁에서 열리는 여왕과의 만찬에 초대받았다. IOC 위원들은 2012년 런던에서도 비슷한 환대를 기대할 수 있다는 것을 프레젠테이션에서 분명히 설명할 생각이었다. 데이비드 매글리아노가 인정하듯 이는 '아첨이라고 해도 좋을 만큼 지나치게 존경과 경의를 표하는 행동'이었다. 하지만 그 바탕에는 강력한 통찰력이 깔려 있었다. IOC 위원 대다수는 각국 왕실과 친분이 두터운 사람들이었다. 그들은 정계와 문화계의 엘리트 집단과 자주 어울렸으며, 자신들 역시 엘리트 집단이라는 자부심이 대단했다. 비록 지나친 아첨이나 아부처럼 비춰질지라도 메시지를 위원들의 가슴에 직접 전달할 수만 있다면 그 방법은 매우 강력한 힘을 발휘할 것이 분명했다.

'런던의 마법'의 세 번째 요소는 스포츠에 대한 열정이었다. 주말이면 수십만 런던 시민들이 축구장으로 몰려가며, 매년 개최되는 세계 최대의 마라톤 대회인 런던 마라톤에는 50만여 명의 시민들이 거리로 나와 선수들을 격려해준다. 런던 시민들만이 아니다. 세계를 통틀어 영국인들만큼 스포츠를 많이 관람하고 경기를 많이 펼치는 나라는 없을 것이다. 영국은 현대 스포츠의 요람이며 럭비, 조정, 레슬링, 축구, 권투 등 수많은 스포츠 종목의 규칙을 만들었다.

2004년 아테네 올림픽을 보기 위해 토니 블레어 수상 부부를 포함해 수많은 영국인들이 아테네로 달려갔으며, 그리스인들을 제외하면 외국인 관람객으로는 영국인이 단연 최대였다. 런던에서 올림픽이 열리면 IOC는 경기장을 가득 메운 관람객들이 페어플레이 정신으로 경기를 관람하는 것을 목격할 수 있을 것이다. 자국 선수가 예선에서 탈락해도 영국 국민들은 절대로 경기장을 벗어나지 않을 것이다.

마지막으로 런던은 IOC 위원들이 자부심을 가질 만한 커뮤니티의 전설을 만들 것을 약속했다. 올림픽촌에 세워질 저렴한 주택 단지는 피에르 드 쿠베르탱의 스포츠 정신이 살아 있는 도심으로 재탄생될 것이다. 올림픽 공원에 마련되는 올림픽 스타디움과 다른 시설물들을 통해, 런던은 스포츠 인재 육성을 위한 유산을 제공해줄 것이다. 그리고 올림픽 공원은 '스포츠 발전을 위한 새로운 월드 센터'로 자리매김하게 될 런던올림픽협회(London Olympic Institute)의 영원한 요람이 될 것이다. 그리고 정부 차원의 기구와 의학 전문가, 교육자 들이 상주하게 될 이 월드 센터는 훈련을 받기 위해 전 세계에서 몰려온 젊은 선수들에게 훌륭한 시설을 제공해줄 것이다.

프레젠테이션의 세 번째 내용이야말로 데이비드 매글리아노의 말을 빌면 '좋은 프레젠테이션과 훌륭한 프레젠테이션 사이의 획을 긋는' 결정타였다. 그는 앞의 두 부분인 런던의 이성적 약속과 감정적 약속이라는 본질적으로 다른 내용들을 하나로 묶어줄 수 있는, 그리고 프레젠테이션에 생동감 있는 주제를 불어넣어줄 수 있는 단순하고 인간적인 아이디어를 원했다. 또한 매글리아노는 자신과 동료들이 핵심 아이디어를 만들어내는 데 필요한 자료를 전부 갖추고 있다는 사실도 잘 알고 있었다. 왓슨과 크릭이 DNA의 이중나선 구조를 푸는 데 필요한 정보를 다 갖추었듯, 나와 동료들이 야구장으로 잠시 소풍을 가기 전에 포르셰 피치에 필요한 모든 정보를 다 갖추고 있었듯 말이다. 데이비드에게 없는 것은 바로 아이디어 그 자체였다.

아이디어는 엉뚱한 곳에서 튀어나왔다. 그것은 '키친 내각' 회의에서도 아니었고 데이비드의 프레젠테이션 팀도 아니었다. 이메일이나 장거리 전화도 아니었다. 그것은 데이비드와 세바스천 코가 TV 중계권에 대한 지극히 평범하고 일상적인 대화를 나누던 중에 탄생했다. IOC의 수익원은 별로 다양하지 않았다. 후원금, TV 중계권, 올림픽 로고를 단 몇몇 상품에서 나오는 로열티가 전부였다. 그중 가장 큰 비중을 차지하는 것은 TV 중계권이었는데, 최근 몇 차례의 올림픽 시청률 추이를 관찰하면서 데이비드는 젊은 층의 시청률이 꾸준히 감소하고 있다는 사실을 알았다. 실버타운이나 의치·장례서비스 등 노령자를 대상으로 사업을 하는 기업을 제외하면, 소비자층의 고령화는 어느 모로 보나 좋은 일은 아니었다. IOC 역시 같은 고민을 가지고 있었다. 데이비드는 런던이 세계 젊은이들에게 강한 매력을 지닌 도시라는 것과 올림픽이라는 브랜드가 직면한 문제 사이의 연결 관계를 살펴본 뒤, 올림픽 중계방송에 젊은 시청자들을 끌어들이는 것을 핵심 메시지로 삼아야 한다고 말했다.

그는 이렇게 말했다. "세바스천은 내가 요점을 놓치고 있다고 말해주었죠. 젊은 시청자들을 TV 앞으로 끌어들이는 것보다 더 큰 문제는 따로 있었습니다. 젊은이들이 올림픽에 적극 참가하게 만들어야 한다는 것이었습니다. 세바스천은 그 문제가 해결된다면 TV 시청률도 따라서 오를 것이라고 말했습니다."

그 순간 두 사람은 자신들이 정확히 어떤 아이디어를 만들어야 하는지를 알 수 있었다. 전 세계 젊은이들에게 올림픽 스포츠 참가를 고무하는 내용을 담는 것, 그것이 바로 런던 2012 프레젠테이션의 과제였다.

다섯 개 후보 도시가 발표되고 유치 경쟁이 시작되자마자 이른바 의전순서가 곧바로 마련되었다. 파리가 제일 처음에 프레젠테이션을 하고, 뉴욕이 두 번째, 모스크바가 세 번째, 런던이 네 번째, 마드리드가 마지막이었다. 2005년 7월 최종 프레젠테이션에서 다섯 도시는 이 순서를 따라야 했다. 그리고 소규모로 올림픽 패밀리들이 모이는 행사가 치러질 때에도 다섯 도시들은 똑같은 순서로 발표를 해야 했다. 국제스포츠연맹의 회원들이 '2005 스포츠 어코드(Sport Accord)'에 참석하기 위해 베를린에 모여들었다. 이 자리에는 각 종목별 국제연맹 위원장을 겸하고 있는 IOC 위원도 12명이 참석했다. 6월에는 세계 국가올림픽위원회 총회가 가나에서 열렸는데, 일부 IOC 위원들이 자국 올림픽위원회의 대표로서 이 회의에 참석했다. 6월의 국가올림픽위원회 총회는 축복인 동시에 저주였다. 총회 중에 투표권을 지닌 IOC 위원들을 만나보고 프레젠테이션 일부를 시범적으로 발표할 수 있는 기회를 얻는다는 점에서는 좋았지만 경쟁도시들도 똑같이 시범 발표를 할 것이라는 나쁜 점도 있었기 때문이었다. 런던은 경쟁 도시들과 세계 언론 앞에서 자신들의 기량을 얼마나 드러낼지를 결정해야 했다.

하지만 발표 시간이 제한되어 있었기 때문에 이런 행사들에서는 기술적인 준비 상황에 대한 내용도 채 발표할 시간이 없었다. 이보다는 유력인사들과 직접 대화를 나눌 기회를 얻을 수 있다는 것이 훨씬 도움이 되었다. 될 수 있는 한 많은 사람들을 만나봐야 한다는 것은 말할 필요도 없었다.

이쯤 이르렀을 때 데이비드 매글리아노는 런던이 유치 경쟁에 뒤늦게 합류한 것이 오히려 득이 될 수도 있다고 주장했다. 일리 있는 설명이었다. 몇 년 동안이나 가장 강력한 후보로 점쳐져왔던 파리는 선두 자리를 유지하는 데 만족하고 있었다. 뉴욕은 새로운 올림픽 스타디움 건설에 대한 갑론을박으로 몸살을 앓고 있었고, 마드리드는 2004년에 일어난 테러로 인해 치명상을 입은 상태였다. 인기있는 정치 드라마인 〈웨스트 윙(The West Wing)〉에서 조시 라이먼(Josh Lyman)이 하는 말을 빌면, '대대적인 운동(The Big Mo)'을 하고 있는 곳은 런던밖에 없었다.

가나에서는 후보 도시들의 최종 프레젠테이션이 어떤 식으로 다뤄지게 될지 매우 중요한 교훈 한 가지를 배울 수 있었다. 파리의 프레젠테이션은 예정된 10분보다 6분을 초과해도 별다른 제지를 받지 않았지만, 뉴욕은 11분째에서 중단을 당했다. 뉴욕 시장 마이클 R. 블룸버그가 지원사격을 위해 가나까지 날아왔지만, 단상에 설 기회조차 얻지 못했다. 모스크바가 22분째에도 계속 발표를 하는 것을 보고 런던은 모스크바의 프레젠테이션을 중단시키기 위해 맹렬히 항의했다. 7월에 있을 프레젠테이션에서도 발표 시간에 대한 규칙이 이처럼 적용된다면 최우선으로 지켜야 할 원칙이 무엇인지는 분명했다. 런던 프레젠테이션이 여느 훌륭한 프레젠테이션이 그렇듯 클라이맥스를 갖추었다 해도 시간을 초과한다면 클라이맥스를 보여주기도 전에 단상에서 쫓겨 내려올 것이라는 사실은 불을 보듯 뻔했다.

7월 5일 앤 공주가 단상에 올랐을 때 그녀가 맡은 부분은 35번이나 수정이 가해진 것이었다. 물론 데이비드 매글리아노는 그 부분을 토씨 하나까지 다 외우고 있었다. 이 35번째 버전을 탄생시키기 위해 스크립트를 7번이나 완전히 뜯어고쳐야 했다. 다른 중요 부분들 역시 보다 나은 내용을 만들기 위해 몇 번이고 대대적인 수정이 가해졌다. 데이비드와 크리스 데니, 닉 발리는 그야말로 머리를 쥐어뜯으며 모든 단어 하나하나를 신중하게 골랐다. 커뮤니케이션 디렉터를 맡은 마이크 리를 비롯해 '키친 내각'의 다른 멤버들도 새로운 버전이 나올 때마다 하나도 빼지 않고 다 보았다. 자문을 맡은 마이클 페인 역시 개정된 원고를 셀 수 없이 여러 번 검토했다.

그들은 전 세계 젊은이들에게 올림픽 경기 참가를 고무시킨다는 아이디어에 입각해서 스크립트를 작성하고 이를 웅변적으로 전달할 방법을 모색했다. 핵심 아이디어는 2012 런던 올림픽이 올림픽 운동을 고취시키는 데 있어서 이성적, 감성적 혜택을 줄 수 있음을 알려야 했다. 프레젠테이션은 이러한 핵심 아이디어와 혜택을 단순하면서도 감동적으로, 그리고 IOC 위원들이 전혀 예상하지 못했던 방식으로 전달해야 했다. 그리고 무엇보다도 45분 안에 이 모든 내용을 담아야 했다.

중요한 결정이 내려진 것은 프레젠테이션 팀을 구성할 때였다. 유치위원장이며 전직 올림픽 챔피언이고 정치가인 세바스천 코를 참여시킨 것은 탁월한 선택이었다. 과거 두 번의 유치 신청에서 앤 공주는 프레젠터 역할을 맡지 않았었지만, 현재 IOC 위원이며 과거 올림픽 출전 선수였으며 버킹엄 궁전 주인의 딸인 그녀를 프레젠테이션에 참가시키기로 한 것 또한 아주 바람직한 결정이었다. 운동선수 출신으로 프레젠터를 맡은 또 한 사람은 시드니 올림픽 7종 경기 챔피언이었던 드니즈 루이스였다. 온화하고 열정적인 성품의 드니즈 루이스는 내가 본 여성들 중에서 가장 섬세한 복근을 가진 사람이었다. 그녀라면 런던 2012를 선수의 관점에서 훌륭하게 표현할 수 있을 것이 분명했다.

영국 국가올림픽위원회 위원장이며 IOC 위원인 크레이그 리디 경 (Sir. Craig Reedie)이 발표자 목록에 들어가는 것은 당연한 일이었다. 앤 공주와 마찬가지로 그 역시 친구이자 동료로서 IOC 위원들의 마음에 호소할 수 있을 것이기 때문이었다. 런던 올림픽 유치의 장점을 순수한 스포츠 축제로서 정치나 사업적 관점에서가 아니라 젊은이들의 관점에서 역설해야 했지만, 정치가들의 역할이 중요하지 않다는 뜻은 아니었다. 어떤 올림픽도 중앙 정부와 지방 정부의 도움 없이는 성공적으로 치러질 수 없었다. 따라서 세 명의 유력 정치가들도 프레젠테이션에 참가하기로 했다. 그 선두에 선 사람이 토니 블레어 총리였다. 그는 처음부터 유치위원회를 적극 후원하면서 초당적인 지지를 끌어 모으기 위해 고군분투했다. 그는 최종 프레젠테이션이 행해지기 며칠 전에 싱가포르에 도착해서 유치위원회를 대표해서 로비 활동을 벌였다. 하지만 프랑스의 자크 시라크 대통령이 파리 팀을 위해 프레젠테이션에 참가했던 것과 달리, 같은 시기에 열리는 G8 정상회담의 주최자였던 블레어 총리는 결정적인 순간에 런던으로 돌아가야 했다. 그는 올림픽 전담 장관인 테사 조웰(Tessa Jowell)의 도움을 받으며 영국 정부를 대표해서 비디오로 발표를 대신했다. 런던을 대표해서는 켄 리빙스턴(Ken Livingston) 시장이 발표를 했다.

한때 리허설을 거부하고 스크립트대로 발표하지 않겠다고 고집을 피우던 그의 태도는 가나에서의 공포스럽던 몇 분 동안 흔적도 없이 사라져버렸다.

런던이 만반의 준비를 했다는 증거는 올림픽 3단 뛰기 금메달리스트인 조너선 에드워즈(Jonathan Edwards)를 예비 요원으로 두었다는 데서 드러난다. 그는 프레젠테이션 당일 몸이 안 좋거나 피치 못할 사정으로 단상에 오를 수 없는 사람들을 대신할 책임을 맡았다. 조너선은 프레젠테이션의 각 부분을 자신에게 맞게 바꿔서 연습했다. 드니즈 루이스의 부분을 대신하면서 "저는 아테네 올림픽 7종 경기 금메달리스트였던 드니즈 루이스입니다"라고 말하는 당혹스런 일이 발생해서도, "안녕하세요, 저는 영국의 총리입니다"라고 말하는 사태가 생겨서도 안 되기 때문이었다.

프레젠테이션 내용 외에도 프레젠터들이 보다 명확하게 요점을 말할 수 있도록 비주얼 자료를 준비하고, 정해진 시간까지 비디오를 전부 완성하고, 핵심 메시지를 극적으로 꾸밀 필요가 있었다. 마이클 댈지얼은 프레젠테이션 준비 초기부터 이벤트 회사와 긴밀한 협조 아래 엄청난 양의 사진을 갖춘 데이터 뱅크를 구축했다. 다른 도시들은 스티븐 스필버그나 뤽 베송과 같은 유명 영화 제작자를 섭외했지만, 런던은 뉴 문(New Moon)이라는 거의 무명에 가까운 프로덕션과 일하기로 결정했다. 뉴 문의 대릴 굿리치(Daryl Goodrich)와 캐롤린 롤런드(Caroline Rowland)가 런던 2012를 위한 필름을 만들었다. 6월이 되자 필름 5개가 완성되었다. 젊은이들의 스포츠 참가를 고무시킨다는 주제를 소개하는 필름, 토니 블레어의 프레젠테이션을 담은 필름, 올림픽 경기를 위한 기반시설에 대한 내용을 담은 필름, 일종의 휴식 역할을 하는 '런던의 마법'에 대한 필름, 젊은이들의 올림픽 참가를 고무하는 주제를 한층 더 발전시킨 내용을 담은 엔딩용 필름이었다. 이번에도 데이비드 매글리아노는 진정한 지배광이 무엇인지를 온몸으로 확실하게 보여주었다. 그는 마지막 달에는 필름의 모든 장면이 다 완벽한지 확인하기 위해 이 편집실 저 편집실을 분주히 뛰어다녔다.

모든 피치에는 세부사항까지 일일이 지도하는 진정한 지배광이 필요하다.

싱가포르

최종 프레젠테이션 10일 전, 런던 대표단은 싱가포르의 센토사 섬에 있는 리조트로 떠났다. 그곳에서 프레젠터들은 개별 코치를 받으면서 프레젠테이션에 마지막 손질을 가했다. 최소 열 번 이상의 총 리허설이 행해졌으며, 중요 프레젠터가 참가를 못하는 경우에는 대리 프레젠터가 발표를 대신했다. 제일 먼저 자리를 비운 사람들은 세바스천 코, 드니즈 루이스, 크레이그 리디였다. 코와 리디는 로비를 해야 했기 때문에 7월 6일이 되기 전에 다른 사람들보다 먼저 자리를 비웠다. 하지만 켄 리빙스턴과 테사 조웰은 여러 번 리허설을 했다. 놀랍게도 앤 공주 역시 세 번이나 리허설을 했다. 왕족과 리허설, 이 어울릴 법하지 않은 두 가지가 한 자리에 공존했던 것이다. 팀은 각자의 발표 시간을 초 단위까지 재고 불필요한 단어와 문구를 없애면서 여기서 2초를 벌고 저기서 5초를 아꼈다.

데이비드 매글리아노는 리허설을 할 때마다 다양한 청중들을 초대했고, 시간이 흐를수록 프레젠터보다는 청중의 반응을 관찰하는 데 더 많은 신경을 쏟았다. 청중이 프레젠테이션에서 보이는 표정이나 몸짓은 그들이 얼마나 흥미롭게 열중하면서 듣는지를 확실하게 보여주고 있었다. 프레젠터들은 더 주의를 기울이고 에너지를 쏟으면서 각자가 맡은 부분을 발표해야 했다. 심지어 총 리허설을 하는 동안에도 세세한 부분들을 뜯어 고쳐야 했다. 프레젠터가 발표를 하는 동안 바로 뒤의 스크린에서는 올림픽 하계 종목을 시시각각으로 비출 예정이었다. 그리고 각각의 슬라이드는 프레젠테이션 문구나 강조 사항에 맞춰서 자연스럽게 바뀌어야 했다.

한번은 이런 일도 있었다. 데이비드가 어떤 부분을 바꿔야 한다고 말했을 때 동료 모두로부터 박수갈채가 쏟아져 나왔다. 그가 영문을 몰라 하자 동료들은 방금 지적당한 부분이 프레젠테이션의 첫 번째 버전 중에서 사장되지 않고 유일하게 살아남았던 부분이라고 말해주었다. 그들 모두 그 부분이 언제 고쳐질지 손꼽아 기다리고 있었던 것이다. 깃발을 흔드는 관중의 모습을 담은 슬라이드는 남미 국가들의 깃발을 흔드는 관중들의 모습으로 바뀌었다. 이것은 1차나 2차 투표에서 마드리드를 지지할 가능성이 높은 남미 위원들을 겨냥한 교묘한 작전이었다. 런던이 마지막에 승리를 거두기 위해서는 부동표가 될지도 모르는 그들의 마음을 사로잡을 필요가 있었다.

세부사항. 세부사항. 세부사항.

데이비드 매글리아노는 유치 경쟁에서 승리한 후 「파이낸셜 타임스」와의 인터뷰에서 자신의 핵심 팀이 프레젠테이션을 어떻게 준비했는지를 털어놓았다. 그들은 마지막 몇 시간 동안은 노심초사하지도 내용을 뜯어고치지도 않았다. 심지어는 리허설도 하지 않았다. 중요한 작업은 이미 다 완성된 상태였다. 남은 몇 시간 동안 그들의 최우선 업무는 푹 쉬는 것이었다.

세바스천 코에 대해 데이비드는 이렇게 말했다. "세브는 다른 사람들의 프레젠테이션을 보고 싶어하지 않았습니다. 사실 또다시 내용을 바꿀 힘도 전혀 남아 있지 않았고요. 그래서 그는 방에 틀어박혀서 재즈 음악을 크게 틀어놓고 신문을 읽었습니다. 저만 어쩌다가 그의 방에 불쑥 들렀을 뿐이죠. 마지막 48시간 동안 저는 머리를 식히는 데에만 모든 노력을 기울였습니다. 우리가 해낼 수 있다는 확신이 아주 강하게 들더군요."

프레젠테이션

7월 6일, 싱가포르 현지 시각으로 오후 2시 30분. 런던이 네 번째로 발표를 시작했다. 연단에 가장 먼저 오른 사람은 앤 공주였다. 그녀는 총회 규약대로 정중한 말로 발표를 시작했다.

"친애하는 위원장님과 동료 여러분, 올림픽 유치를 위해 연설하는 자리에 런던이 참석하게 해주신 것을 진심으로 감사드립니다."

"저희는 오늘 커다란 역사적 사명을 띠고 여러분 앞에 섰습니다. 저희는 우리 영국이 오랜 세월 동안 올림픽 운동과 굳건한 파트너십을 다져온 것을 자랑스럽게 생각합니다." 이 말은 쿠베르탱 남작의 후예임을 무기로 내세우는 파리에 대한 정면 방어였다.

"그 파트너십의 역사는 1894년 제 증조부이신 조지 5세가 명예 회원이었던 창립총회 시절로 거슬러 올라갑니다. 올림픽 운동에 대한 영국의 관심과 열정은 오늘날까지도 이어지고 있습니다. 그리고 저는 대단히 기쁘게도 여왕폐하의 특별한 전언을 전해달라는 부탁을 받았습니다. 여왕폐하의 전언은 다음과 같습니다. '나는 런던 올림픽 유치를 위해 모두가 한마음으로 노력하는 것을 보고 깊은 감명을 받았습니다. 우리 국민 모두는 스포츠에 대한 열정을 가지고 있으며, 2012년 런던에서 여러분을 만나게 되기를 진심으로 원하고 있습니다. 올해 초 버킹엄 궁전에서 평가위원단 여러분을 만나게 되어서 무척 기뻤습니다. 그리고 2012년에도 버킹엄 궁에서 여러분을 또 만나게 되기를 진심으로 바랍니다.' 이상이 여왕폐하의 전언이었습니다. 이제는 제 동료이며 영국올림픽위원회 위원장인 크레이그 리디에게 차례를 넘기겠습니다."

짧지만 달콤했다. 그녀의 발표 속에는 여러 핵심 주제가 숨어 있음을 유념해야 한다. 제일 먼저, 영국 왕실의 일원이며 IOC 위원이 런던의 올림픽 유치를 위해 적극적으로 뛰고 있다는 것만으로도 상징적인 의미가 대단히 컸다. 그리고 영국이 창립총회 시절부터 올림픽 운동의 열렬한 지지자였다는 앤 공주의 설명은 올림픽에 대한 국민들의 지지도가 낮을지도 모른다는 염려를 종식시켰다. 또한 그녀의 발표는 '스포츠에 대한 열정'과 '우리는 여러분을 왕족처럼 대접할 것입니다'라는 감정적인 메시지를 충분히 전달해주었다.

"고맙습니다, 앤 공주님." 크레이그가 그 뒤를 이어 발표를 시작했다. 모두가 깜짝 놀랐다. 어쩌면 그의 가족들마저도 깜짝 놀랐을지도 몰랐다. 그가 프랑스어로 말했던 것이다. 앵글로색슨족의 자기중심주의는 악명이 높다. 게다가 영국인치고 외국어를 잘하는 사람은 별로 많지 않다. 그런데 런던 대표단의 일원이 다른 나라 말을 그것도 제법 능숙하게 한다는 것은 그 자리에 있던 사람들을 깜짝 놀라게 하기에 충분했다.

"위원장님 이하 친애하는 IOC 동료 여러분." 그는 신중한 태도로 발표 규약을 준수하면서 계속 프랑스어로 말을 이었다. "제 말을 하기에 앞서, 다른 후보 도시들에 먼저 찬사의 말을 바치고자 합니다. 위대한 도시 네 곳과 경쟁하게 된 것을 저희는 대단히 큰 영광으로 생각합니다. 여러분과 마찬가지로 저 역시 네 도시 모두 위대한 올림픽을 개최할 자격이 충분함을 잘 알고 있습니다. 저는 지난 25년 동안 미국, 프랑스, 러시아, 스페인에서 치러졌던 하계 및 동계 올림픽 모두에 참석할 수 있었습니다."

공손하지만 속에 칼날이 숨어 있는 외교적인 언사였다. 그는 IOC 위원들에게 뉴욕과 마드리드, 파리는 최근 몇 년 동안 올림픽을 치르지 못했을지라도 로스앤젤레스, 애틀랜타, 솔트레이크시티, 바르셀로나, 알베르빌은 올림픽을 유치했었다는 사실을 상기시키고 있었다. 특히 크레이그 리디는 알베르빌 동계올림픽에 대한 IOC 위원들의 기억이 결코 좋았다고는 말할 수 없음을 잘 알고 있었다.*

"오늘 저희는 64년 만에 처음으로 올림픽 개최 도시라는 영광스러운 타이틀을 거머쥐게 되기를 꿈꾸고 있습니다. 매우 자랑스럽게도 우리 영국 선수들은 1896년을 시작으로 모든 올림픽에 한 번도 빠지지 않고 출

전했습니다. 아테네부터 아테네까지 모든 올림픽에 출전했습니다."

그는 앤 공주가 떠난 바로 그 자리에 가서 섰다. 이는 데이비드 매글리아노가 '즐거움의 시한폭탄(timebomb of pleasure)'이라고 부르는 전술이었다. 즉, 처음 프레젠터가 아이디어의 씨앗을 심으면 다음 프레젠터가 그 자리로 돌아와 씨앗을 돌보는 전술이었다. 두 번째 프레젠터에 이르면 청중은 내용에 점점 익숙해지면서 "나도 항상 그렇게 생각했었지 / 나도 그렇게 알고 있었지"라는 반응을 보이게 될 것이었다. 크레이그가 말을 이었다. "또한 저희는 장애인 올림픽의 탄생국이기도 합니다." 매우 중요한 부분인 장애인 권투 경기에 대해 말하면서 그는 영어로 발표하기 시작했다.

"최근 몇 년 동안 영국만큼 하계올림픽 유치를 위해 모든 노력을 기울인 나라는 없었습니다. 이번까지 포함해 저희는 20년 동안 네 번이나 유치 신청을 했습니다. 유치 신청을 생각해낸 것은 바로 국가올림픽위원회였습니다." 이는 런던의 2012 올림픽 유치가 정치적인 타산이 아니라 선

■ 당시 프랑스 알베르빌에서 열린 동계올림픽은 경기를 위해 막대한 인공눈을 뿌렸는데, 이에 대해 여론은 인공눈의 환경 파괴적인 피해를 거론하면서 강하게 반발하고 나섰다.

수들의 염원임을 의미했다. "저희는 켄 리빙스턴 런던 시장과 토니 블레어 영국 총리의 전폭적인 지원 아래 이번 올림픽 유치를 위해 세세한 부분까지 하나도 놓치지 않고 준비를 해왔습니다."

"저희는 과거 세 번의 유치 신청에서 귀중한 교훈을 배울 수 있었습니다. 우리는 성공적인 올림픽을 치르기 위한 비법을 이해하고 있습니다. 그것은 기술적으로 완벽한 준비, 런던 시민들의 열렬한 지지, 그리고 올림픽의 모든 힘을 완전히 일깨우는 데 필요한 비전입니다." 그의 설명은 프레젠테이션의 세 가지 주요 내용을 간략하게 소개하면서, 다음 프레젠터들의 발표 내용을 청중이 미리 예상하게 하는 효과를 불러일으켰다.

"제 다음으로, 유치위원장인 세바스천 코가 올림픽의 비전과, 그러한 비전이 올림픽 운동에 어떤 식으로 특별하면서도 지속적인 공헌을 하게 될지를 설명드릴 것입니다. 또, 올림픽 금메달리스트 출신인 드니즈 루이스는 운동선수의 입장에서 런던에서 겪은 특별한 경험을 설명드릴 것입니다. 그리고 켄 리빙스턴 시장은 성공적인 올림픽 개최를 위해 런던이 만반의 준비를 다 하고 있음을 알려드릴 것이며, 토니 블레어 총리는 정부 차원의 지원을 약속드릴 것입니다. 마지막으로, 올림픽 장관인 테사 조웰은 런던의 스포츠 전통에 대해 설명드릴 것입니다."

그가 동료 프레젠터들의 이름을 호명하자 연단 뒤의 대형 스크린에서 그들의 사진이 차례로 등장했다. 세바스천 코와 드니즈 루이스의 사진이 나올 때는 올림픽 오륜 마크가, 그리고 다른 사람들의 사진이 나올 때는 런던 2012 로고가 함께 등장했다. 토니 블레어가 런던 2012 행사에 참석하고 있는 사진이었는데, 그가 계속해서 적극적인 도움을 주고 있음을 강조하기 위해 고른 사진이었다.

"영국올림픽위원회는 얼마 전 탄생 100주년 기념식을 열었습니다. 위원장님 이하 친애하는 IOC 동료 여러분, 런던에 올림픽을 개최할 영광을 주신다면 그것은 올림픽 정신을 저희 손에 건네주는 것과 같습니다. 저희는 올림픽 정신을 지킬 것입니다. 올림픽 정신을 소중히 가꿔나갈 것입니다. 그리고 후대에 자랑스럽게 물려줄 것입니다. 지금 화면에 나오고 있는 이 젊은이들에게요."

앞서 연설을 했던 앤 공주처럼, 크레이그 리디 역시 간략하면서도 이해하기 쉬운 말로 연설을 했다. 그는 프레젠테이션에 맞는 방식으로 모든 포부를 다 드러냈고, 자신의 뒤로 어떤 순서로 어떤 내용이 발표될 것인지도 설명했다. 이는 "뒤의 사람이 어떤 말을 할 것인지 미리 알려주는" 전형적인 기법이었다. 다시 말해 동료들에 앞서서 어떤 내용이 나올 것인지 미리 귀띔을 주면, 그 뒤로 동료들이 배턴을 이어서 방금 나왔던 말을 보다 자세하게 설명해주는 방식이었다.

첫 번째 필름*의 제일 첫 장면에는 출발선상에 서 있는 아프리카 선수를 클로즈업한 사진이 등장했다.

그 선수는 자신이 뛸 차례가 오기를 기다리면서 팔목밴드를 만지작거리고 있었다.

영국의 유명한 영화배우 이언 맥켈런 경의 음성이 들렸다.

"올림픽 챔피언이 되기 위해서는 결승전 진출자 8명과 경쟁해야 합니다."

★ 프레젠테이션 전체 내용과 사용된 필름들은 런던 2012 웹사이트인 www.london2012.com 이나 BBC 웹사이트인 http://news.bbc.co.uk에서 다시 볼 수 있다.

선수가 스타트대에 올라섰다.

"올림픽 결승전에 진출하려면 80명의 올림픽 출전 선수들과 경쟁해야 합니다."

"올림픽에 출전하기 위해서는 200명의 각국 국가대표 선수들과 경쟁해야 합니다."

한 젊은 육상선수가 탈의실에 앉아 팔목밴드를 만지작거리며 초조하게 기다리고 있었다. 필름의 오프닝에 나왔던 바로 그 선수였다. 인생에서도 그리고 선수 경력에서도 그는 아직은 앞길이 창창한 젊은이였다.

"국가대표가 되기 위해서는 수천 명의 선수들과 경쟁해야 합니다."

장면이 갑자기 바뀌면서 아프리카의 어딘가에서 맨발로 뛰고 있는 어린 소년의 모습이 화면에 등장했다. 그의 손에는 똑같은 팔목밴드가 감겨 있었다.

"한 명의 운동선수가 탄생하려면, 전 세계 수백만 아이들이 스포츠를 장래 희망으로 삼을 수 있어야 합니다."

아프리카의 한 마을에서 한 소년이 아이들과 함께 돌멩이를 던지며 놀고 있었다. 아이의 체구는 작고 운동선수처럼 보이지도 않았다. 팔목에 감긴 똑같은 밴드만이 젊은 선수의 어린 시절 모습임을 알려주고 있었다. 경찰차가 지나가자 아이는 잠시 멈춰 섰다. 하지만 아이의 주의를 잡아끄는 것이 있었다. 라디오에서 흘러나오는, 2012년 런던 올림픽 100미터 달리기 결승전 중계방송이었다. 나이지리아 선수가 소년 시절의 꿈을 이루기 위해 달리고 있었고, 마침내 금메달을 땄다.

화면이 사라졌다.

"위원장님과 존경하는 국제올림픽위원회 위원 여러분." 세바스천 코가 발표를 시작했다. 그는 편안한 태도로 말을 이어나갔다. "한 명의 올림픽 챔피언이 탄생하기 위해서는 전 세계 수백만의 아이들이 올림픽 스포츠를 선택하도록 그들에게 꿈을 불어넣어 주어야합니다." 이는 혹시라도 청중이 필름에서 놓치고 지나간 부분을 다시 강조하는 것이었다. "과거 심각한 도전을 받을 때마다 런던과 올림픽 운동은 항상 하나가 되어 움직였습니다. 1908년 런던은 올림픽 개최를 위해 빠듯한 일정에도 불구하고 최초의 올림픽 전용 스타디움을 건설했습니다. 1948년 우리의 전임자들은 스포츠를 통해 황폐해진 세계를 재결합시켰습니다. 그리고 그분들은 최초의 자원봉사 프로그램이라는 전통을 남겨주셨습니다. 그리고 그 자원봉사 정신은 오늘날까지도 올림픽의 중심을 이루고 있습니다."

메시지는 분명했다. 런던은 올림픽의 흑백 대립을 뛰어넘어 역사에 길이 남을 긍정적인 전통을 일구었다는 것을 드러내고 있었으며, 위기의 순간이 닥쳤을 때 런던이 발 벗고 나섰다는 사실을 은연중에 설명하고 있었다. 이제는 그 보답을 받을 시간이었다. 그는 프레젠테이션을 통해 앞으로의 도전에도 기꺼이 맞서 싸우겠다는 것을 보여주었다.

"지금 이 순간, 런던은 여러분과 함께 새로운 도전을 맞이할 준비가 되어 있습니다. 그리고 또다른 지속적인 스포츠 유산을 만들어갈 준비도 되어 있습니다. 지금 우리는 힘든 도전을 받고 있습니다. 그것은 과거보다 더 복잡한 도전입니다. 이제 우리는 젊은이들이 스포츠를 선택할 것이라고 더 이상 자신할 수 없게 되었습니다. 시설 부족이 원인일 수도 있습니다. 아니면 선수들을 가르칠 코치와 귀감이 되어줄 사람이 없는 것이 원인일 수도 있습니다. 또는 24시간 내내 즐길 수 있는 대상이 있고 인스턴트 명성에 깃든 오늘날의 시대에, 단지 열정 부족이 원인일 수도 있습니다. 우리는 런던 올림픽을 통해 이 도전에 대처하기로 결심했습니다. 따라서 런던의 비전은 바로 전 세계 젊은이들에게 다가가는 것입니다. 올림픽의 감화력으로 그들과 연결되는 것이 런던의 비전입니다. 그렇게 될 때 젊은이들은 스포츠를 선택할 마음을 얻게 될 것입니다."

"저는 오늘 차세대의 젊은이와 한자리에 서게 되어서 기쁘기 그지없습니다. 지금 단상으로 신예 농구 선수인 앰버 찰스(Amber Charles) 선수가 올라오고 있습니다. 앰버는 지난 해 로잔에 있는 국제올림픽위원회에 런던의 후보 신청서를 전달하는 일을 해주었습니다." 혼혈의 소녀가 단상에 올라와 세바스천 코 옆에 섰다. 올림픽이 열리면 앰버와 같은 선수들이 가장 많은 혜택을 보게 될 것임을 의미하는 행동이었다. "그리고 청중 속에는 12세에서 18세
에 이르는 앰버의 동료
30명이 있습니다." 아이
들이 IOC 위원들에게
손을 흔들었다. 작위적

인 분위기가 다분했지만, 회색 양복의 무리들 속에서 아이들은 극명
한 대조 효과를 보여주었다. 코는 그 순간을 맘껏 감상했다.

　"사업가와 정치가가 아닌 저 아이들이 이 자리에 서 있는 이유는 무엇
일까요? 그 이유는 우리가 젊은이들에게 영감을 불어넣어주는 것을 진지
하게 고려하고 있기 때문입니다. 저 아이들은 런던 동부 출신입니다. 런
던이 올림픽을 유치할 경우 가장 직접적으로 영향을 받게 될 지역의 아이
들이지요. 또한 런던에는 200여 개 민족의 다양한 문화가 공존하고 있습
니다. 그렇기에 저 아이들은 세계의 젊은이들을 대표한다고 말할 수 있습
니다. 그들의 가족은 각기 다른 대륙에서 온 사람들입니다. 그들은 자신
만의 종교와 신앙을 실천에 옮기고 있습니다. 그들을 하나로 묶어주는 것
은 런던입니다. 스포츠에 대한 그들의 사랑, 그리고 런던 올림픽 유치를
진심으로 염원하는 마음이 그들을 하나로 묶어주고 있습니다."

　뒤의 스크린에서는 런던 2012 행사에서 세바스천 코와 토니 블레어
가 함께 찍은 사진이 비춰지고 있었다. 그는 자신이 맡은 부분을 발표하
면서 프레젠테이션의 아이디어를 반복해서 설명했을 뿐 아니라 런던의
다문화주의와 스포츠에 대한 열정이라는 핵심 테마를 소개했다.

　"위원장님 이하 IOC 위원 여러분, 올림픽을 성공적으로 치르기 위해
서는 기술적인 우수성도 매우 중요합니다. 런던은 기술적인 우수성을 첫

번째 출발점으로 삼고 있습니다. 그렇기에 저희는 평가위원회가 런던의 기술성에 대해 '매우 높은 등급'을 매겨주셨음에 감사하고 있습니다." 이 것은 평가위원회 보고서에서도 드러난 매우 중요한 부분이었으며, 코는 보고서를 읽지 않았을지도 모르는 IOC 위원들에게 이 사실을 상기시키 고 있었다.

"하지만 우리의 목표는 훨씬 더 높은 데 있습니다. 지금부터 저희의 유치 노력을 이끌어준 세 가지 원칙을 설명하겠습니다."

"첫째, 우리는 마법과도 같은 분위기를 제공하기를 원합니다. 선수들 과 관객 모두에게 감동적인 경험을 선사하기를 원합니다. 올림픽을 다른 스포츠 행사와 뚜렷이 구분해줄 드높은 기백을 제공하기를 원합니다." 이는 초고령 IOC 위원들의 마음에 호소하는 내용이었다. 이러한 드높은 기백이야말로 그들을 이끄는 힘이었기 때문이었다. "그리고 올림픽의 마 법은 경기장에서 시작됩니다. 바로 이런 이유 때문에 저희는 국제 스포츠 연맹의 요구에 맞게 그리고 올림픽연구위원회(Olympic Games Study Commission)의 권고에 따라서 경기장을 주의 깊게 선택했습니다."

"기존의 세계 수준의 경기장들을 최대한 활용하고"는 파리가 '꿈같은 유치 신청'이라고 비웃은 것을 겨냥한 말이었다.

"도심 최적의 장소에 경기장들을 마련하며"는 파리가 도시 외곽에 시 설을 짓겠다는 것을 공략하고 있었다.

"그리고 무엇보다도, 저희는 올림픽 공원을 짓기로 결정했습니다. 그 공원은 아홉 개의 최신식 경기장과 IBC 및 MPC를 포함하게 될 것입니 다." 올림픽 공원 내에 방송 및 프레스 센터가 마련된 적은 지금껏 한 번 도 없었다. "이 모든 시설은 런던 시내에서 불과 7분 거리밖에 되지 않습니다. 올림픽 공원에는 올림픽촌도 들어설 것입니다. 그곳에 올림픽의 가장 중요한 사람들인 올림픽 출전 선수들과 장애인 올림픽 출전 선수들의 숙소가 마련될 것입니다. 그들은 올림픽 성화가 보이는 범위 안에 머무르게 될 것입니다."

런던의 기술적인 준비에 있어서 가장 중요하면서도 특별한 부분을 세바스천 코는 대단히 겸손한 태도로 발표했다. 사실 대다수 IOC 위원들은 영국 유치위원회가 이토록 겸손한 태도를 보이리라고는 미처 예상 못했을지도 모른다.

"저희의 두 번째 원칙은 여러분의 최고의 파트너가 되는 것입니다. 저희는 많은 것을 듣고 배웠습니다. 그 결과 저희는 조금 더 나은 후보 도시가 되었습니다. 이 모두는 위원 여러분이 저희의 부족한 부분을 채울 수 있도록 도와주신 덕분입니다. 저희는 선수위원회(Athletes Commission)*를 설립했습니다. 그리고 그 선수들의 버팀목이 되어주는 분들이 원하는 바를 이해하기 위해 각고의 노력을 기울였습니다. IOC 위원들, 국가올림픽위원회 위원들, 국제스포츠연맹 및 기술 관료, 후원사와 미디어, 그리고 올림픽 패밀리에 속한 모든 분들이 요구하는 것을 이해하기 위해 노력했습니다."

이는 방 안에 있는 사람들과 그들의 가족과 친구 모두를 가리키는 말이었다. 그의 말은 틀에서 벗어나는 것이 없었음에도 진정한 파트너십이 무엇인지 확실한 증거를 보이기도 전에 사람들의 흥미를 불러 모으고 있

★ 이 협회의 원래 명칭은 '선수자문단(Athletes Advisory Group)' 이었지만 IOC 위원들에게 친근감을 불러일으키기 위해 '위원회' 라는 말을 집어넣어서 '선수위원회' 로 바뀌었다.

었다. 나와 처음 만났을 때 데이비드 매글리아노는 세바스천 코의 연설의 핵심이 무엇이냐고 묻는 내 질문에 이렇게 답했다. "예스라는 말입니다. 다음 질문은 무엇입니까?"

"가령 저희는 올림픽 개최 도시가 선정된 다음에는 호텔 숙박료를 협상하기가 훨씬 더 어려워진다는 사실을 잘 알고 있습니다. 그래서 저희는 모든 올림픽 패밀리들이 저렴하고 일정한 가격에 숙소를 마련하도록 보장해줄 법률 조례를 이미 마련해두었습니다. 또한 최저 숙박 기간 요구도 없을 것입니다. 이것만으로도 여러분은 수백만 달러의 숙박비를 절약할 수 있을 것입니다."

달러화의 절약. 이것이야말로 최고의 파트너십을 의미하고 있었다. 또한 그가 영국의 파운드화가 아니라 올림픽 공식 통화인 달러화를 언급했다는 사실도 유념해야 한다.

"저희의 세 번째 원칙은 스포츠 유산을 지속적으로 전달한다는 것입니다."

"올림픽에서는 불과 17일 남짓 동안 세계 수준의 스포츠 경기와 축하 행사가 펼쳐져야 한다는 것을 저희는 잘 알고 있습니다."

"그렇기에 런던에서는 모든 스포츠가 유산을 물려주게 될 것입니다."

"이 부분에 대해서는 조금 뒤에 다시 다루겠습니다."

"지금부터는 저희의 계획을 자세히 설명하겠습니다."

스포츠 유산은 대단히 중요한 문제였지만 논리적인 흐름상 지금은 스포츠 유산을 다룰 만한 순서가 아니었다. 여기에 대해서는 올림픽 전담 장관인 테사 조웰이 뒷부분에 가서 설명할 예정이었다.

두 번째 필름이 상영되기 시작했다. TV 프로그램 진행자로 변신한 전직 테니스 선수 수 바커(Sue Barker)가 화면에 나와서 청중들에게 런던의 올림픽 시설들을 보여주고 있었다. 그녀가 보여주는 시설들 대부분이 아직은 그래픽에 불과했지만, 실제 장소와 교묘하게 뒤섞여 있어 마치 진짜 같은 느낌을 주고 있었다.

두 번째 필름 상연이 끝나고 드니즈 루이스의 차례가 되었다. 한때는 잔뜩 얼어서 말도 잘 하지 못했지만, 여러 시간의 리허설이 효과가 있었다. 지금 그녀의 모습은 차분하고 침착했다.

"위원장님과 국제올림픽위원회 위원 여러분. 저는 시드니 올림픽 7종 경기 금메달리스트인 드니즈 루이스입니다. 런던 선수위원회를 대신해서 이 자리에 서게 된 것을 무한한 영광으로 생각합니다."

"모스크바 올림픽을 보면서 운동선수에 대한 꿈을 품은 것은 제가 여덟 살 때였습니다." 이 말은 그녀가 다른 누구보다도 세바스천 코를 보면서 선수의 꿈을 품게 되었다는 절묘한 메시지를 전달하고 있었다. 또한 모스크바 올림픽은 자크 로게 위원장이 출전했던 대회이기도 했다. "올림픽을 보면서 저는 선수들처럼 되기를 꿈꾸었습니다. 그리고 그 꿈이 실현되어 저는 애틀랜타, 시드니, 아테네 올림픽에 출전할 수 있었습니다. 다른 올림피언들과 마찬가지로 저 역시 올림픽에 대한 결코 잊지 못할 추억을 가지고 있습니다. 그리고 우리는 모든 선수가 평생 간직할 우정과 추억을 품고서 런던을 떠나게 될 것이라고 자신합니다."

"저희 선수위원회는 '선수들에게 최고의 올림픽 경험을 선사하려면 어떻게 해야 하는가?'라는 한 가지 근본적인 질문에 답해야 했습니다. 저희의 답은, 그들에게 가장 편리한 장소에 최상의 올림픽촌을 제공하는 것입니다. 그렇게 되면 다른 문제는 저절로 해결될 것입니다. 우리 올림픽촌은 아홉 개의 경기장으로부터 걸어서 왕복할 수 있는 거리에 놓이게 될 것입니다. 런던에서 선수들은 거리에서 시간을 보내는 것이 아니라 시합에만 온 정신을 쏟을 수 있을 것입니다. 올림픽 공원 안에 위치한 올림픽촌은 선수들에게 특별한 경험을 선사해줄 것입니다. 나에게서 비롯된 생각, 그것이 모든 행동을 최대한 실현하게 해주는 가장 결정적인 차이입니다. 사실 런던의 계획 하나하나에는 우리 선수들의 생각이 반영되었습니다. 계획 첫날부터 선수들이 필요로 하는 것이 모두 설계되기 시작했습니다. 연습용 경기장 '보안' 그리고 장애인 올림픽 출전자들에게 필요한 것. 이들 모두가 우리 선수들이 원하는 것입니다. 몇 초가, 몇 센티미터가 승리와 패배의 차이를 만들어낼 수 있을 때, 그리고 여러분의 삶을 바꿀 수 있을 때, 여러분은 우리가 작은 세부사항들을 해결하기 위해 오랫동안 노력해왔음을 알게 될 것입니다. 그렇기에 우리 선수들은 평가위원회가 우리 선수들의 공헌을 칭찬한 것을 자랑스럽게 생각합니다."

이 부분에서 그녀는 존경의 뜻으로 평가위원회 위원들 쪽으로 얼굴을 돌렸다. 이 단 한 문단을 통해 드니즈 루이스는 선수들이 런던의 계획에서 중심점을 차지하고 있음을 강조하고 있었다. 또한 그녀는 청중 안에 있는 전직 운동선수들이 궁금해할 만한 의문점들 대부분을 설명하고 있었다. 모든 의문점이 다 확인되었다.

"런던에서 각국 선수들은 페어플레이 정신을 소중히 여기는 열정적인 팬들에게 휩싸여 경기를 치르게 될 것입니다." 이 부분에서 남아메리카 국기를 흔드는 모습을 담은 비주얼 자료가 등장했다. 그녀는 다른 키 포인트로 옮겨갔다. "런던의 다양성 덕분에 각국 선수들은 자신을 응원해주는 사람들을 만날 수 있을 것입니다. 모든 선수들은 자국 관중들을 만나게 될 것입니다." 마지막으로, 그녀는 영국의 장애인 올림픽 역사를 추가로 상기시키는 내용을 제시했다. "그리고 장애인 올림픽 출전자들 역시 장애인 경기를 사랑하는 영국 국민들의 열광적인 응원을 받게 될 것입니다. 여러분과 2012년 올림픽 출전자들 모두 런던의 마법을 결코 잊

지 못할 것입니다.”

런던의 마법을 담은 짧막한 필름이 상영되고 있었다. 사실 관광안내 책자처럼 꾸며진 그 필름은 실제로는 일종의 막간극 역할을 하는 것이었다.

켄 리빙스턴 런던 시장이 단상에 올랐다.

“위원장님 이하 존경하는 IOC 위원 여러분, 저는 켄 리빙스턴 런던 시장입니다. 지금 나간 필름으로 런던의 정취를 맛보실 수 있었을 것입니다. 하지만 그것은 단지 맛보기에 불과합니다. 런던은 열린 팔과 열린 정신으로 세상을 환영하는 도시입니다. 런던은 그 무엇보다도 올림픽을 맞이하게 되기를 진심으로 염원합니다.”

‘열린 팔’이라는 말은, 인종 문제에 있어서 결코 바람직하다고 말할 수 없는 전례를 가진 파리와 마드리드에 대한 교묘한 공격이었다. 이 부분에서 리빙스턴은 동료로부터 ‘멈춤’이라는 신호를 받았다. 속도를 조절해야 한다는 뜻이었다.

“런던에서는 매일 300개의 언어가 사용되고 있으며, 다양한 민족과 인종이 서로 행복하게 어울려 살아가고 있습니다. 런던은 문화적 풍부함을 갖춘 도시입니다. 저희는 올림픽 축전을 훌륭하게 치러낼 자신이 있습니다. 런던은 스포츠 정신이 살아 있는 도시입니다. 주말이면 수십만 런던 시민들이 경기장으로 몰려듭니다. 매년 50만의 관중들이 세계 최대의 마라톤 경기를 관람하기 위해 거리로 나옵니다."

리빙스턴은 다시 한번 멈춤 신호를 받았다. 방금 설명한 세 가지 키포인트를 청중이 음미할 시간을 주라는 신호였다. 이어서 그는 네 번째 키포인트를 설명했다.

"그리고 런던은 자석처럼 전 세계 젊은이들을 끌어당기는 도시입니다. 이미 그들은 가장 가고 싶은 도시로 런던을 꼽고 있습니다. 매년 600만 명의 젊은이들이 런던을 방문합니다. 그들 중 많은 사람들이 다른 도시가 아닌 런던에서 교육을 받겠다고 결정합니다. 토요일 밤의 '라이브 8' 콘서트 개최자들은 세상의 젊은이들을 움직이고 싶다면 런던에서 시작하라고 말할 것입니다." 지난 주말에 방영된 '라이브 8' 콘서트를 담은 필름이 스크린을 채웠다. 수십만의 젊은이들이 런던 하이드파크를 가득 메우고 있는 장면이었다.

"런던 시장으로서 저는 안전하고 무사하게 훌륭한 올림픽을 치르기 위해 모든 필요한 조치가 취해지기를 원하는 여러분의 바람을 잘 알고 있습니다. 저는 이를 위해 최선의 노력을 다할 것임을 약속드립니다. 여러분을 실망시키는 것은 런던을 실망시키는 것임을 잘 알기 때문입니다."

리빙스턴 시장이 청중에게 전달해야 할 말은 이것으로 끝났다. 하지만 그는 올림픽 개최도시로서의 런던에 대한 부정적인 인식을 바로잡기를 원했다.

"예를 들어, 저희는 교통수단이 성공적인 올림픽에 매우 중요하다는 것을 잘 압니다. 저희는 올림픽 공원 안에 가능한 많은 경기장과 시설들을 배치할 생각입니다. 올림픽 공원은 최고의 교통망을 갖추게 될 것입니다. 기존의 아홉 개 전철 노선이 공원에 연결될 것입니다. 또한 10호선도 2007년이면 완공될 것입니다. 실제로 모든 경기장마다 기존의 노선이 연결될 것입니다. 또한 전체 교통망이 완성되면 2012년 전까지 300억 달러의 투자 효과가 발생하게 될 것입니다." 코와 마찬가지로 리빙스턴 역시 영국의 파운드화가 아니라 올림픽 공식 통화인 달러화로 설명을 하고 있었다.

"이미 올림픽 공원 주변 지역은 재탄생을 위한 준비를 하고 있습니다." 그의 설명과 함께 화면에는 반즈 습지대(Barnes Wetlands)사진이 나오고 있었다. 사실 반즈 습지대는 런던 반대편에 위치했지만 그 사실을 눈치 챈 사람은 아무도 없어보였다. "런던 올림픽을 통해 이러한 도시의 재탄생은 스포츠 정신을 마음에 새기며 살아가는 커뮤니티를 창조해줄 것입니다. 도시의 재탄생은 21세기를 살아가기 위한 모델이 되어줄 것이며, 피에르 드 쿠베르탱의 철학을 구현시켜줄 것입니다."

"올림픽 공원은 환경 친화적인 장소가 될 것입니다." 반즈 습지대를 보면서 청중이 떠올리게 될 추억을 고려해서라도 꼭 짚고 넘어가야 할 중요한 사항이었다.

"올림픽은 런던 시민들의 생활을 극적으로 향상시켜줄 것입니다. 이제 토니 블레어 총리를 소개해드리겠습니다."

총리가 화면에 등장했다. 다크 블루 양복에 런던 2012 넥타이를 매고 다우닝 스트리트 10번가에 있는 총리관저 집무실에 앉아 있는 모습이었다. 그는 프랑스어로 말하고 있었다. 전혀 예상 못한 경의의 행동이었다. 아이디어를 낸 사람은 데이비드 매글리아노였다. 토니 블레어가 프랑스어를 유창하게 구사한다는 기사를 읽었던 것을 기억해낸 매글리아노는 블레어에게 프랑스어로 발표를 해줄 수 있는지 요청했고, 총리는 기꺼이 수락했다. 그것은 천재적인 발상이었다. 프랑스의 시라크 대통령은 불어로만 말했던 것이다.

"위원장님 이하 존경하는 국제올림픽위원회 위원님들과 존경하는 내빈 여러분. 이 자리에 직접 참석하지 못해서 죄송합니다. 오늘 시작하는 G8회담의 주최자로서 저는 부득이하게 영국으로 돌아오지 않을 수 없었습니다. 그것만이 제가 이 역사적인 총회에 참가하지 못하는 유일한 이유입니다. 하지만 지난 며칠 동안 많은 분들을 만나고 오랜 우정을 되살릴 수 있었던 것은 제게는 무척 영광스럽고 기쁜 일이었습니다."

"지난해 저는 아테네에서 성황리에 열린 올림픽과 장애인올림픽을 직접 관전하는 영예를 누릴 수 있었습니다. 또한 해외 관광객으로는 최다였 던 2만 명의 영국 관중들과 함께 경기를 보았다는 것이 자랑스럽습니다."

화면이 바뀌면서 총리가 부인인 체리 블리어와 함께 아테네 올림픽 스타디움에서 기립박수를 치고 있는 장면이 나온다. 프랑스의 시라크 대 통령과 미국의 부시 대통령은 아테네에 오지 않았었고, 올림픽 운동에 대 한 그들의 관심은 최근에야 부쩍 늘어났다.

"아테네 올림픽은 제게 올림픽 운동에 대해 많은 영감과 가르침을 주 었습니다. 우리의 목표는 그 힘을 런던에서 목격하는 것입니다."

앞서의 크레이그 리디와 마찬가지로 그 역시 여기서부터는 영어로 프 레젠테이션을 하기 시작했다.

"올림픽 개최 도시가 되는 것은 대단히 특별한 영예입니다. 또한 저는 그 영광에는 대단히 큰 책임감이 따르며, IOC와의 긴밀한 협력 관계가 필요하다는 것을 잘 알고 있습니다."

"저는 약속드립니다. 우리는 여러분과 최고의 파트너 관계를 꾸려나 갈 것입니다. 우리 모두는 단순한 장담에 그치지 않고 지금부터 그 약속을 실천할 준비가 되어 있습니다. 보안과 재정 및 그밖에 저희가 약속드린 모 든 것을 실천해나갈 것입니다. 런던에 올림픽을 개최할 영광을 주신다면, 올림픽 장관인 테사 조웰의 책임 하에 조직위원회를 이끌어나갈 세브 코 와 키스 밀즈에게 지속적으로 최고 수준의 지원을 아끼지 않을 것임을 제 이름을 걸고 약속합니다. 영국 정부와 야당은 올림픽 유치를 위해 하나로 뭉쳤습니다. 올림픽은 전폭적으로 정치적인 지지를 받고 있습니다. 온 나 라가 유치를 열망합니다. 영국의 모든 국민이 흥분에 휩싸여 있습니다. 이 미 300만 명이 넘는 국민이 자원봉사를 지원하고 나섰습니다."

올림픽을 지원하겠다는 영국 정부의 약속은 매우 중요했다. 블레어는 야당이 차기 정권을 차지한다 해도 올림픽에 대한 지원이 끊이지 않을 것임을 확인시켜주었으며, 올림픽 유치를 위해 전 국민이 발 벗고 나서고 있음을 강조했다. 그가 말하는 모든 문장이 대단히 중요한 의미를 지니고 있었다. 하지만 아직 비장의 카드는 내보이지도 않은 상태였다.

"올림픽 유치에 대한 지지는 국내에만 그치지 않습니다. 영광스럽게도 이 시대 가장 존경받는 정치인인 넬슨 만델라께서도 런던의 올림픽 유치를 지지해주셨습니다." 다우닝 스트리트 10번가에서 장면이 갑자기 바뀌면서 블레어 총리와 세계에서 가장 존경받는 정치가가 함께 웃고 있는 모습이 화면에 등장했다. "그분은 이렇게 말씀하셨습니다. '세계를 하나로 묶어주는 행사가 열리는 장소로 런던보다 더 좋은 곳은 생각할 수 없습니다. 런던은 세계의 모든 젊은이들에게 영감을 불어넣어줄 것이며, 올림픽이 계속해서 미래 세대의 꿈이 되게 해줄 것입니다.'"

만델라의 말은 확실한 지지와 함께 런던의 메시지를 축약해서 전달하고 있었다. 그의 등장은 블레어 총리가 프랑스어로 말했던 것과 함께 또 한 번의 놀라운 충격이 되기에 충분했다.

"그분의 말씀은 정부 및 스포츠 분야의 지도자로서 우리가 시대와 국경을 초월해 뻗어나가야 할 의무가 있음을 되새겨줍니다. 우리 뒤의 세대들에게 비전을 제공해야 할 의무가 있음을 확인시켜줍니다."

이것은 순전히 아부성 멘트였다. 블레어는 자신이나 만델라와 마찬가지로 IOC 위원들도 세계의 지도자라고 말하고 있었다. 또한 각국 대통령이나 총리들만큼이나 IOC 위원들에게도 미래 세대를 도와줄 책임이 있다고 말하고 있었다.

이어서 블레어는 종합하기 시작했다. 이후의 말은 런던의 핵심 메시지였으며, 도시와 국가 차원에서 지원을 약속하는 증거이기도 했다.

"영국을 비롯해 세계 수백만 이상의 젊은이들이 스포츠에 참가하고 그 결과 그들의 삶을 향상시키는 것을 보는 것이 저희의 비전입니다. 그리고 런던은 그 비전을 현실로 만들 능력이 있습니다. 런던은 젊은이들과 소통할 수 있는 도시입니다. 또한 런던에는 해외에서 온 1,000명 이상의 특파원들이 거주하고 있습니다. 그렇기에 이 도시는 세상 곳곳과 소통할 목소리를 가지고 있습니다. 그 특별한 장점들이 결합되어 런던은 젊은이들에게 올림픽 메시지를 전달할 세계적인 플랫폼이 되어줄 것입니다. 경기가 열리는 17일 동안, 그리고 올림픽을 앞둔 수년 동안, 그리고 그 이후로도 오랫동안이요."

비디오가 끝나고 싱가포르 총회에 참석한 런던 유치단 중 가장 고위급 각료인 테사 조웰 올림픽 장관이 단상에 올라 마이크를 잡았다. 원래 이 부분은 청소년 대표 농구선수인 앰버 찰스가 맡을 예정이었다. 런던이 올림픽을 개최할 경우 가장 많은 혜택을 입게 될 집단의 젊은 선수들을 대표해서 단상에 오른다는 계획이었다. 하지만 결국 유치위원회는 그렇게 하면 너무 작위적으로 비춰질 수 있다고 판단해서 계획을 변경했다. 그리고 전략적으로 볼 때에도 정치적으로 진지하게 올림픽 유산에 대해 말할 사람이 필요했다. 런던이 이미 운동시설 개발 작업에 착수해서 진행 중임을 위원들에게 확인시켜주고, 더불어 국제 스포츠 연맹과 국가올림픽위원회의 위원들이기도 한 IOC 위원들에게 몇 가지 새로운 아이디어를 심어주어야 했다. 그리고 그 역할에는 테사 조웰이 적임자였다.

"위원장님 이하 국제올림픽위원회 위원 여러분, 저는 올림픽 장관인 테사 조웰입니다."

"영국은 스포츠
인프라 구축을 위해
이미 막대한 자원을
투자하기 시작했습
니다. 새로워진 웸블리 스타디움이
그 증거입니다. 밀레니엄 돔(Millennium Dome)의 새로운 경기장이 그
증거입니다. 둘 모두 2012년에 이용될 것입니다. 이미 개발 중인 올림픽
공원 내 세 개의 경기장 역시 그 증거입니다. 아쿠아틱스 센터(Aquatics
Centre)와 벨로드롬(Velodrome, 사이클경기장)은 2008년에 완공될 것입
니다. 하키 경기장도 그 뒤를 이어 완공될 것입니다. 이렇게 되면 개발해
야 할 경기장은 실내 경기장과 올림픽 스타디움 단 두 곳입니다. 올림픽
스타디움은 미래의 육상 세대를 위한 맞춤형 경기장이 될 것입니다. 그
경기장은 유럽에서 200년 만에 탄생하는 최대의 도심 공원에 들어설 것
입니다."

조웰의 설명에 맞춰서 대형 스크린이 경기장을 담은 사진을 비춰주었
다. 파워포인트 슬라이드들의 화면 전환이 워낙 세심하게 계획되었기 때
문에 아직은 그래픽 화면에 불과한 경기장들도 실물 경기장들만큼이나
진짜처럼 보였다. 테스트 청중은 개발 계획 중인 경기장들도 기존 경기장
과 다름없이 실물처럼 보인다고 말해주었었다.

"하지만 우리는 성공적인 올림픽을 위해서는 17일 동안 훌륭한 스포
츠를 치러내는 데 그쳐서는 안 됨을 잘 알고 있습니다. 그렇기에 런던은
훨씬 더 많은 것을 제공할 것입니다. 그리고 우리의 유산은 그 즉시 효과

를 발휘할 것입니다. 올림픽 스타디움은 스포츠 발전을 위한 새로운 월드 센터인 런던올림픽협회의 근거지가 될 것입니다. 그 협회에는 국가가 관리하는 기관 및 의학 전문가들과 교육가들이 상주할 것입니다. 또한 국가 올림픽위원회를 위한 국제적인 자원이 되어줄 것이며, 세계의 젊은 선수들에게 배우고 훈련 받을 기회를 제공할 것입니다."

이는 각종 스포츠 경기를 주관하는 국제연맹과 자국의 올림픽 선수단을 이끄는 국가올림픽위원회에 하는 제안이었다. 각국의 선수들과 코치들은 런던의 경기장에서 훈련과 의학적인 보살핌을 받을 수 있다. 또한 훗날 각종 국제 대회의 장으로 이용할 수 있다. 매년 국제 스포츠 연맹들이 몇몇 도시들만을 돌면서 세계 선수권 대회를 주최하느라 애를 먹고 있는 상황에서 이는 대단히 매력적인 제안이었다.

"올림픽 공원에 건설될 스타디움과 네 개의 상설 경기장을 통해 런던은 여러 스포츠 종목의 세계 선수권대회 및 유수 대회들을 개최할 수 있을 것입니다. 각각의 경기장은 서로 협의 하에 명확하고 장기적인 계획을 갖추었습니다. 각 경기장은 이미 25년 사업계획을 준비해두었습니다. 또한 런던의 유산은 런던 밖으로도 뻗어나갈 것입니다. 우리의 목표는 올림픽 운동의 오랜 숙원을 돕는 것입니다."

올림픽 운동의 가장 오래되고 중요한 숙원 중 하나는 바로 아프리카나 남아메리카에서 올림픽을 개최하는 것이었다. 그들 나라들은 충분한 경기 시설을 갖출 수가 없었기에 이 숙원은 아직까지 불가능한 숙제로 남아 있었다. 하지만 런던은 이 문제에 대해 한 가지 중요한 기술적 제안을 했다. 바로 2012년 올림픽이 끝난 뒤에 분해해서 IOC가 원하는 곳 어디에서든 이용할 수 있는 이동 가능한 임시 경기장을 설계하겠다는 것이었

다. 그 아이디어가 실현된다면 아프리카나 남아메리카 올림픽 유치의 꿈
이 현실이 될 수도 있었다.

"최첨단의 이동 가능한 경기장을 설계하고 이용해본 경험은 미래에 모
든 대륙에서 올림픽이 열릴 수 있도록 도와줄 수 있을 것입니다. 그렇기에
런던은 영국의 스포츠 유산을 만들기 위해, 그리고 올림픽 운동을 위한 전
세계적인 유산을 만들기 위해 헌신의 노력을 쏟아부을 것입니다."

지금까지 프레젠테이션을 하면서 런던 팀은 똑같은 키포인트들을 여
러 번 강조했지만, 매번 조금씩 다른 관점에서였다. 이제 세바스천 코가
모든 키포인트들을 한데 모아서 감동적인 피날레를 장식할 시간이 되었
다. 그가 다시 단상에 오르기 전에 마지막 필름이 상영되기 시작했다.

오프닝 필름에 나왔던 아프리카 소년이 다시 화면에 등장했다. 소년
은 비포장도로에서 돌멩이 던지기 놀이를 하다가 방송에서 흘러나오는
2012 런던 올림픽 100미터 결승전 중계에 귀를 기울였다.

장면이 바뀌더니, 작은 아파트 마루에 앉아서 체조 경기를 시청하고
있는 어린 중국 소녀가 나왔다. 남아메리카의 한 마을에서는 꼬마 남자아
이가 사이클 경기를 보고 있었다. 러시아에서는 작은 소녀가 수영 경기에
넋을 빼고 있었다. 모든 2012 런던 올림픽에서 치러지는 경기들이었다.
이윽고 운동화, 체조용 덧신, 자전거, 파란색 수영고글이 화면에 나왔다.
이제 러시아의 소녀는 수영장 가장자리에 앉아 있었다.

아이는 파란색 수영고글을 잘 조절한 뒤 주위의 눈을 의식하지 않고 엎드린 자세로 수영장 안으로 다이빙했다. 아이는 평영을 하면서 물표면 아래로 얼굴을 디밀었다. 팔이 물살을 가를 때마다 그리고 물표면 위로 얼굴이 나올 때마다 아이는 조금씩 나이를 먹으면서 더 강해졌다. 그리고 마침내 아이는 올림픽 시합에 출전하는 젊은 여성이 되어 있었다. 중국의 어린 소녀는 매트에서 도약을 했고, 한 번씩 도약을 할 때마다 소녀는 어린 시절의 모습을 뒤로 하면서 자신의 꿈에 조금씩 가까워지고 있었다. 자전거를 타고 마을에 있는 시장을 오가던 남아메리카의 소년은 어느덧 올림픽 사이클 경기에 출전하고 있었다. 그리고 마지막으로, 오프닝 필름에 등장했던, 팔목밴드를 한 아프리카의 소년은 육상선수로 자라났다. 그는 마침내 국가대표가 되어 올림픽에 출전했다.

화면의 마지막 장면은 그가 100미터 결승전에 서 있는 모습이었다. 출발 신호탄 소리가 울리면서 화면이 까맣게 변했다.

원래는 제일 마지막에 '런던에 한 표를 던지십시오. 세계의 젊은이들에게 올림픽 스포츠에 대한 영감을 불어넣으십시오'라는 문구를 내보낼 예정이었다. 하지만 이 자막 역시 잘려나간 다른 모든 장면들과 마찬가지로 4초의 시간을 마련하기 위해 과감히 삭제되었다. 이 모두는 세바스천 코가 대미를 장식할 시간을 벌기 위해서였다.

"위원장님과 명예위원장님, 그리고 국제올림픽위원회 위원 여러분."
세바스천 코가 말을 시작했다. 명예위원장을 언급한 것은 과거 IOC 위원
장이었으며 남아메리카 IOC 위원들에게 많은 존경을 받고 있는 후안 안
토니오 사마란치(Juan Antonio Samaranch)에 대한 경의를 표하기 위해
서였다.

"제가 오늘 이 자리에 서게 된 것도 올림픽 운동에서 영감을 얻었기 때
문입니다. 앰버와 같은 나이인 12살 때였습니다. 저는 반 친구들과 함께
학교 강당으로 열심히 뛰어갔습니다. 우리는 낡은 흑백 TV 앞에 앉아 멕
시코 올림픽 경기 장면이 흘러나오는 뿌연 화면을 지켜봤습니다. 우리 고
향 출신 선수 두 명이 경기에 출전했습니다. 존 셔우드(John Sherwood)는
400미터 허들 경기에서 동메달을 땄습니다. 그의 아내 세일라 셔우드
(Sheila Sherwood)는 멀리뛰기에서 아깝게 금메달을 놓쳤습니다. 그날 제
게 새로운 세상으로 향하는 창문이 열렸습니다. 교실로 돌아왔을 때, 저는
제가 무엇을 하고 싶은지 그리고 무엇이 되고 싶은지를 알았습니다. 그 다
음 주, 저는 동네 어귀 길목에서 셔우드 부부가 고향에 선사한 메달을 먼
발치에서라도 보기 위해 몇 시간이고 서 있었습니다. 그것이 끝이 아니었
습니다. 이틀 뒤 저는 육상클럽에 가입했습니다. 그리고 2년 뒤 저는 세일
라로부터 생애 첫 단거리 경주용 운동화를 선물 받았습니다. 35년이 지난
지금도 제게는 그때의 기억이 아직도 생생합니다. 그리고 위대한 올림픽
운동은 여전히 제게 많은 영감을 줍니다."

세바스천 코는 이런 말을 할 자격이 있는 유일한 유치위원장이었다.
그리고 그가 들려준 개인적인 경험담은 토니 블레어가 프랑스어를 사용
한 것이나 넬슨 만델라가 런던을 지지하는 말을 해준 것만큼 강렬하면서

도 가슴에 와 닿았다. 그것은 곧 런던의 전략이 효과가 있다는 증거였다. 올림픽 1,500미터 결승전에서 2연패를 달성했던 유일한 인물에게 감히 누가 맞설 수 있겠는가? 세바스천 코는 자신의 경험담을 전략으로 사용했다. 하지만 그 경험은 비단 코의 것만이 아니라 올림픽에서 영감을 얻은 순간을 떠올린 IOC 위원들 대부분의 경험이기도 했다. 올림픽을 향한 코의 여정에 대한 스토리는 런던 2012의 스토리이기도 했다.

"이곳 싱가포르를 향한 제 여정은 어린 시절 학교 강당에서 시작되었으며, 경이와 감사 속에서 오늘도 계속 이어지고 있습니다. 셔우드 부부, 울드*, 가무디**, 도벨***, 하인즈****의 멋진 모습을 볼 수 있었던 것에 대한 감사의 마음은 제 가슴에 올림픽이라는 인류 최대의 축전을 깊이 새겨놓았습니다. 그리고 그 감사의 마음이 있기에 저와 유치위원회는 젊은 이들에게 스포츠에 대한 영감을 불어넣기 위해 무엇이든 할 수 있다는 각오를 하게 되었습니다. 그들이 누구든, 무엇을 하든, 어떤 종교를 믿든, 우리는 최선을 다할 것입니다." 그는 올림픽의 스포츠야말로 런던 올림픽 유치의 핵심이라고 말하고 있었다. 다시 말해 올림픽 스포츠의 의미를 직접 경험했으므로 그 의미를 훌륭히 전달할 수 있다는 뜻이었다.

"오늘날 그 일은 훨씬 더 어렵습니다. 오늘날 어린이들은 혼란스러운 메시지와 여러 오락거리가 난무하는 세상에 살고 있습니다. 그들의 시야

■ Mamo Wolde: 1968년 올림픽 마라톤 금메달리스트
■■ Mohammed Gammoudi: 1968년 올림픽 5,000미터 달리기 금메달리스트
■■■ Ralph Doubell: 1968년 올림픽 800미터 달리기 금메달리스트
■■■■ Jim Hines: 1968년 100미터 달리기 금메달리스트

는 흐트러져 있습니다. 올림픽 스포츠를 향한 그들의 여정은 자주 방해를 받습니다. 하지만 그것이 바로 우리가 이해하고 대처해야 할 세상입니다. 제 영웅들은 올림픽 챔피언들이었습니다. 내 아이들의 영웅은 매달 바뀝니다. 하지만 오히려 그들은 행운아입니다. 수백만이 넘는 아이들이 자원 제약이라는 장애에 부딪히고, 그로 인해 자신들을 이끌어줄 참된 역할 모델이 부족하니까요."

그는 올림픽 운동이 처한 문제를 강조했다. 하지만 이번에도 자신의 아이들을 언급하면서 그 문제를 개인적인 것으로 바꾸었다. 이 자리에 모인 청중의 자녀나 손자손녀 대부분은 달리기보다는 비디오게임을 더 좋아하지 않겠는가? 그 아이들의 영웅은 누구인가? 세바스천 코는 청중에게 올림픽 운동이 처한 커다란 도전을 그들 자신의 삶을 통해 바라보라고 요구하고 있었다. 그리고 런던이 제안한 해결책의 힘을 이해하라고 말하고 있었다.

"지난 2년의 여정 동안 우리가 이러한 도전을 어떻게 맞이하고 있는지에 대해 많은 분들과 대화를 나눌 수 있었습니다. 그러면서 저는 스포츠의 미래를 위한 공동의 목표를 나누어야 함을 새삼 확인하고 확신할 수 있었습니다. 그 어떤 지도자 집단도 여러분보다 더 많이 젊은이들의 마음과 정신을 끌어 모을 수는 없습니다." 이 말은 청중을 부추기는 동시에 그들이 올림픽 스포츠에 대한 코의 목표에 공감하지 않을지라도 다른 동료들은 그렇다는 뜻을 전하고 있었다.

"하지만 젊은이들을 올림픽 스포츠로 끌어들이는 일이 해가 갈수록 어려워지고 있습니다. 개최 도시 선택은 여러분이 이러한 도전에 대응하기 위한 가장 강력한 수단입니다."

"하지만 이를 위해서는 17일 동안 올림픽 경기를 훌륭하게 치르는 것만으로는 부족합니다. 더 넓은 비전이 필요합니다. 그리고 4년이라는 올림피아드 기간 동안 그 비전을 세상에 알리기 위한 목소리도 필요합니다. 오늘 영국의 네 번째 유치 신청을 통해 우리는 올림픽의 영감과 유산에 대한 런던의 비전을 제시합니다."

"여러분의 선택은 런던입니다. 그렇게 하면 세상의 젊은이들에게 '그 어느 때보다도 이번 올림픽은 그대들을 위한 것이다'라는 분명한 메시지를 보낼 수 있을 것입니다." 이 말은 결코 무심코 던져진 것이 아니었다. 데이비드 매글리아노는 최면학자처럼 말해야 한다고 훈련받았고, 코도 이를 충실히 따랐다.

"존경하는 위원장님 이하 국제올림픽위원회 여러분. 어떤 분들은 오늘의 결정이 비슷한 다섯 도시 중 하나를 선택하는 것에 불과하다고 생각하실 수도 있습니다. 이는 여러분 앞에 놓인 기회를 과소평가하는 것입니다. 과거에 여러분은 과감한 결단을 내렸습니다. 새롭고 열정적으로 올림픽 운동을 이끌어나가기 위한 결정을 내렸습니다. 오늘 여러분은 매우 중요한 결정을 내려야 합니다. 오늘의 결정은 올림픽 운동을 최대한 촉진시키는 데 필요한 비전과 스포츠 유산을 제공해줄 도시를 선택하는 결정입니다. 새로운 세대에게 스포츠가 왜 중요한지를 가장 훌륭하게 보여줄 도시를 선택하는 결정입니다. 마음을 빼앗길 대상이 그토록 많은 이 세상에서도 올림픽 스포츠가 왜 중요한지, 그리고 21세기에도 올림픽의 이상의 왜 그토록 여전히 소중한지를 가장 훌륭하게 보여줄 도시를 선택하는 결정입니다."

"오늘날의 젊은이들과 내일의 선수들, 그리고 미래의 올림피언들을 대신해서, 우리는 겸허한 마음으로 런던의 2012년 하계올림픽 유치를 신청합니다."

"위원장님, 저희 프레젠테이션은 이것으로 끝입니다. 들어주셔서 감사합니다."

IOC 위원들의 박수갈채를 받으며 코는 연단을 내려갔다. 어쩌면 몇몇 청중은 코의 프레젠테이션 마지막 부분을 파리 대표단의 마지막 연설자가 했던 말과 비교하고 있었을지도 모른다.

파리의 프레젠테이션도 비슷한 호소와 비슷한 구조로 끝을 맺었다. 하지만 그 방향은 전혀 달랐다.

'파리는 올림픽을 필요로 합니다.'

'파리는 올림픽을 원합니다.'

'파리는 올림픽을 사랑합니다.'

파리의 프레젠테이션에는 올림픽 운동에 대한 내용이 없었다. 그것은 오직 파리에 대한 프레젠테이션이었다. 그리고 바로 그 부분에 우리 모두가 유념해야 할 교훈이 숨어 있다.

축배

자크 로게 위원장이 싱가포르에서 봉투를 만지작거리고 유치위원회가 숨을 죽이며 발표를 기다리는 동안, 수백만의 영국인들은 생중계로 그 장면을 지켜보고 있었다. 그들은 집에서, 사무실에서, 술집에서, 올림픽 요트 경기가 치러지게 될 요트 클럽에서, 그리고 수천 관중을 위해 대형 스크린이 설치된 트라팔가 광장에서 그 장면을 지켜보았다.

BBC 아나운서인 배리 데이비스(Barry Davies)가 물었다. "최고의 프레젠테이션을 한 런던이 승리하지 않겠습니까?" 화면은 세 장면을 동시에 비추고 있었다. 가장 큰 부분을 차지하는 화면의 왼쪽에서는 싱가포르에 있는 자크 로게의 모습이 나오고 있었다. 오른쪽은 트라팔가 광장에 모인 군중들이 비춰졌다. 두 화면 아래로는 파리 시청 앞에 모인 수많은 군중들이 발표 결과를 기다리고 있었다.

마침내 로게가 입을 열었다. "국제올림픽위원회는 2012년 제30회 하계올림픽을 개최할 도시를 발표하게 된 것을 영광으로 생각합니다. 그 도시는 바로…… 런던입니다."

싱가포르 컨벤션센터가 폭발했다. 그리고 그 폭발과 함께 TV 방송을 보며 발표를 기다리고 있던 트라팔가 광장, 모든 가정집, 사무실, 술집, 요트클럽도 폭발했다. 트라팔가 광장에서는 아테네 올림픽 여자 800미터와 1,500미터 달리기 금메달리스트였던 켈리 홈즈(Kelly Holmes)가 기쁨에 겨워 무대에서 춤을 추고 있었다. 그녀와 함께 올림픽에 출전했던 동료 선수들은 서로 얼싸안았고 군중들은 눈물을 흘렸다.

"우리가 해냈습니다!" 아나운서인 데이비스가 외쳤다. 그는 공정성을 기해야 한다는 BBC의 원칙마저도 잠시 잊고 있었다. "런던이 해냈습니다! 승리할 수 없을 것이라고, 패배할 것이 분명하다는 생각을 뒤엎고 그들이 마침내 해냈습니다! 지금까지 보았던 그 어떤 것보다도 가장 감동적인 프레젠테이션으로 그들이 이겼습니다! 훌륭합니다! 세바스천 코와 유치위원회, 저 자리에 참석한 켄 리빙스턴 런던 시장, 사무총장 키스 밀즈, 모두 대단합니다. 저들 모두 흥분하고 있습니다……그리고 태어났을 때부터……태어났을 때부터 거의 올림픽과 생을 함께 한 딕 팔머(Dick Palmer)도 그럴 것이 분명합니다. 제 말이 두서가 없더라도 용서해주십시오. 오 세상에, 런던이 마침내 이겼습니다! 1948년 이후 처음으로 런던에서 올림픽이 열리게 되었습니다! 정말로 영광스러운 순간입니다!"

딕 팔머는 현재 런던 2012 기술이사이며 전직 영국 국가올림픽위원회 사무총장을 지냈다. 그는 1980년 모스크바 올림픽 개막식에서 영국 국기를 들고 입장했으며, 싱가포르에서는 단상에 오르긴 했지만 발표는 하지 않았다. 그를 한 번 만난 적이 있었다. 내가 네 살 때 나무에 걸렸던 모형비행기를 그가 내려줬던 적이 있다. 사실 그는 내 어머니의 절친한 친구의 남편이었다.

최종 투표에서 런던은 54표를 얻었고 파리는 50표를 얻었다. 3차 투표에서 런던은 39표를, 파리는 33표를, 마드리드는 31표를 얻었다. 런던에 던져진 표의 3분의 1은 탈락했던 도시들에 던져졌던 표들이었다. 마드리드에 던져졌던 유동표를 충분히 확보할 수 있었기에 런던은 최종 투표에서 승리해서 올림픽 경기를 유치할 수 있게 되었다.

"런던이 파리보다 자료를 더 많이 확보했던 것일까요?" 몇 달 뒤 데이비드 매글리아노는 기억을 떠올리며 분명하게 말했다. "아닙니다. 단지 우리는 똑같은 자료를 가지고 더 훌륭하게 프레젠테이션을 해냈을 뿐입니다."

나는 몇 년 전 아내에게 프러포즈를 했던 웨일즈 해변에 있는 집에서 가족과 함께 방송을 시청했다. 우리는 소파 위에서 껑충껑충 뛰다가 토니 블레어가 G8 정상회담에서 시라크 대통령을 만나기를 학수고대할 것이 분명하다는 배리 데이비스의 말에 한참을 웃었다. 그런 뒤에 나는 수영이

나 하키, 또는 다른 올림픽 종목에서 현재 국가대표로 뛰고 있는 중고등 학생들이 2012년 런던 올림픽에서 경기를 치르게 될 것이라고 아이들에 게 말해주었다. 아이들은 금메달을 딸 가능성이 제일 많다고 생각되는 선 수들에 대해 말하다가 어쩌면 자신들도 16살이나 17살쯤에는 올림픽에 출전할지도 모른다고 말했다. 우리 아이들이 그렇게 어린 나이부터 출전 할 만한 종목은 무엇일까? 나는 이윽고 우리 모두에게 그토록 감동적이 면서도 즉각적인 영향력을 발휘할 수 있는 프레젠테이션의 힘에 대해 생 각하기 시작했다. 런던 2012의 스토리는 IOC의 스토리이자 선수들의 스 토리이자 자라나는 아이들의 스토리이자 내 아이들의 스토리였다.

이 책의 마지막을 장식하는 데 이만큼 훌륭한 스토리는 또 없으리라. 나는 그렇게 생각한다.

감사의 말

감사 인사를 보내고 싶은 사람이 아주 많다. 그들이 없었다면 이 책을 끝마치는 것은 고사하고 책을 쓸 생각조차도 하지 못했을 것이다.

2년 전쯤 와일리의 편집자인 리처드 내러모어가 『진실, 거짓 & 광고』의 차기작을 쓸 생각이 없느냐고 물어봤다. 어카운트 플래닝에 대해서는 더이상 쓸 내용이 없을 것 같다고 대답하자 그는 내게 그것과 관련된 새로운 책을 써보라고 했다. 왜 그랬는지 모르겠지만 어쨌든 나는 그러겠다고 동의했다. 그 이후 리처드는 계속 격려하고 응원해주면서 훌륭한 아이디어를 제공해주었다. 그의 인내심과 지원에 감사를 보낸다. 또한 책을 제작하는 동안 조언을 아끼지 않은 와일리의 린다 위츨링과, 케이프 코드 컴포지터스(Cape Cod Compositors)의 스태프 여러분에게도 감사를 드린다.

이 책을 쓰는 내내 런던 JWT의 새로운 비즈니스 디렉터로서 훌륭한 역량을 발휘해준 피터 코위로부터도 많은 도움을 받았다. 그는 명석한 두뇌와 열정, 훌륭한 유머 감각까지 갖춘 그야말로 타고난 비즈니스맨이며, 나를 돕기 위해 자신의 시간과 경험을 아낌없이 나눠주었고, 그 덕분에 훌륭한 사람들을 많이 소개받을 수 있었다. 카밀라 허니는 업계에서 이름을 대면 누구나 알 만한 명성의 소유자로, JFDI라는 회사를 운영하고 있으며, 마케팅 커뮤니케이션 대행사의 새로운 사업 실적을 개선시켜주는 데 있어서는 발군의 능력을 발휘하는 사람이다. 이 책의 초고를 읽어보고 현명한 충고를 덧붙여주고 격려를 해준 그녀에게 감사한다. 또한 피터 코위 덕분에 2012년 런던올림픽 유치위원회 마케팅 디렉터를 맡았던 데이비드 매글리아노를 소개받을 수 있었는데, 그는 다른 중요한 일들이 많았음에도 기꺼이 나를 만나서 유치 과정과 프레젠테이션에 대해 자세히 말해주었다. 런던의 프레젠테이션은 훌륭한 프레젠테이션에 대해 내가 말하고 싶은 부분을 사실상 거의 모두 보여주는 예였기 때문에, 내부의 이야기를 생생히 들을 수 있었던 것은 크나큰 행운이었다. 데이비드 매글리아노에게 감사의 인사를 보낸다. 그의 도움이 있었기에 이 책이 더욱 흥미진진한 내용을 담게 되었을 뿐 아니라 내 아이들에게도 꿈을 품을 대상을 만들어줄 수 있었다. 또한 런던 2012 프레젠테이션의 비주얼 자료를 제공해준 마이클 맬지얼에게도 감사드린다.

훌륭한 프레젠테이션을 목격하고 참여해본 행운을 누리지 못했었다면, 새로운 비즈니스 프레젠테이션에 대한 내용을 쓰지 못했을 것이다. 그런 행운을 누리게 해준 크리스 파웰과 크리스 코프에게 감사드린다. 입사한 지 2년 만에 내게 새로운 비즈니스 프레젠테이션을 준비할 첫 기회를 허락해주고, 그 첫 일을 망친 후에도 두 번째 기회를 가질 수 있게 해준 그들에게 진심으로 고마움을 전한다.

굿비 실버스타인 앤드 파트너스에서 제프 굿비와 리치 실버스타인과 몇 년 동안 같이 일할 수 있었던 것은 크나큰 행운이었다. 그들의 번뜩이는 창의성과 인간성이 있었기에 나는 새로운 비즈니스에 보다 편한 마음으로 재미있게 임할 수 있었다. 또한 항상 어려운 질문을 잔뜩 던져주는 것을 잊지 않았던 콜린 프로버트와 해럴드 소가드를 비롯해 불가능해 보이는 일을 일상적인 일로 보이게 해주었던 수많은 사람들에게 감사드린다. 그리고 초창기 시절 회사를 키우는 데 가장 결정적인 역할을 했으며 지금도 새로운 비즈니스 프레젠테이션에서는 영웅적인 인물로 여겨지는 앤디 벌린에게 큰 감사의 인사를 보낸다. 앤디와 함께 했던 나날들이 항상 평탄했던 것만은 아니었지만 절대로 지루하지 않은 나날들이었다.

위에서 언급한 모든 분들은 물론이고 지금의 내 보스인 마틴 소렐 경에게도 정말로 감사드린다. 2002년 WPP에 입사한 후부터 지금까지 마틴은 내게 아주 많은 자유를 보장해주었다. 그는 책을 쓰는 일과 광고 일, 두 마리 토끼를 다 잡고 싶어 하는 내 바람을 이해해주었을 뿐 아니라, 마감이 다가올 때에는 적극 격려해주면서 책에만 전념을 기울일 수 있도록 많은 배려를 해주었다. 또한 프로젝트를 맡을 때마다 최선의 결과를 이끌어내고 싶어하는 내 욕심을 이해하며 전권을 보장해주었다. 그가 보여준 신뢰와 지속적인 지원에 아주 많이 감사드린다. 그의 밑에서 일하는 것이 정말로 영광스럽다.

우리 부모님 브리짓 스틸과 데이비드 스틸, 그리고 내 아내 린다에게 가장 큰 감사의 인사를 보낸다. 부모님의 격려와 지지가 있었기에 독서와 저술을 사랑하는 마음을 기를 수 있었으며, 건전한 업무 윤리에 대한 생각과 다른 사람들의 의견을 존중하는 마음을 기를 수 있었다. 이보다 더 훌륭한 부모는 아마도 찾아볼 수 없을 것이다.

광고업에 종사하는 내내 철야와 늦은 귀가를 밥 먹듯이 하는 동안에도 따뜻하게 나를 감싸주었던 아내 린다에게 고맙고 사랑한다는 말을 하고 싶다. 아마도 그녀가 불평불만을 많이 하는 사람이었다면 바쁘고 지루한 업무를 견뎌내기가 훨씬 힘들었을 것이다. 책을 쓸 시간이 없다는 것은 잘 알고 있었음에도 그녀는 응원을 아끼지 않았다. 심지어는 식구가 아플 때에도, 집 개축 공사를 할 때에도, 장인어른이 돌아가셔서 책을 쓰는 일을 중단해야 했을 때에도 그녀는 따뜻한 격려로 큰 힘을 주었다. 그녀가 없었다면 나는 영원히 반쪽인 채 살아가야 했을 것이다. 다른 사람 모두도 이런 행운을 맞게 되기를 바란다.

마지막으로, 지금까지 이 책을 읽어준 여러분 모두에게 무한한 감사를 보낸다. 이 책에서 좋은 점이나 나쁜 점을 발견한다면, 그리고 새로운 비즈니스 프레젠테이션에 대해 내게 조언할 말이 있다면, 나는 즐거운 마음으로 두 귀를 기울일 것이다. jsteel@wpp.com으로 메일을 보내기 바란다. 하루 세 번은 메일을 확인한다. 단, 주말과 휴가 때에는 메일을 열지 않는다는 것을 알아주기 바란다.

참고 문헌

　『퍼펙트 피치』는 사람들에게 영향력을 발휘하고 아이디어를 파는 방법에 대한 책이다. 그러나 그 방법을 가장 잘 아는 사람들이 반드시 회사에서 일하는 사람들이라고 말할 수는 없다. 또한, 일반적으로 '비즈니스계'라고 정의되는 분야에 속해 있는 사람들만이라고도 잘라 말할 수는 없을 것이다. 그렇기에 참고도서 목록에는 데이비드 오길비, 하워드 고시지, 제임스 웹 영, 제러미 불모어, 조지 로이스의 책 외에 글짓기나 연설, 스토리텔링, 정치, 범죄, 과학 분야의 책도 포함되어 있다. 심지어는 매춘업(『타트 카드』), 낚시(『흐르는 강물처럼』), 비행(『아프리카를 날다』), 일본의 전통(『게이샤의 추억』), 크리켓(『캡틴의 법칙』)에 대한 책들도 나열되어 있다. 이런 책들이 목록에 있다고 비웃지는 않기를 부탁한다. 혹시라도 당신이 이 책들을 읽어보았다면, 실제로는 이 책들의 주된 내용이 매춘이나 낚시, 비행, 일본의 전통, 크리켓에 대한 것이 아님을 알고 있을 것이다. 대신 이 책들은 인간다워지는 것의 진정한 의미를 알려주고, 다른 사람의 입장에서 생각해보는 것의 얼마나 소중한지를 보여주며, 부드럽게 사람을 다루고 설득하기 위한 현실적인 방법을 이야기한다. 내용과 구성도 매우 훌륭하다. 그렇기에 열린 마음으로 이 책들을 읽는다면 프레젠테이션과 비즈니스, 그리고 인생에 대한 매우 귀중한 교훈을 얻을 수 있을 것이다.

　일반적인 비즈니스 관련 서적들은 마케팅 문제를 이해하고 프레젠테이션을 준비하는 데 있어서 체계적인 도움이 된다. 하지만 프레젠테이션의 성공을 좌우하는 진정으로 위대한 아이디어와 이 위대한 아이디어에 생명력을 불어넣어줄 흥미진진한 일화는 거의 대부분 비즈니스 세계 밖에서 찾을 수 있다. 열정이 넘치는 플래너가 마인드 향상을 위해 어떤 책을 읽어야 하는지를 물어오면, 나는 심지어 내가 쓴 책조차도 언급하지 않는다. 대신에 나는 그들에게 「뉴요커」나 그 외 다른 훌륭한 일간지를 읽어보고, 시간이 남으면 소설책도 읽으라고 권한다. 그렇게 할 때 훌륭한 문장과 아이디어 속에서 뒹굴 수 있고, 자극과 편안함을 느낄 수 있으며, 실생활에서 얻은 아이디어를 고객과 관련해서 쉽게 설명할 수 있는 능력을 얻게 되기 때문이다.

　마지막으로, 여러분 다수가 프레젠테이션을 하기 위해 기차나 자동차, 배, 비행기를 많이 타고 다니게 될 것이라는 전제 하에 『최악의 상황에서 살아남는 법』도 목록에 포함했다. 어떤 일이 생길지 아무도 모르는 일 아닌가.

Archer, Caroline. Tart Cards. New York: Mark Batty, 2003.

Bendinger, Bruce, ed. The Book of Gossage. Chicago: The Copy Workshop, 1995.

Bearly, Mike. The Art of Cantaincy. London: Guild, 1985.

Bullmore, Jeremy. More Bull More: Behind the Scenes in Advertising(Mark III). Henley-on-Thames: NTC Publications, 2003.

Feldwick, Paul. "A True Story: The Birth of a Great Campaign." Market Leader((Winter 2005): 30-33.

Golden, Arthur. Memoirs of a Geisha. New York: Vintage, 1997(국내 출간,『게이샤의 추억』).

Halliwell, Edward. "Overloaded Circuits. Why Smart People Underperform." Harvard Business Review (January, 2005).

Humes, James C. The Sir Winston Method. New York: William Morrow, 1991.

Khan-Panni, Phillip. Stand and Deliver. Oxford: How to Books Ltd, 2002.

Klein, Joe. The Natural: The Misunderstood Presidency of Bill Clinton. New York: Broadway Books, 2002.

Lammott, Anne. Bird by Bird. New-York: Anchor, 1995.

Lois, George. What's the Big Ideas? New York: Currency, 1991.Machiavelli, Niccol? The Prince: And Other Political Writings. London: Everyman/J.M. Dent, 1995.

Maclean, Norman. A River Runs Through It. Chicago: University of Chicago Press, 1976(국내 출간,『흐르는 강물처럼』).

March, Robert H. Physics for Poets. New York: McGraw-Hill, 1996(국내 출간,『시인을 위한 물리학』).

Markham, Beryl. West with the Nights. London: Virago Press Ltd., 1984(국내 출간,『아프리카를 날다』).

McKee, Robert. Stroy. New York: HarperCollins, 1997(국내 출간,『시나리오 어떻게

쓸 것인가』).

Morgan, Adam. Eating the Big Fish. New York: John Wiley & Sons, 1998(국내 출간, 『큰 물고기를 잡아라』).

Noonan, Peggy. On Speaking Well. New York: Regan Books/Harper Perennial, 1998.

Ogilvy, David. Ogilvy on Advertising. New York: Random House, 1983(국내 출간, 『광고 불편의 법칙』).

Ohmae, Kenichi. The Mind of Strategist. New York: McGraw-Hill, 1982.

Piven, Joshua and David Borgenicht. The Worst-Case Scenario Survival Handbook: Travel. San Francisco: Chronicle Books, 2001(국내 출간, 『최악의 상황에서 살아남는 법-여행편』).

Roman, K and J. Raphaelson. Writing That Works. New York: Quill, 2000.

Steel, Jon. Truth, Lies & Advertising. New York: John Wiley & Sons, 1998(국내 출간, 『진실, 거짓 & 광고』).

Toobin, Jeffrey "The Marcia Clark Verdict." The New Yorker 72(26) (September 9, 1996): 58-71.

Tufte, Edward R. The Cognitive Style of Powerpoint. Chshire, CT: Graphincs Press, 2003.

Tufte, Edward R. The Visual Display of Quantitative Information. Cheshire, CT: Graphics Press, 2001.

Tufte, Edward R. Visual Explanations. Cheshire, CT: Graphics Press, 1997.

Watson, James D. The Double Helix. New York: Mentor, 1969(국내 출간, 『이중나선』).

Weissman, Jerry. Presenting to Win. Upper Saddle River, NJ: Prentice-Hall, 2003.

Wheatly, Margaret. Leadership and New Science. San Francisco: Berett-Koehler Publishers, 1992(국내 출간, 『현대과학과 리더십』).

Wypijewski, JoAnn. ed, Painting by Numbers. Komar and Melamid's Scientific Guide to Art. Berkeley: University of California Press, 1997.

Young, James Webb. A Technique for Producing Ideas. Chicago: NTC Business Books, 1996(국내 출간, 『손에 잡히는 Idea』).

찾아보기

옮긴이의 말

추락하던 거인 IBM의 부활을 이끈 가장 큰 주역이 루 거스너 회장이라는 데 이의를 달 사람은 아무도 없을 것이다. 그는 몸집만 커서 둔하기 짝이 없고 관료주의의 표상으로 상징되던 IBM을 다시 최고의 성과를 내는 위대한 기업으로 변모시켰다. 그런 그가 IBM의 회장에 취임하자마자 단행한 일이 바로 프로젝터나 슬라이드를 이용한 프레젠테이션의 금지였다. 군더더기 없는 조직 흐름을 이어나가기 위해서는 시간을 잡아먹고 보기에만 근사한 프레젠테이션을 없애고 핵심 메시지와 핵심 내용을 명확하게 전달할 수 있는 진정한 프레젠테이션이 필요하다는 판단에서였다.

문외한에게는 불릿포인트를 나열하고 클립아트와 템플릿을 이용해서 화려하게 꾸민 프레젠테이션이 일견 근사하게 보일 수도 있다. 하지만 매일, 심지어는 하루에도 수차례 이런 프레젠테이션을 받는 사람은 어떨까? 사용된 이미지는 다 거기서 거기이고, 슬라이드 한 장에 억지로 많은 내용을 구겨넣어서 한눈에 잘 파악도 되지 않는다. 그리고 프레젠터는 금붕어처럼 입만 뻐끔댄다. 그런 프레젠테이션에서 청중은 감동을 얻을 수 있을까? 그들이 과연 내가 전달한 아이디어를 그대로 받아들여서 내가 원하는 대로 해줄까?

이 책은 프레젠테이션에 대한 책이자 천편일률적인 프레젠테이션은 내던지라고 말하는 책이기도 하다. 승리 타율이 4할대면 훌륭하다고 평가되는 광고계에서 9할대의 타율을 자랑하는 저자가 거의 모든 피치에서 승리를 얻을 수 있었던 비결이 이 책에 담겨 있다. 본문에서도 밝히듯 그는 슬라이드 왼쪽은 어떻게 구성해야 하고, 템플릿은 어떻게 이용하여 하며, 슬라이드끼리의 화면 전환은 어떻게 해야 하는지 등에 대한 내용은 전혀 말하지 않는다. 아니 오히려 비주얼 장치라는 것 자체의 중요성을 크게 역설하지도 않는다. 그는 파워포인트 슬라이드나 비주얼 효과 등 기계적인 것은 말 그대로 기계적인 수단에 불과하다고 말한다.

존 스틸은 프레젠테이션의 주인공은 프레젠터가 되어야 하며, 슬라이드가 주역의 자리를 차지하게 해서는 안 된다고 말한다. 청중의 관심이 슬라이드로 향하는 것이 아니라 프레젠터의 말 한 마디 행동 하나에 쏠리게 만들어야 한다고 주장한다. 청중의 집중을 받을 수 있을 때 프레젠터는 그들의 공감과 원하는 행동을 얻어낼 수 있다고 말한다.

저자는 승리하는 피치를 원한다면 프레젠테이션 준비에 들어가자마자 파워포인트부터 찾는 행동은 중단하라고 말한다. 자신이 어떤 정보를 갖췄는지도 모르고 아무 콘셉트도 잡지 않고 아무 플롯도 세워놓지 않은 상태에서 무조건 슬라이드부터 작성하는 것은 말이 수레를 끄는 게 아니라 수레가 말을 끄는 형국이 되어버리기 때문이다.

그렇다고 저자가 무조건적인 기계 파괴를 부르짖는 러다이트주의자는 더더욱 아니다. 그 역시도 필요할 때는 슬라이드를 작성하고, 필요할 때에는 비주얼 장치의 도움을 받는다. 하지만 슬라이드에 얽매여서 금붕어처럼 거기 적힌 내용을 그대로 읽기만 하는 바보 같은 짓은 절대로 하지 않는다. 청중을 매료시키는 데 슬라이드나 비주얼은 수단에 불과하지 목표가 아님을 누구보다도 잘 알고 있을 뿐이다.

우리의 생활 자체가 프레젠테이션이다. 친구에게 고민을 털어놓을 때, 고객에게 신상품을 설명할 때, 노점상이 행인에게 과일을 팔고자 할 때 우리는 프레젠테이션을 하고 있는 셈이다. 번지르르한 입담이 아니라 알맹이가 확실한 제안, 그것이 승리로 향하는 피치이며 사업적인 성공을 보장해준다. 그것은 저자도 알고, 나도 알고, 여러분도 잘 안다. 이제는 행동으로 보여줄 시간이다. 치어스!

조성숙

옮긴이 조성숙

덕성여대 회계학과를 졸업하고 전문 번역가로 활동 중이다. 옮긴 책으로는 『성장의 모든 것』『모닝스타 성공투자 5원칙』『CEO 워런 버핏』『피터 드러커의 매니지먼트』『주식투자 절대법칙』『까다로운 인간 다루기』『마음의 해부학』『두뇌는 평등하다』『영혼의 해부』『돌연변이』『핫스팟』『창조적 괴짜가 세상을 움직인다』등이 있다.

퍼펙트 피치

| 1 판 1 쇄 | 2008년 5월 8일 |
| 2 판 1 쇄 | 2011년 1월 18일 |

지 은 이	존 스틸
옮 긴 이	조성숙
펴 낸 이	김승욱
편 집	김승관 김민영
디 자 인	엄혜리 문성미
마 케 팅	이숙재
펴 낸 곳	이콘출판(주)
출판등록	2003년 3월 12일 제406-2003-059호

주 소	413-756 경기도 파주시 교하읍 문발리 파주출판도시 513-8
전자우편	book@econbook.com
전화번호	031-955-7979
팩 스	031-955-8855

ISBN 978-89-90831-92-7 03320